# LE MONDE DES FOURMIS

## OUVRAGES RÉCENTS DE RÉMY CHAUVIN
**relatifs aux mœurs des animaux**

*Le Modèle animal* (avec Bernadette Chauvin), Hachette, 1972.
*L'Éthologie*, Presses universitaires de France, 1975.
*Les Sociétés animales*, Presses universitaires de France, 1982.
*Sociétés animales et sociétés humaines*, Que sais-je ?, 1984.
*La Biologie de l'esprit*, Éditions du Rocher, 1985.
*Dieu des fourmis, dieu des étoiles*, Le Pré aux Clercs, 1988.
*Des animaux et des hommes*, Seghers, 1989.

... Et deux ouvrages étrangers, « bibles » du myrmécologue.

K. Gösswald, *Die Waldameise*, Aula Verlag, Wiesbaden, 2 vol.
Holldöbler K. Wilson E.O., *Ants*, Springer Verlag.

RÉMY CHAUVIN

# LE MONDE DES FOURMIS

*Conscience de la Terre*

ÉDITIONS DU ROCHER
Jean-Paul Bertrand
Éditeur

## DANS LA MÊME COLLECTION

Philippe Desbrosses, *Nous redeviendrons paysans.*
Edouard Goldsmith, *Le Défi du XXI^e^ siècle, une vision écologique du monde.*
Rapport Greenpeace, *Le Réchauffement de la Terre.*

À paraître

François Terrasson, *La Civilisation anti-nature.*



ISBN 2 268 01772 9

## *AVERTISSEMENT*

*Ce livre n'est évidemment pas un traité de myrmécologie ; qu'on s'adresse plutôt à l'énorme et célèbre traité de Wilson paru en 1990 ; ou aux deux gros tomes de Gösswald dont les huit cents pages sont consacrées uniquement à la fourmi rousse des bois, qui a fait l'objet de mes premiers amours d'entomologiste, il y a quelque cinquante ans...*

*J'ai voulu simplement retracer, à l'usage du grand public, quelques faits prélevés çà et là dans le monde immense des fourmis, en insistant sur le comportement et en faisant allusion maintes fois, qu'on me le pardonne, à mes travaux personnels.*

*Dans les limites étroites où je me suis tenu, il me semble que bien des problèmes importants n'ont pas vieilli, sauf qu'on les a évidemment beaucoup précisés. Je songe en particulier à l'explosion des « phéromones », ces sécrétions externes qui jouent le rôle d'hormones dans la colonie des fourmis et règlent une très grande partie de leur comportement : c'est un véritable « langage physiologique social ».*

*Je ne puis m'empêcher de faire allusion à un développement extrêmement récent et inattendu de la myrméco-*

*logie : c'est l'ouverture vers la robotique. Les roboticiens se sont aperçus depuis peu de temps de ce que savaient les myrmécologues : c'est que la fourmilière (et non la fourmi) est une* machine sans pannes. *On peut écraser les trois quarts de la population, l'inexorable machine fourmilière n'en continue pas moins à fonctionner comme si de rien n'était ; ce que ne fait bien entendu aucune machine faite de main d'homme, après le même traitement. De là à imaginer des applications pour le travail dans un environnement hostile ou même pour l'exploration de la planète Mars, il n'y a qu'un pas vite franchi ; sans compter des travaux très récents sur les télécommunications : pourquoi un réseau téléphonique surchargé « décroche »-t-il et pourquoi la masse de communications en forme de nourriture et de matériaux de construction, qui affluent par millions dans une seule heure à la fourmilière, ne s'arrête-t-elle jamais ? Pourquoi la fourmilière encaisse-t-elle toutes les perturbations ? La science des fourmis n'est pas finie... elle vient à peine de commencer.*

Rémy Chauvin, mars 1994.

# EN GUISE DE PRÉFACE...

## LA CLASSIFICATION DES FOURMIS. D'OÙ VIENNENT-ELLES ?

*Anatomie et physiologie des amateurs de fourmis, en grec « myrmécologues ».*

Les myrmécologues sont une espèce du grand genre des « entomologistes ». Une bonne systématique exige d'abord une définition du genre, pour ne passer qu'ensuite aux caractères de l'espèce.

L'entomologiste n'est pas uniquement le doux maniaque qu'on représentait sur les livres de prix de mon enfance avec ses longs cheveux, ses vêtements flottants, son grand chapeau sur lequel il piquait quelques papillons et coléoptères ; souvent l'air quelque peu égaré, la loupe à la main, contemplant un insecte minuscule au fond d'une corolle. Et autour de lui, en festons, la fameuse devise « *Natura maxime miranda in minimis* » (que d'aucuns écrivaient « *In minimis maximus Deus* ») : c'est dans les plus petits que la nature est le plus admirable. Je me souviens même du reste du livre : il s'agissait d'un oncle qui promenait ses deux neveux dans la campagne en leur décrivant à chaque pas les insectes qu'ils rencontraient. Ma foi, le bouquin m'avait ravi, aux environs de ma douzième année, jusqu'à ce que je découvre une nourriture plus forte : les *Sou-*

*venirs entomologiques* du grand Fabre. Combien d'entre nous lui doivent-ils leur vocation ?

Et qu'est-ce qu'une vocation d'entomologiste ? Je pense que l'essentiel tient dans l'étonnement qui vous frappe en rencontrant l'océan : l'océan des insectes, la variété infinie des couleurs et des structures, le grouillement des instincts, à travers des milliers, des dizaines de mille, des centaines de milliers d'espèces ; songez qu'on en a décrit plus de six cent mille, et qu'il doit en exister le double, au moins ! C'est comme une ivresse qui ne vous quitte plus. Certains passent leur vie à récolter et à classer les innombrables représentants du peuple à six pattes, et ne sortent jamais de la contemplation ravie de ce que la nature a fait de plus riche, de plus varié, de plus démentiel parfois.

On les comprendrait aisément... Mais la souche des myrmécologues se sépare du genre « entomologiste » près de sa base. Ils sont fils d'une autre stupeur et d'une autre contemplation : généralement la découverte au fond des bois de la Cité-profondément-autre, celle des fourmis et de leur agitation innombrable, minuscule, efficace pourtant. Ce jour-là, le myrmécologue en puissance rencontre les antipodes de l'homme, un spectacle aussi étranger que s'il se déroulait sur une autre planète. J'imagine que l'étonnement doit être plus fort encore sous les tropiques lorsqu'on excave un nid d'*Atta,* comme Jacoby l'a fait, et qu'on en découvre la prodigieuse architecture, et les jardins à champignons. Ou encore lorsqu'en Afrique du Nord, on fouille les greniers pléthoriques des fourmis moissonneuses. Ou peut-être — mais malheureusement, ce spectacle, je ne le connais que par ouï-dire — lorsqu'on a la bonne fortune de tomber sur une « super-colonie » de cent fourmilières et plus, serrées les unes contre les autres sur quelques hectares, et excitées en proportion !

C'est ainsi qu'on devient myrmécologue, parce qu'on veut comprendre la mystérieuse organisation des fourmis ; et parce qu'on saisit tout à coup que la solution humaine qui se trouve au bout de l'évolution, *cette solution n'était pas la seule,* ni peut-être même la meilleure, qui sait ? Et qui sait si sur d'autres planètes les Primates ne sont jamais allés audelà du stade arboricole, alors que les fourmis tiennent le haut du pavé et ont acquis l'intelligence ? Nous verrons bien !

Mais il est temps de faire connaissance avec le monde des fourmis, en répondant d'abord à deux questions simples : comment les classe-t-on ? comment sont-elles faites ?

Hélas ! chemin faisant, je vais être forcé de vous jeter à la tête nombre de désignations latines, plus barbares les unes que les autres. Ce n'est pas ma faute, les fourmis n'ont pas d'autres noms... Et c'est malheuseument l'écorce amère dont s'entoure le fruit savoureux de la myrmécologie.

### *La classification des fourmis.*

C'est une étude peu réjouissante, comme toute systématique; mais je ne vois pas comment au début de ce livre, nous pourrions nous dispenser d'y jeter un coup d'œil. Ce n'est pas une tâche très facile ; les fourmis se ressemblent souvent beaucoup, et c'est par des caractères assez minimes qu'on arrive à les distinguer. Toutefois, comme le montre la figure 1, à y regarder d'un peu plus près, certaines parties du corps, comme la tête, présentent tout de même des variations importantes.

On connaît actuellement 6 000 espèces de fourmis, et on en découvre fréquemment de nouvelles. Elles présentent toutes une tête plus ou moins volumineuse,

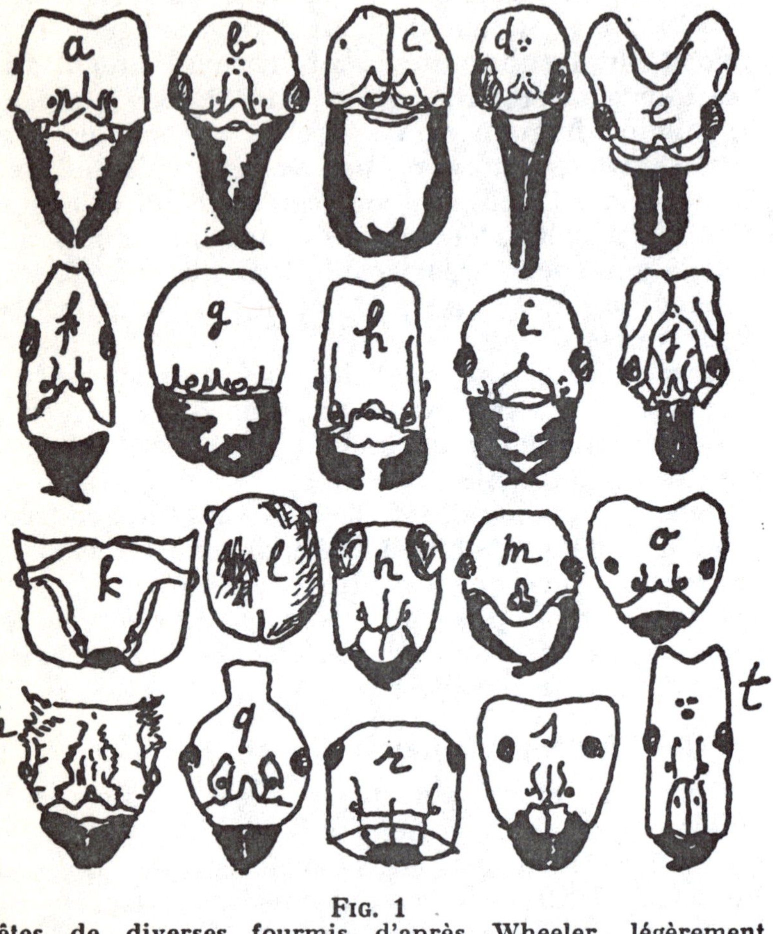


FIG. 1

Têtes de diverses fourmis d'après Wheeler, légèrement modifié. — a) *Mystrium Rogeri* — b) *Myrmecia gulosa* — c) soldat d'*Eciton hamatum* — d) reine d'*Harpegnathus cruentatus* — e) *Daceton armigerum* — f) *Leptomyrmex erythrocephala* — g) soldat de *Cheliomyrmex nortoni* — h) *Pheidole lamia* — i) *Thaumatomyrmex mutilatus* — j) *Odontomachus haematodes* — k) *Cryptocerus clypeatus* (soldat) — l) soldat de *Cryptocerus varians* — m) *Opisthopsis respiciens* — n) *Leptogenis maxillosus* — o) *Azteca sericea* (soldat) — p) *Acromyrmex octospinosus* — q) *Dolichoderus attelaboides* — r) soldat de *Colobopsis impressa* — s) soldat de *Camponotus cognatus* — t) reine de *Camponotus mirabilis*.

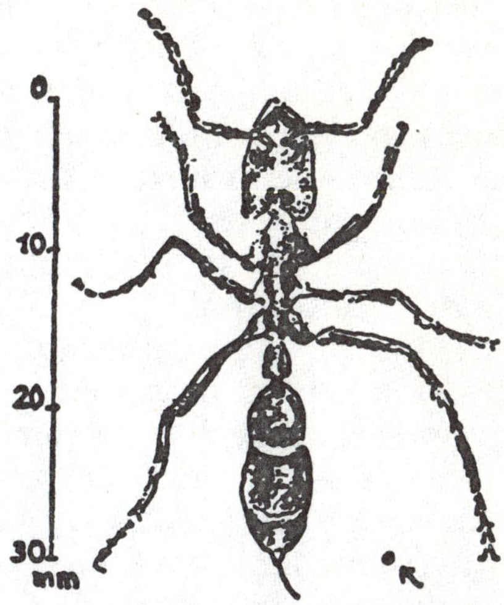


FIG. 2
Une géante du monde des fourmis : la *Diponera* d'Argentine. Le point, à droite et en bas, représente à l'échelle une ouvrière minor de *Pheidole* (d'après Goetsch).

un thorax relié à l'abdomen par un *pétiole* plus ou moins long et mince, et un abdomen ou *gastre*, renflé. La couleur est généralement sombre, noire ou brune ; mais il y a des fourmis d'un rouge vif varié de blanc ; et sur les arbres des tropiques, on en trouve même de vertes, quoique cette dernière coloration soit vraiment très rare chez les fourmis. Mais les *mœurs sont énormément variées*, et c'est en s'aidant de ces mœurs et de la morphologie qu'il est possible de distinguer des familles plus primitives ou plus évoluées. Commençons par les plus primitives.

Les *Ponérines* à la taille allongée ne sont pas très nombreuses sous nos climats, mais bien davantage sous les tropiques. Elles renferment certains des géants de l'espèce comme les *Megaponera* et *Paltothyreus* d'Afrique (voir fig. 2). Beaucoup de ces animaux atteignent ou dépassent les deux centimètres, et sont généralement fort bien armés par la nature : soit d'un aiguillon qui est souvent un véritable sabre, et dont elles se servent libéralement, ou encore d'une odeur absolument insupportable, comme les fourmis cadavres ou *Paltothyreus* : je me souviens d'en avoir écrasé une par mégarde un jour où je me promenais sur les bords de la lagune d'Abidjan. Il me fallut vider les lieux ! L'odeur fécale est comparable à celle des boules puantes, mais bien plus forte ; les ouvrières ne la déchargent d'ailleurs que lorsqu'elles sont inquiétées ou blessées. Ce sont de grandes chasseresses de termites, et elles se laissent guider par une exploratrice qui a reconnu les lieux auparavant et qui leur est indispensable : si on la leur enlève, la noire colonne se disperse ou retourne instantanément au nid. C'est là que nous rencontrons sans doute les *champions de l'extension territoriale* chez les fourmis. Elles ont toutes en effet un territoire de chasse où elles supportent malaisément les intrus ; il varie en général de quelques mètres carrés à un hectare par fourmilière chez nos fourmis rousses. Mais l'énorme fourmi bull-dog d'Australie *Myrmecia gulosa*, longue de plus de deux centimètres, couvre de ses pérégrinations plusieurs hectares, attaque à plusieurs mètres de distance l'entomologiste qui vient l'observer et le poursuit dans sa fuite. Comme non seulement elle mord, mais saute fort haut et pique très volontiers de son énorme aiguillon, elle est justement redoutée des Australiens. Heureusement, ses fourmilières ne sont pas nombreuses, quelques milliers d'individus au plus, sans quoi les zones qu'elle fréquente seraient positivement intenables pour l'homme. Songez à ce que deviendraient nos forêts si les fourmis rousses, à la population formidable, avaient seulement un centimètre de plus ?

*Champions du nombre.*

Les *Dorylinae* sont les fourmis chasseresses, les fameux magnans d'Afrique, dont il sera abondamment question page 91. Notons encore ici un géant, la reine des *Anomma,* qui dépasse six centimètres et qui doit établir en même temps le record de ponte pour les fourmis : elle peut pondre en effet 60 000 œufs en trois ou quatre jours ; et le couvain d'une colonie, suivant Raignier, tient malaisément dans trois seaux du modèle courant. Il est vrai que la population d'une colonie, toujours suivant Raignier, peut dépasser les 20 millions d'individus !

Les *Promyrmicides* appartiennent tous aux régions chaudes et sont remarquables surtout par leurs larves qui possèdent le long du corps des séries de prolongements aplatis qui sont sans doute léchés par les ouvrières. Les *Pseudomyrma* habitent les Myrmécophytes, c'est-à-dire les plantes à fourmis : ces arbres ou arbustes possèdent des renflements ou des épines creuses, ou pleines d'une moelle tendre que les ouvrières n'ont aucun mal à expulser. Toute la fourmilière s'y abrite, et on ne trouve certaines espèces que là ; ce qui ne paraît pas d'ailleurs nuire à la plante.

Les *Myrmicinae* sont peut-être la plus nombreuse famille de fourmis ; ce sont nos fourmis rouges, à la piqûre douloureuse. Leur taille est petite et parfois minuscule. Les *Leptothorax* nichent dans le creux des rameaux pourris, et toute leur fourmilière, avec reine et couvain, tient aisément sur l'ongle du pouce. On ne les voit jamais, car elles sont nocturnes. Je connais cependant des bois de la région parisienne où l'on en trouverait facilement trois à quatre colonies au mètre carré.

Les *Crematogaster* africains, à la piqûre très douloureuse, fabriquent des nids de carton accrochés aux arbres. Ces nids parfois énormes ont une structure bien définie, assez rare chez les fourmis.

C'est aussi chez les Myrmicinae que l'on trouve les fameux *Messor,* les moissonneuses qui emmagasinent des graines variées (elles ne sont d'ailleurs pas les seules parmi les fourmis et d'autres espèces fort différentes en font autant). Il arrive, selon Bernard, qu'elles coupent une plante à la base pour récolter ses graines plus aisément. Ce sont des *champions de la récolte :* on estime qu'en Algérie elles volent le dixième ou davantage des céréales. Certains nids occupent cinquante mètres de large sur trois mètres de profondeur, avec des milliers de greniers.

*Champions du fouissement.* Les *Atta* champignonnistes dont je parlerai page 104 sont également d'acharnées récolteuses : un nid peut cueillir en plusieurs saisons jusqu'à *cinq tonnes* de feuilles qui serviront à l'élevage du champignon ; le nid lui-même correspond à plusieurs tonnes de terre remuée ; et on y trouve *la plus grande cavité creusée par un insecte,* où un homme pourrait à la rigueur se cacher ; mais on ne sait trop à quoi les fourmis l'utilisent.

Notons aussi dans cette famille la seule fourmi connue parasite de termites, le *Paedalgus termitolestes,* dont les ouvrières quasiment aveugles pillent la termitière ; leurs sexués sont d'une taille relativement énorme.

Les *Dolichoderidae* n'ont rien de très particulier ; certaines construisent des nids de carton ou habitent des Myrmécophytes. Une espèce (*Aneuretus*) s'est installée dans l'urne d'une plante carnivore dévoreuse d'insectes, et paraît s'y trouver bien (v. p. 145).

*Champions de la cueillette et de la chasse.*

Les *Formicidae.* Elles habitent plutôt les régions

tempérées, au contraire de la plupart des espèces que nous venons de passer en revue. Elles n'ont plus d'aiguillon, mais peuvent, comme nos fourmis rousses projeter à distance une quantité notable de venin à très haute teneur d'acide formique, ce qui ne les rend pas moins redoutables. Certaines de ces fourmis sont parmi les plus remarquables du point de vue du comportement, bien qu'elles ne cultivent pas de champignons ni n'amassent de céréales : car c'est chez elles que se développe au maximum *l'élevage du bétail* (voir page 123). Et ce sont aussi des *champions de la récolte du miellat des pucerons et de la chasse :* il faut en effet à un grand nid de fourmis rousses cent kilogs de miellat par an et un kilog de viande d'insecte par jour... Les *Camponotus* sont les plus grosses fourmis de nos régions européennes. Citons aussi les *Colobopsis* chez lesquels une ouvrière major à la tête aplatie bouche exactement l'entrée du nid et ne laisse passer que les congénères. Les fameuses *Œcophylles* ou fourmis tisseuses englobent plusieurs feuilles d'une pièce de soie, des dimensions d'un mouchoir parfois. Enfin, le groupe renferme aussi des *esclavagistes : Formica sanguinea* et *Polyergus rufescens* trouvent commode de voler à d'autres espèces leurs nymphes, qui, devenues adultes, travailleront pour elles de bonne grâce.

*Champions des différences de taille.*

*Les différences de taille* (polymorphisme) peuvent être plus ou moins marquées entre les ouvrières, ou entre elles et les sexués. Je crois que le *champion de la différence entre ouvrières* doit être *Pheidologeton diversus*, d'Indonésie, *où trente ouvrières minor peuvent tenir sur la tête d'une major !* Quant aux différences entre ouvrières et sexués, elles peuvent être réduites comme chez nos fourmis rousses ou

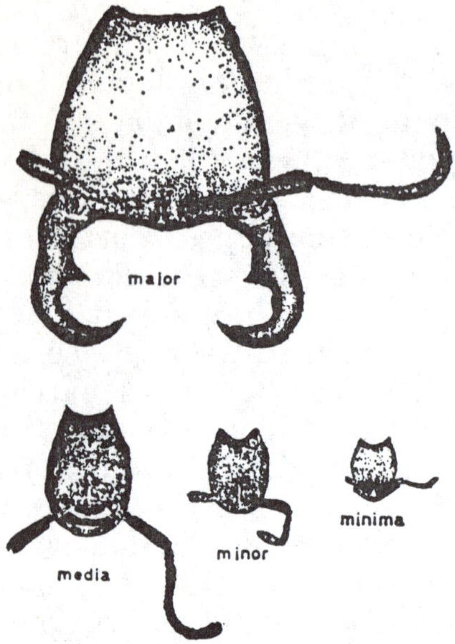


FIG. 3
Les différences dans les têtes d'ouvrières d'*Anomma Wilverthi* (d'après Boven, 1957)

presque nulles comme chez *Myrmica ;* il arrive même (rarement) que la reine puisse être plus petite que certaines ouvrières major. En sens inverse, je crois que les champions de la différence sont sans doute les magnans ou fourmis chasseresses, avec leur énorme reine aptère, dont *la taille égale plusieurs milliers de fois* celle des ouvrières minor (voir fig. 3 et 4).

*L'organisation interne.*

Il y a peu de chose à en dire : la fourmi est un insecte assez typique, avec un tube digestif simple et rectiligne, dans lequel s'ouvrent les organes secréteurs ou tubes de Malpighi. Le long de la partie supérieure de l'abdomen court un tube cardiaque con-

FIG. 4

Castes de *Dorylus helvolus* à la même échelle d'après Emery).
*A* femelle — *B* ouvrière major — *C*.minor — au-dessous le mâle.

tractile à nombreuses chambres qui « agite » le sang plutôt qu'il ne le propulse réellement. Ce sang d'ailleurs n'a pas de rôle respiratoire, pas plus que chez les autres insectes ; il se contente de véhiculer les particules alimentaires et les produits de l'excrétion. La respiration et l'oxygénation des tissus sont assurées par des tubes pleins d'air, les trachées qui portent l'oxygène à domicile, dans tous les organes. Bref, rien jusqu'ici de spécial par rapport aux autres insectes.

Cependant les fourmis, qui se ressemblent toutes, possèdent *quelques particularités anatomiques qui les distinguent de toute la classe des Hyménoptères :* c'est le *sac infrabuccal,* la *glande métanotale,* et la *valve proventriculaire dans l'intestin antérieur ;* on a voulu que ces dispositions soient en rapport avec la vie en société ; cela paraît possible mais non démontré. La *valve proventriculaire* pourrait bien en effet convenir particulièrement à un mécanisme fondamental de toutes les sociétés d'insectes, l'échange de nourriture ou *trophallaxie* (v. page ) ; quant à la *glande métanotale* à l'arrière du thorax, on ne sait trop à quoi sert sa sécrétion sauf qu'elle produit la liqueur puante des *Paltothyreus ;* et d'ailleurs on n'est pas si bien renseigné que cela sur les multiples glandes des fourmis (v. plus loin et p. ). Quant au *sac infrabuccal,* il sert à collecter toute une série de débris que les fourmis ramassent sur leur propre corps ou sur celui des congénères, au cours des léchages mutuels infinis auquel elles passent leur temps, presque autant qu'à la trophallaxie. Il peut aussi avoir un rôle de filtre puisque si l'on mêle à la nourriture liquide de fines particules minérales, on les retrouve dans les boulettes que les fourmis abandonnent dans le nid, et qui ne sont autres que le contenu du sac infrabuccal. Ce filtrage paraît dépendre du groupement, car il est bien plus actif chez les groupés que chez les isolés. On connaît en tout cas deux adaptations de ce sac à des conditions spéciales de la fourmilière. Chez les reines d'*Atta* qui vont fonder une nouvelle colonie, on trouve toujours dans le sac infrabuccal abondance de la semence du champignon familier ; il n'a pas forcément été collecté « intentionnellement » par la reine ; mais il est certain qu'en se léchant ou qu'en léchant quoi que soit dans la fourmilière elle ne peut manquer d'y trouver des semences du champignon ; ce qu'il y a de sûr en tout cas, c'est qu'elle dépose bel et bien le contenu de son sac infrabuccal sur les premiers œufs qu'elle pond, puis écrase, en constituant ainsi la première couche de culture du champignon. Chez les Pseudomyrmécines enfin, le sac infrabuccal sert de moule et comprime en pastilles la nourriture ; ces pastilles seront ensuite distribuées aux larves, qui les reçoivent dans un réceptacle buccal spécial auquel les biologistes n'ont pu s'empêcher de donner le nom barbare de « trophothylax » !

*Les glandes des fourmis.*

Les glandes céphaliques et céphalo-thoraciques des fourmis ont intéressé de nombreux auteurs, car on les distingue facilement et elles présentent au cours de l'année de fortes variations. Parmi celles-ci, la *glande post-pharyngienne* se compose d'un sac bilobé très volumineux ; peu développée chez le jeune, elle atteint son maximum au moment de l'élevage des sexués. Elle présente d'ailleurs de grosses différences entre les individus mais sans rapport avec la division du travail ou le service intérieur ou extérieur. Les abeilles ne possèdent pas de glande analogue. La *glande maxillaire* est formée de deux sacs qui s'ouvrent dans la cavité buccale. On trouve chez

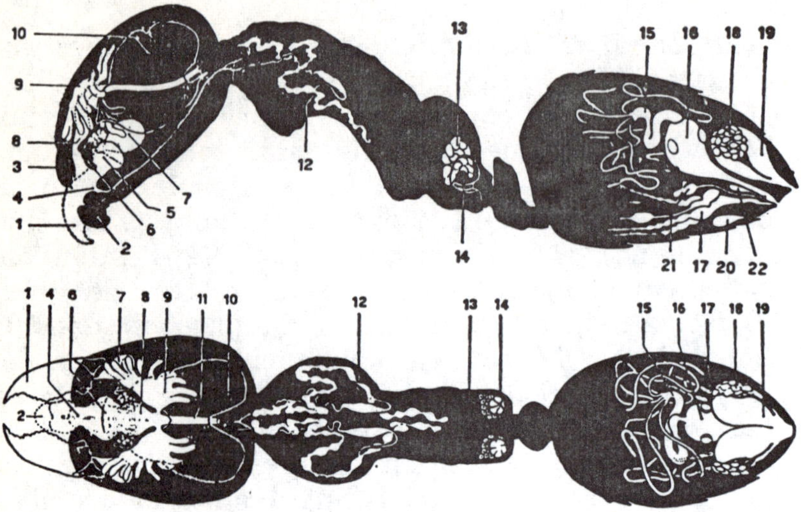


FIG. 5

Figure schématique montrant l'ensemble des glandes et quelques-uns des organes internes d'une fourmi (d'après Pavan, 1957). En haut, section dans le plan vertical, en bas dans le plan horizontal. 1) Mandibules — 2) et 3) pièces buccales — 4) orifice des glandes labiales — 5) sac infrabuccal — 6) lamelle prépharyngienne avec l'ouverture des glandes maxillaires — 7) glandes mandibulaires — 8) pharynx — 9) glande pharyngienne — 10) cerveau — 11) œsophage — 12) réunion de la branche antérieure et de la branche postérieure des glandes labiales — 13) et 14) glande métanotale — 15) portion antérieure du proctodeum avec les tubes de Malpighi — 16) ampoule rectale avec glandes rectales — 17) ovaire et dernier ganglion abdominal — 18) glandes anales — 19) leur réservoir — 20) organe ventral — 21) glande acide à venin — 22) glande alcaline.

l'abeille des glandes fort analogues, qui sécrètent la fameuse *gelée royale*, nourriture des larves de sexués et des reines. Mais *chez les fourmis on ignore leur rôle* ; elles sont seulement un peu plus grosses chez les fourmis du service intérieur. La glande qui sécrète la nourriture des sexués est chez les fourmis l'énorme *glande labiale* qui s'étend fort loin dans le thorax.

Son activité augmente quarante jours après l'éclosion, mais son état de développement varie beaucoup au cours de l'année ; chez les ouvrières d'hiver, elle est régressée; mais un réchauffement d'une huitaine suffit à la réactiver. J'ai gardé pour la fin les *glandes mandibulaires* aussi grosses chez tous les individus, comme la glande homologue des abeilles qui porte le même nom ; j'en parlerai ailleurs (voir page 156) ; elle paraît sécréter des substances d'alarme ou de reconnaissance.

La *glande à venin* a une structure très spéciale : deux filaments pairs flottent dans la cavité générale et se poursuivent par un très long tube replié dans une gaine conjonctive, mais qui déplié mesurerait plus de 20 cm de long ! Il est inclus dans la paroi de la vésicule à venin (pour les venins, voir page ). Mais je ne résiste pas au plaisir de vous citer quelques chiffres abracadabrants ; au cours du combat, une ouvrière de fourmi rousse peut émettre 1 mg de venin, ce qui correspond à 0,5 mg d'acide formique. Supposez que vous vous livriez à l'exercice que j'ai pratiqué dans les Vosges avec un de mes assistants : taquiner brutalement une fourmilière énorme plus grosse que nous deux ; nous dûmes reculer à moitié asphyxiés par l'acide formique. En effet, admettons que 50 000 fourmis seulement, ce qui n'est rien, étaient en train de nous asperger : cela correspond à 25 g d'acide formique ! Il en faut bien moins pour couper la respiration à plusieurs hommes. Un autre fait curieux : l'acide formique est fortement insecticide, on le sait depuis longtemps. Mais le venin d'une autre espèce, la fourmi de feu *Solenopsis saevissima,* tue également par application externe (quoique la fourmi ait un aiguillon) et il est même alors à peu près aussi toxique que le DDT; il possède de plus des propriétés antibiotiques.

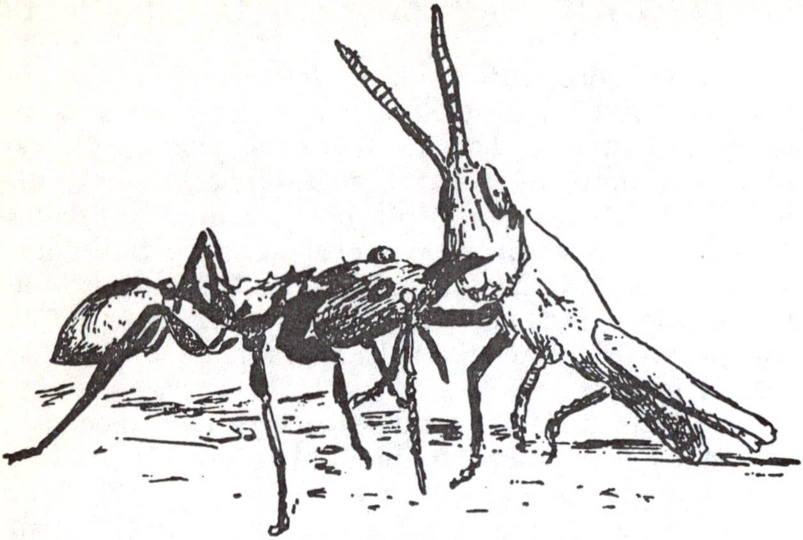

FIG. 6
*Daceton armigerum* capture un petit Acridien (d'après Roo).

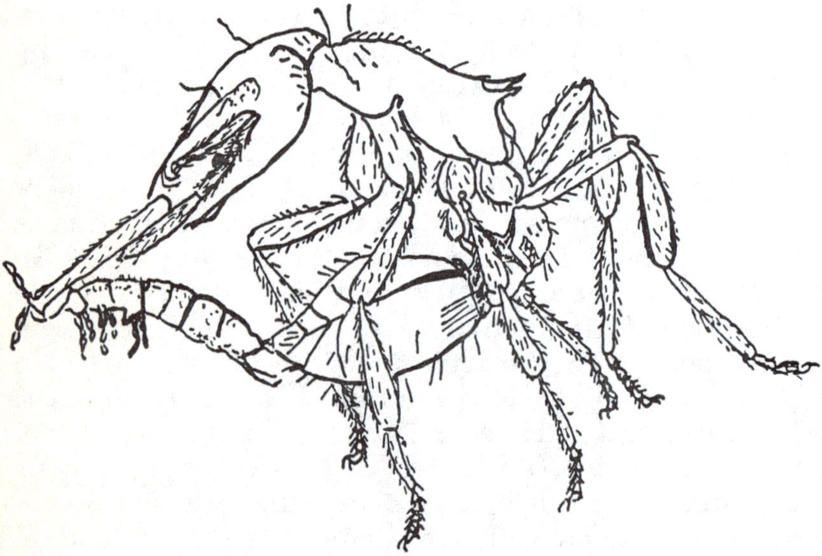

FIG. 7
Ouvrière de *Strumigenys ludia* saisissant et piquant un petit collembolle (d'après Brown et Wilson, 1959).

*Quelques régimes spéciaux.*

Pour ce qui est de la nourriture, les fourmis en général font « flèche de tout bois », et les prédatrices notamment mangent à peu près tout ce qu'elles peuvent attraper (voir page 77). On peut distinguer toutefois *certaines spécialisations.* Les Dacétines ne chassent guère que deux espèces de Collembolles ; *Myopias* s'attaque aux millepattes et *Leptogenys* aux cloportes. Un grand nombre de fourmis manifestent un goût presque exclusif pour les termites. Quant aux régimes sucrés, toutes ne manifestent pas l'éclectisme des fourmis rousses qui traient plus de 60 espèces de pucerons ; mais peu d'espèces se confinent à deux ou trois pucerons et cochenilles.

*L'essaimage des sexués.*

La *copulation* se fait à peu près comme chez l'abeille, en ce sens que les mâles volent en essaims parfois énormes au-dessus de zones bien déterminées. Chez *Myrmica* par exemple, c'est une surface plate et nue près d'un accident de terrain ou d'un mur vertical. Les mâles reviennent obstinément voler au-dessus de cette zone, même si un coup de vent les en chasse brusquement. Ce sont les femelles qui se rendent auprès de ces essaims. On ne sait encore si, comme chez les abeilles, les essaims de mâles restent fidèles au cours des générations à ces zones privilégiées, pendant vingt ans et plus.

Les femelles s'accouplent généralement avec plusieurs mâles ; il faut aux énormes reines des *Atta* et *Anomma* de nombreux mâles pour emplir de sperme leur réceptacle séminal, qui devra suffire pendant de longues années à la procréation de millions d'ouvrières. Chez les parasites, comme *Anergates atratulus,* hôte de *Tetramorium caespitum,* le mâle non seulement n'a pas d'ailes, mais il peut à peine marcher. Aussi s'accouple-t-il avec ses sœurs à l'intérieur du nid de l'hôte. Chez *Ponera eduardi,* on trouve des mâles ailés et des aptères ; ils s'accouplent dans le nid toujours avec des ouvrières, jamais avec la reine. Ces ouvrières pondent des œufs, mais qui ne se développent pas. Il est vrai que ces observations ont été faites en élevage et qu'on ne sait trop ce qui se passe dans la nature. On ignore aussi comment l'énorme mâle des *Anomma* rencontre sa femelle plus grosse encore et aptère, gardée par l'inexorable colonne des fourmis chasseresses ; il faut pourtant qu'il se fasse accepter par la colonne ; et certains observateurs ont vu des mâles aux ailes déchirées qui se déplaçaient au sein de la colonne.

Quand la reine est fécondée, elle se tord en tous sens et commence une étrange manœuvre, qui tend à s'arracher les ailes. Le grand myrmécologue belge Raignier l'a décrit d'une manière très vivante chez une reine de *Camponotus.* « Elle fait deux ou trois fois le tour de sa nouvelle demeure, où elle semble parfaitement à l'aise. Elle s'arrête, fait un brin de toilette des antennes et des pattes, puis soudain, d'un coup brusque de genou de la patte médiane droite, infléchit l'aile antérieure droite vers l'avant du corps. L'animal penche légèrement vers le côté gauche tandis que les pattes médiane et postérieure droite travaillent fiévreusement à décrocher définitivement l'aile. Après deux minutes, celle-ci cède et tombe à terre. La reine maintenant fait une course rapide autour de sa cellule, s'arrête et reprend les mêmes manœuvres pour l'aile droite postérieure dont les pattes ont très vite raison. Puis l'auto-amputation continue sur le côté gauche. La reine a redressé son corps et l'incline sur la droite. C'est aux pattes gauches maintenant à effectuer une série identique de mouvements et de pressions. Les deux ailes gauches à leur tour se détachent et tombent. A nouveau, une scène de toilette intense et nerveuse... » Toutes les reines de fourmis en font autant, sauf les énormes reines aveugles et aptères des *Anomma.* Ensuite, les grands muscles alaires vont disparaître et se réincorporer dans le métabolisme. C'est grâce à eux que les premiers œufs se formeront ; et c'est pourquoi la reine pourra vivre et pondre malgré un jeûne parfois très prolongé chez certaines espèces (jusqu'à une année).

*D'où viennent les fourmis ?*

Les fourmis sont bien plus anciennes que l'homme, environ cent fois plus et peut-être davantage. On avait cru même en trouver à l'ère secondaire, à la base du lias, il y a 200 millions d'années et Heer en 1865 avait nommé le fossile en question *Paleomyrmex prodromus.* Mais c'était sûrement une erreur et l'insecte ainsi désigné n'appartient même pas à la famille des Hyménoptères. Toutefois, le très grand nombre de fourmis qui se manifestent dès le tertiaire supposent l'existence de souches du secondaire, mais on ne sait rien de trop précis sur elles jusqu'à présent.

En effet, dès le tertiaire, et plus précisément à sa base, l'éocène et l'oligocène, il y a environ 80 millions d'années, on trouve une grande abondance de fourmis en Amérique et en Europe, dans toutes sortes de dépôts, et notamment dans les couches célèbres de l'ambre de la Baltique : il s'agit de résine de pins fossiles, qui engluaient alors, comme les espèces actuelles le font à présent, une foule d'insectes et notamment de fourmis. Les animaux conservés dans ce milieu compact et antiseptique se trouvent dans un bon état incroyable ; dans certains cas, on peut dissoudre la résine fossile, et préparer la fourmi en la collant sur une languette de carton comme on le fait pour les insectes de maintenant ; et rien ne la distinguerait souvent des espèces actuelles, n'était son âge respectable.

Je dis bien rien ne la distinguerait, parce que nous trouvons dès cette période reculée, des genres et *même des espèces qui sont les mêmes qu'à présent*, par exemple *Formica fusca*. De plus, les fourmis devaient abonder, car sur 600 espèces fossiles d'Hyménoptères que l'on a décrites du tertiaire, 307, soit plus de la moitié, sont des fourmis. Et les spécimens sont en grand nombre, puisque Wheeler en a examiné à lui seul plus de 5 000. 139 espèces sont sûrement des *Camponotinae*, 25 des *Dolichoderinae*, 185 des *Myrmicinae* et 27 des *Ponerinae*. Une seule espèce appartiendrait aux *Dorylinae*. Quelques rares genres sont éteints, et encore n'est-ce pas tout à fait sûr : Car une espèce, *Stereomyrmex*, que l'on ne connaissait qu'à l'état fossile, a été retrouvée vivante à Ceylan. Il n'est d'ailleurs pas tellement rare que l'on retrouve ainsi en fort bonne santé des espèces d'animaux ou de plantes supérieures que l'on croyait éteints depuis des centaines de millénaires. *Formica fusca* n'est pas la seule espèce actuelle que l'on puisse identifier dans l'ambre : *Lasius niger* et *Ponera coarctata* s'y trouvent aussi, et le systématicien le plus pointilleux ne saurait les distinguer de ceux d'à présent.

Un autre fait est assez singulier, comme l'a remarqué Wheeler : c'est l'*absence de polymorphisme* chez les fourmis du tertiaire; quoique pourtant certains genres du tertiaire, qui existent encore aujourd'hui (*Dimorphomyrmex*, *Camponotus*) présentent un polymorphisme très net. Evidemment, on peut objecter qu'une absence ne prouve rien, et surtout que les soldats, s'il en existait, n'allaient peut-être pas plus fourrager que ceux de maintenant ; ils couraient donc moins de risques de se faire fossiliser dans l'ambre par exemple. Mais on pourrait répondre qu'un peu plus tard (deux ou trois dizaines de millions d'années plus tard, mais qu'est-ce que cela aux époques géologiques ?) le polymorphisme apparaît fort évident dans les fourmis fossiles.

Rappelons que les fossiles préhumains ne sont guère vieux de plus d'un million d'années ; quant à l'*Homo sapiens,* on ne peut guère le faire remonter à plus de 100 000 ans, mille siècles ; comparé aux *huit cent mille* siècles des fourmis, c'est insignifiant ; nous sommes nęs hier.

*L'origine des insectes sociaux.*

Nous pénétrons ici dans un domaine extrêmement conjectural, mais on ne peut tout de même éviter de se poser la question : d'où viennent les insectes sociaux ? Ont-ils été sociaux dès le début ? Ou bien, comme ils représentent visiblement le sommet d'une évolution, faut-il leur trouver des ancêtres non sociaux ?

Les entomologistes et paléontologistes sont à peu près d'accord pour admettre qu'ils dérivent des Hyménoptères parasites car on trouve en germe dans cette classe bien des particularités de comportement qui rappellent singulièrement les sociétés d'insectes. Les œufs et les larves y ont la même apparence que chez les fourmis par exemple, y compris chez la larve la cloison entre l'intestin moyen et l'intestin postérieur qui ne permet la vidange qu'au moment de la dernière mue et facilite ainsi le nettoyage de la colonie. Cette cloison existe chez les larves d'Hyménoptères parasites, mais on ne la trouve pas dans l'autre branche, celle des Hyménoptères Symphytes, qui sont végétariens et se sont séparés assez tôt du phylum des Hyménoptères parasites et des sociaux.

Les Hyménoptères parasites possèdent déjà la faculté de différencier le nombre et le sexe des œufs qu'ils pondent dans un hôte, suivant sa taille et d'autres caractères. La vie de la femelle est d'autre part prolongée par ce que Flanders appelle *l'ovisorption,* ou résorption par l'organisme maternel des œufs non utilisés, avec recyclage des réserves ainsi récupérées. Chez certains parasites, la longévité de la femelle excède ainsi la longueur de plusieurs générations de petits.

Au début de l'évolution, toutes les femelles sont équivalentes et peuvent accomplir les mêmes tâches ; elles n'ont qu'une simple tendance à vivre dans le même nid. Cela se rencontre même dans des genres actuels de guêpes ou d'abeilles peu évoluées (*Belonogaster, Allodape*). Le stade suivant consiste évidemment dans la différenciation des femelles en deux castes, celles qui peuvent se reproduire (reines) et les autres (ouvrières). Or les femelles des parasites sont elles-mêmes tantôt fécondes, tantôt complètement incapables de se reproduire, pour des raisons extérieures (manque de nourriture appropriée, mauvaises conditions météorologiques). Cet état reste tout à fait réversible.

On ne saisit pas bien le passage à un autre stade essentiel, celui de la *différenciation morphologique* des castes reproductrices et des autres. Il est vrai que chez les insectes sociaux eux-mêmes on rencontre toutes les transitions entre des reines à peine différentes des ouvrières, qui d'ailleurs peuvent pondre même en présence de la reine, et l'inhibition complète des ouvrières par la reine, avec grosses différences morphologiques.

CHAPITRE PREMIER

# LES FOURMIS AMIES DE L'HOMME

*L'utilité des fourmis rousses — Leur nid — Leur chauffage — Le problème de la nourriture.*

Personne n'aurait cru il y a fort peu d'années, que les fourmis rousses, ces hôtes désagréables de nos bois, puissent se transformer en auxiliaires de l'homme dans la protection des forêts. Et pourtant c'est fait : la fourmi rousse a pris place maintenant dans la très petite cohorte des insectes dont l'homme a pu tirer parti.

*Les insectes utiles à l'homme.* Il est curieux de remarquer à quel point l'homme a peu utilisé les insectes jusqu'ici. Ce sont à vrai dire les seuls êtres vivants qui s'opposent à lui, non sans remporter parfois quelques succès. Songeons par exemple aux gros mammifères : ils ne subsistent que parce que nous le voulons bien. S'il nous prenait fantaisie d'éteindre la race des éléphants et des baleines sur toutes la surface de la terre, nous y parviendrions facilement. Il n'en est pas de même des moustiques !

D'un autre côté il semble que l'homme ait été bien timide jusqu'ici dans ses essais d'utilisation du peuple à six pattes. Le ver à soie, les cochenilles qui fournissent la laque, l'abeille, et voilà toute la liste. Ce n'est que tout récemment qu'on a entrepris de cultiver industriellement les insectes parasites d'autres insectes dans un but de lutte biologique ; le procédé se montre parfois d'une efficacité souveraine. Ajoutons un usage imprévu des insectes, dont Bodenheimer, dans un livre passionnant, a montré toute l'importace : c'est l'*usage alimentaire*. On se demandait depuis très longtemps comment arrivaient à subsister une foule de peuplades dont le régime, manifestement déséquilibré, ne comporte, au vu et au su des enquêteurs, qu'une bouillie de céréales ; puis d'autres ethnologues plus perspicaces se sont aperçus que les femmes ramassaient sans arrêt des insectes et en faisaient une sorte de farine incorporée au régime. Le supplément de vitamines et d'azote ainsi récolté suffisait, et largement, à couvrir les besoins vitaux.

Mais les fourmis ? Eh bien jusqu'à présent, on ne leur connaissait pas d'utilité, et on les considérait sans nuances comme les ennemis les plus acharnés de l'homme. Alors que l'abeille depuis la nuit des temps est la compagne de l'homme (mais non pas son amie, car elle n'est nullement apprivoisée et ignore complètement l'apiculteur), alors que les termites constituent le plat de résistance et une des plus riches sources de protéines de très nombreux peuples termitophages, la fourmi n'était pas utilisée, bien que probablement certaines peuplades mangent ses nymphes dont le goût est assez agréable (on mange d'ailleurs aussi très souvent les nymphes des abeilles; c'est même une friandise japonaise très appréciée, qu'on trouve depuis peu en conserves !) Dans nos régions, on en tirait ces mêmes nymphes, pour la nourriture des jeunes faisans. Comme il s'agit d'un métier peu connu, il peut être amusant de retracer, d'après Gösswald, les techniques du chasseur de fourmis.

*La récolte des nymphes.* Aux premières heures du matin, au printemps et en été, quand le soleil frappe le dôme, les fourmis massent leurs larves et leurs nymphes à l'endroit le plus chaud. Le chasseur prélève alors rapidement cette portion du dôme qu'il jette dans un sac. Il aménage aussitôt, en terrain découvert, cinq fosses de 25 cm de diamètre et 30 de profondeur, formant un cercle de deux mètres de diamètre environ ; les fosses sont remplies de ramilles vertes de pin ou de sapin. Le contenu du sac est étalé en couche mince au centre du cercle, et les ouvrières s'empressent de mettre les nymphes à l'abri dans les fosses. Lorsqu'elles ont terminé leur tâche, on vide les fosses dans le sac et on en retire facilement les brindilles auxquelles beaucoup de fourmis restent accrochées ; les nymphes restent au fond du sac.

Il n'y a plus qu'à faire subir à l'ensemble deux nettoyages : le premier consiste à les vanner, en faisant lentement glisser les nymphes d'une hauteur de 1 m 60 environ ; les nymphes plus lourdes tombent à peu près verticalement et les fourmis sont poussées plus loin par le vent. Enfin, on passe plusieurs fois de suite une mousseline noire sur le tas de nymphes et les dernières ouvrières qui y restaient encore s'accrochent à l'étoffe et sont retirées.

Le rendement est au minimum de un ou deux et au maximum trois litres de nymphes par colonie ; mais certains récolteurs travaillant sur des nids géants qui peuvent dépasser un mètre cube en tirent jusqu'à seize litres en une année, soit plus de 300 000 nymphes. Gösswald raconte que les paysans de Styrie en mettaient chaque année de 50 à 70 hectolitres sur le marché, ce qui représente plus de 130 millions de fourmis.

Une autre méthode d'exploitation moins connue est l'emploi des brindilles comme litière pour les bestiaux, afin de remplacer la paille ; les paysans d'Alsace et d'Allemagne en récoltaient ainsi de pleines charrettes.

*Les temps modernes.* Mais tout ceci appartient en quelque sorte au folklore. Gösswald conçut un autre projet à partir d'une observation qui avait dû être faite des milliers de fois (publiée en tout cas depuis le XVIIIe siècle), mais non comprise : éternelle histoire des sciences ! Lorsqu'il se produit dans les bois une invasion de chenilles défeuillantes, la forêt s'en trouve d'habitude fort mal, et les arbres qui ont perdu une grande partie de leurs feuilles prennent un aspect hivernal. *Sauf autour des fourmilières, où l'on observe des « taches vertes »* plus ou moins larges. Si les feuilles ont subsisté, se dit Gösswald, c'est peut-être parce que les fourmis ont dévoré les chenilles. Et c'était bien cela.

De là à concevoir un véritable élevage, une multiplication artificielle des fourmis rousses, puis leur expédition dans les régions qui en manquent, il y avait loin ! C'est pourtant tout ce qu'accomplit le biologiste allemand. Mais avant de parler de la « formiciculture », il faut revenir quelque peu sur la biologie générale des fourmis rousses, puisqu'elle est maintenant bien connue.

*Les espèces de fourmis rousses.* Les entomologistes se sont d'abord occupés de savoir à quoi ils avaient exactement affaire. Et c'est là qu'on a pu faire une curieuse observation, dont à mon avis on n'a pas tiré tout le parti possible.

En deux mots, ce qu'on appelle *fourmis rousses* comprend très probablement plusieurs espèces, mais on ne sait pas bien les distinguer. Il y aurait une espèce dite *Formica rufa,* plus poilue que les autres, plus grande, formant des dômes très développés mais à population peu nombreuse, de l'ordre de 100 000 ouvrières, et pourvue d'une seule reine par nid. A l'autre bout de la chaîne on place une espèce plus petite, qu'on appelle tantôt *rufo-pratensis* et tantôt *polyctena,* peu pileuse, très fouisseuse, formant des dômes peu élevés mais autour desquelles la terre est profondément excavée, et où chaque colonie peut contenir plus d'un million d'ouvrières avec plus de 5 000 reines (je dis bien cinq mille). Mais il faut considérer aussi le milieu de la chaîne dont nous ne tenons jusqu' à présent que les extrémités. C'est là que tout se complique : car on connaît une quantité d'espèces plus ou moins pourvues de reines (on les appelle monogynes, oligogynes ou polygynes suivant qu'il s'y trouve une seule reine, quelques reines ou plusieurs milliers de reines) de morphologie et de pilosité incertaines. Sans compter que Gösswald distingue à l'intérieur même du complexe *polyctena* une race qui hante les bois de pins et l'autre les bois de sapins, les deux races séparées par l'aspect général du nid et certains traits de comportement. Ajoutons que *rufa* s'accommoderait bien du sous-bois, alors que *polyctena* préférerait les clairières ensoleillées.

Et enfin, ce qui contribuerait à détruire un des derniers critères de l'espèce que nous puissions invoquer, beaucoup de ces espèces sont *interfécondes,* comme l'a prouvé l'école de Gösswald. Voilà une situation qui désole les systématiciens, amateurs de classements précis et de clefs dichotomiques bien définies ; et *pourtant à mon sens, ils devraient se réjouir.* Le cas du groupe *rufa* n'est pas le seul en effet ; une pareille confusion règne en plus d'un endroit, par exemple chez certains moustiques, et chez plus d'une espèce d'Hyménoptères parasites. Et si par hasard nous nous trouvions alors *devant le bouillonnant creuset biologique où se forment les espèces ?* Si elles étaient en train de se constituer sous nos yeux ? Car enfin, dirait Monsieur de la Palisse, avant d'être distinctes, les espèces ont peut-être été indistinctes ? Alors le processus n'aurait plus rien de déprimant, tout le monde au contraire devrait s'y intéresser.

*Données biologiques générales.* Quoi qu'il en soit, tout le groupe des fourmis rousses présente une biologie commune, qui peut être esquissée à grands traits. D'abord *les nids* formés, comme tout le monde le sait, d'un tas impressionnant de brindilles et sur la construction duquel j'aurai bientôt l'occasion de m'étendre beaucoup. Signalons tout de suite deux points assez curieux : il n'y a pas de rapport entre la taille du nid et l'importance de la colonie qui l'habite. Ensuite, chez *Polyctena,* les colonies ont tendance à se fédérer en *supercolonies* énormes, provenant de la scission d'une ou plusieurs colonies-mères qui restent en contact permanent. Une de ces colonies géantes, observée par Stammer en 1938, comptait 58 nids principaux et 31 secondaires et la longueur totale des pistes qui les reliaient avoisinait 8 kilomètres. Le Père Raignier, le fameux myrmécologue belge, a observé une autre de ces supercolonies qui comptait plus de cent nids et couvrait une dizaine d'hectares. On ne sait rien de précis sur ces phénomènes d'organisation « du deuxième degré » en quelque sorte ; j'ai souvent pensé qu'ils constituaient un des faits les plus troublants et les plus curieux de la biologie des insectes sociaux. Qui sait ce qui peut apparaître en fait de comportements complexes dans ces super-organisations ? (v. page 280).

Le territoire de chasse d'une colonie isolée serait

d'après Eckstein de 3 500 mètres carrés environ ; mais certains vont jusqu'au demi-hectare. Cela paraît très variable suivant la force de la colonie, la nature du terrain et diverses circonstances.

*Vol nuptial et accouplement.* D'après Marikovsky le vol nuptial est précédé chez les fourmis rousses par l'élargissement des galeries qui mènent aux orifices de sortie. Les femelles sortent, s'envolent à brève distance puis se perchent sur les basses branches pour y attendre les mâles. Chaque femelle peut copuler plusieurs fois et les mâles également ; on observe des luttes assez vigoureuses et des poussées entre plusieurs mâles pour s'emparer de la même femelle. Marikovsky a fait d'autres observations dans les monts du Tien Shan en Sibérie. Il se forme de vastes rassemblements de mâles et de femelles ; les femelles juste après la copulation coupent d'un coup de mandibule l'abdomen du mâle et le détachent du thorax ; le mâle mutilé s'envole et met plusieurs heures à mourir ; l'abdomen séparé du corps se détache rapidement de la femelle. Ces amours cruelles ne sont nullement le propre des fourmis et on en connaît de nombreux exemples chez les insectes. Le cas classique est celui de la mante religieuse qui déguste la tête de son mâle pendant qu'il copule ; et Rœder a montré qu'il était absolument nécessaire dans ce cas que le mâle perde la tête pour que la copulation puisse s'achever ; le cerveau exercerait un rôle inhibiteur sur les processus de l'accouplement ; et comme chez les insectes la nature n'y va jamais par quatre chemins, qu'à cela ne tienne, il n'y a qu'à l'enlever !

Une fois fécondées, les femelles de ces espèces ne peuvent fonder de colonies à elles seules ; elles doivent rentrer obligatoirement dans une autre où elles renforcent la masse des reines. Mais elles sont souvent détruites en grand nombre par les ouvrières de leur espèce ou d'espèces voisines. Et très souvent même les ouvrières qui vont les accepter affectent une attitude agressive, jusqu'à ce que l'une d'elles offre de la nourriture à la femelle étrangère : c'est le signe qu'elle est adoptée. Il semble que les jeunes colonies déficientes en reproductrices accueillent plus aisément les reines. Et de plus, au moment de l'essaimage, non seulement les jeunes reines cherchent à pénétrer dans une colonie, mais les vieilles cherchent à en sortir et à grimper sur une branche pour se faire féconder. Il arrive qu'elles y réussissent. Mais le plus souvent les ouvrières tentent fort énergiquement de les faire rentrer ; leur dernier argument consiste à introduire une gouttelette d'acide formique entre les mandibules de la reine, qui s'incline alors et regagne ses pénates.

Ces fourmis de Sibérie paraissent douées de beaucoup de tempérament ; il semble que dans notre vieille Europe les choses se passent plus doucement ; en tout cas Gösswald ne fait pas état de tous ces phénomènes lors de ses recherches sur la culture des fourmis.

*La « formiciculture »*. Il existe au moins deux procédés pour multiplier les fourmilières. Le premier consiste à prélever simplement dès le début du printemps des fourmis et des brindilles en quantité suffisante (une vingtaine de litres). Il faut opérer dès qu'apparaît à la surface du nid une grouillante masse de fourmis qui viennent se chauffer au soleil ; il y en a fort souvent de quoi remplir plusieurs bols ! On est alors sûr d'inclure les reines dans le prélèvement, puisque c'est le seul moment de l'année où elles sortent des profondeurs du nid.

On transporte alors fourmis et brindilles à l'endroit choisi qui ne devra pas être trop ombragé ni envahi de broussailles. Il arrive d'ailleurs que les fourmis ainsi transplantées désertent pour aller se fixer à une cinquantaine de mètres ; mais si on a eu soin d'espacer suffisamment les transplants, cette désertion n'a pas d'inconvénients. Au-dessous de quinze à vingt litres de brindilles et de fourmis, la transplantation n'a guère de chances de réussir.

Ceci n'est qu'un premier procédé ; mais on peut utiliser aussi l'énorme surplus de reines qui se perd chaque année, n'ayant pu trouver de colonies d'accueil, ou dévoré par les prédateurs attirés en masse par l'aubaine... Pour cela, vers le mois d'avril, Gösswald recouvre d'un cône d'étoffe foncée les colonies, mais en ménageant vers le sommet un récipient cylindrique transparent. Les jeunes sexués, attirés par la lumière, y montent tous, puis tombent dans un vase rattaché au cylindre par un tube vertical. Certains nids ne produisent guère que des femelles et d'autres que des mâles. On réunit quelques milliers des uns et des autres dans un aquarium dont le fond est garni de terre humide et de quelques morceaux d'écorce; le couvercle est en toile métallique. L'aquarium doit être en partie exposé au soleil qui augmente la tendance aux copulations. Pour enrichir en reines ainsi fécondées une colonie, il faut leur communiquer l'odeur de cette colonie : on y prélève quelques centaines d'ouvrières que l'on introduit avec les nouvelles reines ; quelques jours plus tard on ajoute encore quelques centaines d'autres ouvrières. Ainsi, elles communiquent peu à peu leur odeur aux reines et au bout de deux ou trois jours on peut les laisser sortir ensemble près de la colonie à laquelle elles s'intègrent sans encombre.

*Les ennemis des fourmis.* Une fois la fourmilière constituée, elle paraît invulnérable. Les projections d'acide formique sont une arme décisive ; personne, vertébré ou invertébré, ne se frotte alors aux fourmis. S'il en était toujours ainsi, elles auraient envahi la surface de la terre. Mais on peut les atteindre à un certain moment, l'hiver, et sous une certaine forme, celle des sexués. Par ailleurs, il existe des insectes qu s'attaquent même aux ouvrières isolées.

C'est sans doute en hiver que les fourmis rousses ont le plus à souffrir des prédateurs. Il suffit de constater dès les premières semaines de l'hiver qu'autour du dôme sont creusées toute une série d'excavations plus ou moins profondes. Elles sont l'œuvre des piverts, des renards et des blaireaux. Les piverts sont capables de creuser jusqu'au cœur du nid à soixante centimètres sous terre et davantage pour se repaître de fourmis engourdies et complètement hors d'état de se défendre. Les renards et blaireaux en font autant ; mais ce ne sont pas les fourmis qu'ils recherchent : ce sont les grosses larves d'un brillant coléoptère, la cétoine dorée, qui vivent dans le terreau des fourmilières ; grâce à une abondante flore microbienne qui réside dans leur intestin, elles arrivent par une chimie abracadabrante à tirer quelque aliment du bois pourri mille fois épuisé par cent fermentations, et à devenir grosses et grasses ; les fourmis ne s'attaquent pas à elles, peut-être parce que leur tégument est trop lisse et résistant ; ou bien à cause, soutiennent certains, d'une sécrétion répulsive. Mais renards et blaireaux feraient n'importe quoi pour s'en régaler ; leurs fouissements bouleversent la fourmilière et exposent les ouvrières à leurs ennemis naturels.

Les ennemis les plus acharnés des fourmis sont d'autres insectes. Par exemple les larves d'un coléoptère *Clythra*, dont la femelle laisse tomber sur le nid ses œufs enrobés d'une matière brunâtre qui les fait ressembler à un morceau de bois. Les larves, qui s'abritent dans une coque très dure, impénétrable aux fourmis, dévorent les œufs, les larves et les nymphes de leur hôte, et se retirent à la première alerte dans leur abri inexpugnable (1). Il est vrai que la prévoyante nature n'a pas laissé les *Clythra* s'attaquer aux fourmis sans aucun frein : le prédateur est dévoré lui-même par un autre insecte, un Mutillide qui ressemble beaucoup à une fourmi, le *Smicromyrmex montana.* Les adultes de *Clythra,* qui volent fort bien, éclosent au printemps et sont souvent capturés en même temps que les ailés de fourmis quand on récolte ceux-ci en vue de la multiplication artificielle.

Un autre insecte du groupe des hyménoptères, *Elasmosoma,* s'en prend aux fourmis adultes. La femelle, prompte comme l'éclair, pose son œuf sur les ouvrières qui semblent se douter du danger et cherchent à atteindre le parasite .La même chose arrive à d'autres fourmis, les *Atta* champignonnistes, mais ici une ouvrière minor chasse le parasite, et s'il a réussi à pondre son œuf sur les ouvrières major, elle les en débarrasse ; les fourmis rousses ne savent pas s'entraider de la sorte. La larve de l'*Elasmosoma* ronge l'intérieur de l'abdomen des fourmis. L'ouvrière proche de la mort sort du nid et va s'accrocher aux herbes. Le parasite quitte alors son hôte et se nymphose dans le sol à une faible profondeur.

Les fourmis adultes sont aussi victimes de vers, les *Mermis,* qui les épuisent ; elles peuvent également se laisser envahir par des acariens (comme les abeilles d'ailleurs, mais ce n'est pas par la même espèce d'acarien).

Citons aussi un hôte fréquent des fourmis rousses,

(1) Il arrive souvent alors que la fourmi loge ses œufs dans la cavité ménagée par le retrait de la larve de *Clythra.* Celle-ci n'a plus qu'à s'en régaler.

le minuscule insecte *Formicoxenus nitidulus* qui paraît subsocial : il vit en petits groupes d'une centaine d'individus dans les coques vides des larves de cétoine qu'elles ont quittées pour se transformer en insecte parfait. Il ne semble pas nuire aux ouvrières ; peut-être même en obtient-il de temps à autre quelque nourriture.

Mais après ce préambule général, il est temps de faire plus ample connaissance avec nos fourmis rousses, en entrant cette fois dans le détail.

*Le nid des fourmis rousses.*

La fourmilière s'arrondit dans la forêt muette sous la chaleur de midi... Dôme de brindilles, piétinements innombrables sur des pistes convergentes de plus de cent mètres de long parfois. Je les écoute allongé sur le sol à prudente distance, et je me sens bien loin des hommes. Je songe à l'origine des fourmis, dans les forêts du tertiaire, il y a quatre-vingt millions d'années. Sur cette planète grouillante de vie, mais où l'homme n'apparaîtrait pas avant huit cent mille siècles, les fourmis étaient déjà là et depuis bien longtemps sans doute, accomplissant suivant toute probabilité exactement les mêmes besognes qu'aujourd'hui. Elles pratiquaient l'agriculture, élevaient leur bétail, s'exerçaient à l'art de la guerre. Pourquoi la flambée de l'intelligence s'est-elle allumée chez nous et pas chez elles ? Elles étaient parties beaucoup plus tôt et avaient, semble-t-il, bien plus de chances. Ou alors, hypothèse reprise mille fois par la science-fiction, auraient-elles gagné, tout comme nous, mais sans que nous nous en doutions, construisant une civilisation évidente, mais si imperméable à la nôtre que nous ne la voyons même pas ?

Certes, ce sont des rêveries ; mais peut-être sont-elles à la base des impulsions et goûts indistincts qui constituent une vocation de myrmécologue. Pourquoi en effet étudier les fourmis ? sinon parce qu'elles vous fascinent... Les seuls animaux qui semblent se comporter comme des hommes, *qui ne reculent pas devant lui ni devant personne,* tout en paraissant pourtant l'ignorer complètement : n'y a-t-il pas là de quoi exciter une intelligence éprise de l'insondable cosmos qui nous entoure ?

*Le coup de pied dans la fourmilière.*

Devant la fourmilière chacun réagit suivant son tempérament : ce qui domine le plus souvent c'est une curiosité mêlée d'une indéfinissable horreur... Mais bien peu résistent à l'envie de donner un coup de pied dedans. Ce qui se passe alors est si bizarre ! cette agitation démentielle et soudaine, ces poignées de fourmis qui se laissent tomber dans le trou, ces hordes qui accourent de tout le dôme et jaillissent de sa profondeur, entre les brindilles... Puis, au bout de quelques minutes, c'est à nouveau le calme, mais un travail opiniâtre et minutieux est en train de s'accomplir. Et quelques heures plus tard, il ne reste plus trace du coup de pied.

Eh bien ! partons de là. N'importe quel fait peut servir de point de départ au raisonnement scientifique. Mais le coup de pied est tout de même une méthode un peu brutale d'investigation : il a le défaut de désorganiser la fourmilière et de détruire en particulier la couche superficielle formée de matériaux très fins, qui se mélange alors à la couche profonde des brindilles beaucoup plus volumineuses ; de plus un certain nombre de fourmis sont écrasées et le traumatisme global est trop violent pour que l'analyse soit possible.

Enfonçons donc simplement le poing dans le dôme de manière à pratiquer une dépression de deux à trois centimètres de profondeur : le trouble est beaucoup moins grand ; et si nous prenons soin de taquiner les fourmis au fort de la chaleur du jour, moment où elles se terrent dans les profondeurs du nid, c'est à peine si nous récolterons quelques morsures.

Que se passe-t-il ensuite ? Immédiatement rien ; mais, comme la dépression est à peine visible, il faut que nous puissions la marquer et nous rendre compte des modifications ultérieures. Voilà justement une branche fourchue qui traîne sur le sol de la forêt : en l'enfonçant convenablement près de la fourmilière, une des branches de la fourche pourra affleurer exactement le fond de la dépression du dôme ; et si elle est comblée nous le verrons bien, puisque l'extrémité de la branche de la fourche sera alors recouverte.

C'est bien ce qui arrive. Dès le lendemain, même si la dispersion n'est que trés faible et peu visible, elle est toujours comblée et le dôme parfaitement nivelé. Or, ce petit fait implique plusieurs conclusions

*La surveillance constante du dôme.* D'abord, les fourmis ont dû découvrir la dénivellation ; après quoi, il leur a fallu la réparer. Or, premièrement, comment l'ont-elles découverte ? Il n'y a pas beaucoup de fourmis à l'heure de midi qui se promènent sur le dôme, souvent de grandes dimensions, alors que la dénivellation peut être très petite. Il faut donc admettre que le dôme est continuellement et minutieusement visité et le cas échéant remanié. Mais comment le prouver ? Nous sommes au fond des bois, sans aucun moyen d'enregistrement ni appareils compliqués; mais quantité d'expériences sont néanmoins possibles. Par exemple, un morceau d'écorce de bouleau roulé en cylindre et fixé sur une baguette plantée en terre peut constituer une lunette de visée fort acceptable ; elle permettra de noter sur le papier la position précise des quelques brindilles que l'on découvre dans le champ de la lunette. Or, *cette position n'est jamais la même* et varie parfois d'un quart d'heure à l'autre. Un autre moyen plus simple de mettre en évidence ces remaniements continuels est de former quelques lettres avec des brindilles ; mais il faut s'y prendre avec beaucoup de précaution, aux heures où le dôme est vide de fourmis : eh bien ! ces lettres ne restent pas déchiffrables plus de quelques heures ! On peut donner à l'expérience une autre forme encore, en disposant plusieurs cercles concentriques d'allumettes sur le dôme (voir la planche ci-contre). Eux aussi sont rapidement détruits par les fourmis. Donc, ce dôme qui nous paraît si immuable est sans cesse repris et remanié par les ouvrières.

*Les voyages sans fin des brindilles.* Et cela, Otto l'a prouvé directement par une curieuse expérience. Il teint de bleu le dôme tout entier en versant dessus de la peinture à séchage rapide. Une fois calmée l'agitation formidable que cause cette brutale opération, les ouvrières commencent à apporter des brindilles neuves, et le bleu disparaît peu à peu. Mais au bout d'un certain temps, parfois un mois ou deux, les brindilles bleues reparaissent. Ce qui prouve qu'elles ont été l'objet d'une « cyclose », d'un transport cyclique dans les couches plus profondes, puis de nouveau dans les couches superficielles.

*Le dôme doit rester propre et lisse.* Ces incessants remaniements nous expliquent un fait tellement évident que personne ne le remarque d'habitude : c'est que *le dôme est propre ;* c'est même à cause de cela qu'on le voit de si loin dans la forêt. Point de feuilles mortes sur lui : elles sont ou transportées hors du nid ou recouvertes de brindilles si elles sont trop lourdes. Ce qu'on voit d'ailleurs tout de suite en jetant dessus des morceaux de papier de différentes tailles.

Mais nous pouvons aller un peu plus loin ; puisque les fourmis tiennent tellement à ce que la surface du dôme soit sans défaut, essayons de les ennuyer par des problèmes un peu plus difficiles. Des morceaux de papier s'enlèvent trop aisément. Qu'en serait-il de brindilles plantées dans le dôme et non plus seulement déposées dessus ? On ne voit rien d'abord sauf une certaine agitation. Mais plusieurs heures après, et en tout cas le lendemain au plus tard, toutes les brindilles sont arrachées. Elles n'étaient grosses que comme des allumettes ; même des branchettes de la taille d'un crayon enfoncées de quatre à cinq centimètres sont pourtant déplantées aussi dans la huitaine et rejetées à la base du nid.

C'est le moment de s'arrêter pour réfléchir quelque peu ; car nous avons là un phénomène tout à fait inattendu et nouveau que seule l'expérience pouvait nous faire découvrir. Dans la nature en effet, les brindilles ne viennent guère se piquer sur le dôme et une curieuse possibilité du comportement des fourmis aurait pu nous rester cachée. C'est pour cela qu'il faut expérimenter et ne pas se contenter d'observer.

*Le pourquoi et le comment.* Oui, mais comment font-elles ? S'agit-il d'un arrachage intentionnel ? Méfions-nous de prêter sans sourciller aux fourmis des capacités exorbitantes, comme les anciens ne craignaient pas de le faire. Si en effet les fourmis raisonnent, aiment et pensent comme nous, il n'y a plus de problème, d'une certaine façon tout au moins ; sauf que des observations plus poussées nous montrent bien que les fourmis ne sont pas des hommes, et n'agissent pas comme nous. Il faut donc chercher d'abord des explications plus simples. C'est la fameuse règle de l'économie de pensée que les modernes croient avoir été formulée pour la première fois par Mach, alors qu'elle remonte en réalité au célèbre théologien du Moyen Age, Duns Scot ; il déclara « qu'on ne doit pas multiplier les entités sans nécessité » (*Entia non sunt praeter necessitatem multiplicanda*) ; et dans notre cas, il ne faut pas faire appel à l'intelligence, tant qu'une simple combinaison de réflexes peut suffire à l'explication, et surtout peut être démontrée par des expériences.

Je crois qu'on peut proposer une hypothèse simple, mais je ne suis pas sûr que ce soit la bonne ni la seule. Il semble que toute brindille enfoncée perpendiculairement à la surface du dôme déclenche un réflexe de creusement à sa base, et d'autant plus fort qu'elle est plus grosse et enfoncée plus profondément. Au bout de peu de temps la brindille s'incline, tombe et les fourmis peuvent l'emporter. Je ne puis prouver que les choses se passent effectivement ainsi, mais, étant donné ce que nous apprendrons par la suite du comportement des fourmis, c'est assez vraisemblable.

Voilà une bien longue chaîne de raisonnements engendrée par un coup de pied ! Mais ce n'est pas tout... Nous comprenons à peu près maintenant que les fourmis surveillent sans arrêt le dôme ; il n'y a donc rien d'étonnant à ce qu'elles aient découvert la petite dénivellation que nous venions d'y pratiquer. Mais pourquoi et comment la comblent-elles ?

Il n'est pas facile de le découvrir. Faisons comme toujours en biologie : abordons l'énigmatique nature par la tangente et tournons quelque peu autour du pot au lieu de poser franchement la question. D'abord, on peut songer que le contraire d'un trou, c'est un monticule qui introduit aussi une irrégularité dans le dôme ! Eh bien ! déposons donc une poignée de brindilles quelque part sur le dôme. Les fourmis l'enlèvent au bout d'un certain temps, mais sans enthousiasme, semble-t-il ; il s'écoule quelques jours avant que les dernières traces du monticule disparaissent : *la concavité à la surface du dôme a donc plus d'importance que la convexité.* Mais la convexité nous intéresse parce qu'elle prouve que les *fourmis peuvent agir non seulement par adjonction, mais par enlèvement de parties,* ce qui a une grosse importance comme nous le verrons plus tard.

« *L'horreur du creux* ». Jusqu'où peut aller cette horreur du creux ? Il n'y a qu'à placer sur la fourmilière des boîtes vides en métal, ou mieux en carton ou en bois, pour constater qu'au bout de peu de jours elles sont pleines à ras bords de brindilles. On peut même donner à l'expérience une forme plus amusante en posant sur le dôme des cylindres de carton de diamètre décroissant qui lui donnent un peu l'aspect de la tour de Babel. Ici, le résultat se fait plus longtemps attendre. Mais si le temps est beau et chaud, les fourmis travaillent sans arrêt, et au bout d'une semaine ou deux tous les cylindres sont pleins à ras bords : on voit que l'horreur du creux est poussée ici jusqu'à la manie.

Encore les cylindres de carton sont-ils énormes et bien visibles. Mais lorsqu'on pratique dans le dôme une excavation à peine marquée, on peut se demander quels sont les sens qui permettent à la fourmi de s'en rendre compte. Peut-être le sens de l'équilibre ? Car un grand nombre d'insectes peuvent repérer des différences minimes d'inclination du sol, jusqu'à 2°-3° chez la blatte par exemple, et la fourmi ne serait pas une exception. L'emploi du sens de la vue n'est pas très probable, car, comme la plupart des insectes, les ouvrières sont passablement myopes.

Nous ne savons toujours pas pourquoi les fourmis

ont en horreur le creux, c'est-à-dire s'il existe à cela une raison biologique ancrée dans leur évolution. Mais par contre, il n'est pas impossible d'interpréter, à l'aide de cette pulsion si puissante, une série de phénomènes énigmatiques. La forme du dôme par exemple : elle nous paraît toute naturelle, parce que nous évoquons l'image d'un homme qui viderait d'une certaine hauteur un sac de brindilles, et alors le tas prendrait tout naturellement l'aspect d'un dôme plus ou moins pointu. Mais ce n'est pas ainsi que les choses se passent. Lentement, péniblement cahotées pendant des heures et des jours sur des pistes de près de cent mètres de long, les brindilles parviennent au nid, tirées par les infatigables ouvrières. Et, dans ces conditions, il n'y a aucune raison pour que leur amas prenne la forme d'un dôme régulier ; il pourrait tout aussi bien présenter plusieurs sommets séparés par des vallées. Sauf que précisément les ouvrières ont horreur des vallées ! Elles ne peuvent en voir une sans la combler aussitôt, et c'est pourquoi l'ensemble prend finalement la forme d'un dôme.

*Le problème des cloisons.* Dans le même ordre d'idées, j'ai mis beaucoup de temps à comprendre une expérience dont le principe est pourtant assez simple. J'avais déposé au sommet du dôme (le sommet est la « région la plus sensible », celle dont les fourmis s'occupent le plus) un croisillon formé de quatre planchettes. Quelques jours plus tard, le résultat est immanquable : il y a davantage de brindilles dans un ou deux des quadrants et beaucoup moins dans les autres.

Ce qu'il fallait d'abord se demander, c'était si ces anomalies avaient une certaine constance : il suffit d'enlever le croisillon et de laisser les fourmis égaliser le dôme (c'est vite fait), puis de le replacer dans la même position. Alors, l'amassage maximum s'opère dans le même quadrant ou dans un autre ; il n'y a pas la moindre constance. Je passe sur les raisonnements plus ou moins pénibles où je m'égarai avant de comprendre. Il faut s'armer de patience, d'un papier et d'un crayon, et noter un par un les trajets de quelques centaines de fourmis porteuses de brindilles, avec toutes leurs hésitations, retours et abandons ; la patience pourtant inusable du biologiste est mise à rude épreuve. Puis un fait assez clair émerge de toute cette confusion : la majorité des fourmis portent leur charge droit devant elles, au sommet du dôme. Si alors un chantier de brindilles se trouve plus riche d'un côté que de l'autre — ce qui doit changer suivant les jours et les circonstances — alors un amas plus important se constituera de ce côté-là sur le dôme, grâce aux ouvrières que leur chance aura conduites à ce chantier. *Mais on ne verra pas d'irrégularité, grâce à l'horreur des fourmis pour les creux.* Elles vont à la fois araser les monticules et combler les dépressions, si bien que le dôme restera régulier et arrondi : sauf justement si l'on place à son sommet un croisillon de bois, ce qui les gêne dans leur tâche égalisatrice. Même alors, on peut leur permettre de l'exercer en perçant de trous le croisillon ; alors la communication se rétablit entre les quadrants et l'amas de brindilles garde partout la même hauteur.

Voilà une bien longue méditation sur un coup de pied, et qui nous montre comment les fourmis à l'aide de quelques réactions somme toute assez simples, viennent à bout de tâches compliquées. Mais ne croyez pas que tout est clair ni résolu. Nous avons à peine fait un pas dans la compréhension d'un autre univers, d'un cosmos différent et plein de brumes, celui des insectes sociaux. Il reste à expliquer comment chaque individu concourt à la tâche commune et cela n'est pas facile à partir de ce point de départ. Il faudra en choisir un autre tout à l'heure. Mais restons quelques minutes encore à contempler le dôme : il y a un petit fait que j'ai laissé passer tout à l'heure en me réservant d'y revenir. Lorsqu'on dépose une poignée de brindilles sur le dôme, il se trouve peu à peu arasé. C'est plus important que le comblement d'une dénivellation. On pourrait m'objecter qu'à première vue, on ne voit vraiment pas pourquoi, et que les deux faits paraissent du même ordre.

Eh non ! Mais pour le comprendre, il va nous falloir remonter bien plus loin.

*La stigmergie.* Ce mot grec est composé de deux termes dont l'un évoque l'excitation et l'autre l'œuvre. Son sens est à peu près « l'œuvre qui excite l'ouvrier ». La notion et le mot furent forgés par Grassé à propos des monumentales constructions des termites, et pour échapper à une difficulté torturante, aussi vieille que la science des insectes sociaux : ces édifices énormes (songeons que certaines termitières du *Bellicositermes natalensis* ont une périphérie de plusieurs *centaines* de mètres), et d'une structure si compliquée et si constante, qui en détient le plan ? Sont-ce les ouvriers eux-mêmes ou une partie d'entre eux ? Mais comment admettre qu'un tout petit cerveau, pas plus gros que celui des insectes non sociaux, et que des insectes dont le comportement individuel est aussi stupide, puissent concevoir quelque idée que ce soit, et surtout celle d'un plan ? Et si par impossible ils l'avaient, comment s'y prendraient-ils pour transmettre les informations adéquates et diriger l'ouvrage ? Ajoutons que l'observation n'a rien révélé jusqu'ici d'un processus ordonné dans la construction sociale. Tout semble s'y passer au contraire dans le plus grand désordre ; mais ce qu'il y a de sûr c'est que pourtant l'œuvre est achevée, et que ses proportions sont justes et constantes.

Grassé s'attacha spécialement à expliquer le comportement des termites qui sont déposés dans un vase avec leur reine et une poignée de bois vermoulu. La première chose qu'ils vont tenter, c'est d'abriter leur reine de l'air libre et de la lumière. Ecartons d'abord la première phase de désarroi assez compréhensible, pendant laquelle l'agitation est formidable, alors que la construction n'a pas encore commencé. Mais au bout d'un certain temps le calme se rétablit et les ouvriers commencent à déposer çà et là des boulettes de matériau. Les boulettes sont collées au hasard sur le substrat et ne paraissent pas intéresser spécialement les ouvriers qui circulent çà et là, porteurs eux-mêmes d'une autre boulette.

Mais il peut arriver qu'un ouvrier dépose la sienne, non plus à côté, *mais au-dessus* d'une boulette déjà posée. Ce fait a statistiquement un nombre raisonnable de chances de se produire... Alors le comportement des ouvriers change légèrement. Ils manifestent une tendance un peu plus prononcée à s'occuper de cet embryon d'édifice. Il y a un peu plus de chances alors pour que d'autres déposent leur boulette au-dessus de lui et allongent la colonnette ainsi formée. Comme le processus peut se répéter un certain nombre de fois sur le fond du vase, on obtiendra une forêt de colonnettes ; et li y a bon nombre de chances pour que certaines d'entre elles soient assez rapprochées. Dans ce cas, on observe, non plus l'allongement indéfini des colonnettes (il doit bien exister quelque part un frein au processus stigmergique, lorsque l'excitation dépasse un seuil supérieur), mais une tendance à coller les boulettes latéralement au sommet, c'est-à-dire à former le début d'une arcature qui rejoindra les deux colonnes. Si bien qu'à la fin tout le fond du vase, mais d'abord la reine, se trouve recouvert d'une voûte continue.

Personne n'a « voulu » quoi que ce soit, ni « eu l'idée » du moindre plan. Un petit nombre de réactions automatiques ont seulement produit en se combinant un résultat quasiment miraculeux.

La théorie remarquablement ingénieuse de la stigmergie n'est pas ici une simple hypothèse : c'est une constatation. C'est ainsi, plus que probablement, que les choses se passent *au début* de la construction. Seulement voilà ! on ne peut aboutir à l'aide de la théorie stigmergique, qu'à la construction d'une sorte d'éponge. Or le nid des termites a-t-il cette même structure ? Localement oui, mais de nombreuses parties sont toutes différentes. Sans vouloir détailler, car ce livre porte sur la vie des fourmis et non celle des termites, signalons l'enveloppe extérieure du nid épaisse et compacte, traversée seulement de fins canalicules ; la chambre de la reine, ovale, très dure, isolée dans la masse spongieuse des jardins à champignons; les fameux piliers coniques de la base découverts par Grassé (piliers qui ne supportent d'ailleurs rien du tout, puisque leur pointe inférieure ne touche pas le sol ; il vaudrait mieux les comparer à des stalactites, non pas nés d'eux-mêmes, mais façonnés par les ouvriers). Citons aussi le fait que signale Grassé d'une certaine zone d'un nid qu'il observa en Afrique et qui était formée d'une argile spéciale ; cette argile ne se trouvait qu'assez profondément dans le sol au-dessous du nid : il fallait donc que les ouvriers aillent la chercher, en passant à travers d'innombrables chantiers qui ne les excitaient pas au travail, puis reviennent la porter au même endroit en retraversant des chantiers qui restaient neutres pour eux. On doit donc conclure : *a*) qu'ils savaient se repérer dans le nid ; *b*) que lorsqu'ils vont chercher des matériaux ou reviennent les apporter, leur ardeur à construite est inhibée par la plupart des chantiers sauf un, et que momentanément, l'œuvre n'excite plus l'ouvrier.

Cela complique un peu la théorie de la stigmergie, sans qu'on soit forcé de la rejeter ; par exemple, à propos de l'architecture du nid différente suivant les zones, on peut admettre que toutes les équipes n'ont pas les mêmes réactions. Sans doute, mais il y a autre chose : l'œuvre, ou plus exactement le matériau de construction, peut exciter l'ouvrier non plus à construire, mais à détruire.

Darchen l'a d'abord constaté sur les abeilles. Tout le monde sait que ces insectes étirent très volontiers une ébauche de cire gaufrée pour en faire un rayon ; mais à y regarder de près, elles ne se contentent pas de l'étirer. On sait que lorsqu'elles construisent spontanément sans ébauche de cire gaufrée, le premier rayon a toujours la forme d'une goutte d'eau vue en coupe. Darchen leur offre alors un morceau de cire gaufrée carré ou rectangulaire ; alors, à condition de faire des observations très rapprochées, car tout va extrêmement vite, il constate que *les ouvrières enlèvent au carré ou au rectangle tout ce qu'il a en trop,* pour lui donner à peu près la forme d'une goutte ! Il est donc possible d'en conclure que le matériau excite non plus à construire, mais à détruire au moins partiellement : et alors, comment échapper à l'idée de plan ?

Revenons aux fourmis : voici pourquoi je disais tout à l'heure que détruire n'a pas le même sens que construire. Elles aussi enlèvent du dôme ce qu'il a en trop, bien que la poignée de brindilles que l'on vient de déposer dessus se compose des matériaux mêmes du nid. On peut d'ailleurs donner à l'expérience une forme plus frappante ; toujours en empruntant au nid ses propres matériaux, je me suis amusé à en changer la forme, par exemple à rétrécir sa base tout en augmentant sa hauteur ; le dôme devient chapeau pointu. Les fourmis, qui, je les comprends, détestent cette plaisanterie, m'ont copieusement mordu et trempé d'acide formique ; puis au bout de quelques jours (le lecteur doit commencer à s'y attendre) elles ont redonné au dôme sa forme première, en enlevant « tout ce qu'il y avait en trop ».

J'entends bien l'objection : lorsque vous modifiez la forme du dôme, vous ne vous bornez pas à un simple transfert de matériel ; c'est la structure de l'édifice que vous bouleversez, avec la répartition des matériaux minces à la périphérie et grossiers au centre. Cela est vrai, et même corroboré par une autre expérience ; je me souviens de m'être un jour montré particulièrement taquin, en enlevant tout le dôme jusqu'à dénuder la surface de la souche pourrie sur laquelle il repose habituellement. Puis saisi sans doute d'un remords, j'ai décidé d'aider la reconstruction en plaçant moi-même sur la souche une poignée de brindilles. Mais les fourmis, qui m'en voulaient sans doute, l'ont enlevée complètement et ce n'est qu'ensuite qu'elles ont commencé à reconstruire comme elles l'entendaient.

Elles *savent donc reconnaître leur propre travail et le distinguer de celui de l'expérimentateur.* Il nous faut alors, une nouvelle fois, ajouter quelque chose à la théorie de la stigmergie : ce n'est plus le matériau, le moellon qui attire l'ouvrier, *c'est le mur,* soit par ce qui lui manque, soit par ce qu'il a en trop. Seulement avouer cela, c'est en venir ni plus ni moins à l'idée de plan, quoique sous une forme atténuée. Je ne puis affirmer toutefois le caractère fatal de cette conclusion ; je pense plutôt que l'attirail de réflexes des constructrices est plus varié que nous ne le pensions au début. Je crois à peu près démontré le fait que le matériau excite l'ouvrier et qu'un dôme en construction par exemple attire le concours d'ouvrières de plus en plus nombreuses ; mais, *une fois qu'il est construit, d'autres réactions prennent le dessus :* horreur des creux et bosses, perception d'une structure en plusieurs couches qui doit être maintenue. Et il faut bien que cette perception existe, sans quoi les remaniemnts continuels des brindilles aboutiraient à une irrégularité complète de la surface, ce qui n'est pas. Encore notre liste des réactions de construction des fourmis est-elle sans doute bien incomplète !

*Comment les fourmis se chauffent.*

Le premier fait qu'ont observé les myrmécologues en fouillant les dômes des fourmis rousses, *c'est qu'il fait chaud au cœur du nid,* comme au centre d'une ruche. Par contre, dès septembre, bien que les fourmis soient encore très actives, l'intérieur du dôme est froid, ou tout au moins à la même température que l'extérieur. Il existe donc une production de chaleur propre à la fourmilière ; tout au moins pourrait-on le penser à première vue. Mais l'examen de la régulation thermique va nous mener de proche en proche à nous occuper du cycle annuel d'activité, du métabolisme et de bien d'autres problèmes.

Partons du repos hivernal lorsque les fourmis sont réfugiées dans la profondeur du nid à plus d'un mètre parfois au-dessous de la surface du sol. Que deviennent-elles pendant ce temps ?

*Les fourmis rousses en hiver.* On trouve dans les galeries des masses épaisses de fourmis dont pourtant la température moyenne ne s'élève guère au-dessus de 0° s'il gèle au dehors ; c'est donc une première et importante différence avec les abeilles qui parviennent, elles, même par les plus grands froids, à maintenir la température de la ruche très au-dessus de celle de l'extérieur. La descente dans les galeries du fond coïncide avec la baisse de température du dôme, qui débute, nous l'avons vu, dès septembre et s'accentue rapidement. Au même moment apparaissent dans le peuple des ouvrières des individus dont l'abdomen est énormément gonflé et bourré de réserves protidiques et grasses. Ils représentent à peu près un tiers de la population et se composent sans doute des jeunes ouvrières écloses dans l'année. Chez les abeilles, le phénomène est analogue, mais il touche toute la population : l'abeille d'hiver, qui vit plus de six mois, est très différente de l'abeille d'été, à vie courte et dépourvue des réserves abondantes qu'entrepose dans son organisme l'abeille d'hiver. On pourrait admettre aussi que les réserves des fourmis d'hiver correspondent d'une certaine façon au pollen et au miel que les abeilles entreposent dans les rayons. Quoique leur utilisation finale est bien différente comme nous le verrons.

*Le transport hivernal.* Mais il apparaît dans la fourmilière une activité d'un type spécial et tout à fait extraordinaire : le transport des grosses fourmis bourrées de réserve, ou « fourmis-réservoirs » (*Speichertiere* des Allemands) par d'autres fourmis, celles du service extérieur, dans les profondeurs du nid. A vrai dire, ces transports d'une fourmi par une autre ont lieu toute l'année mais avec deux maxima, l'un au printemps et l'autre en automne ; au printemps ils se font à la fois vers l'intérieur et l'extérieur du nid, vers des colonies-filles par exemple. L'ouvrière transportée replie ses pattes et ses antennes comme si elle était morte. Au printemps du moins, on ne sait pas bien quels sont les mécanismes déclencheurs de ce comportement bizarre ; en tout cas, le nombre des ouvrières transportées peut atteindre 40 000 pour une seule colonie. Selon Zahn, le transport pourrait être en rapport avec les besoins de la colonie à la belle saison, mais à son avis, cela reste à démontrer.

En hiver, c'est plus évident, mais toutefois les grosses ouvrières gonflées de réserves ne sont nullement impotentes et pourraient sans doute migrer d'elles-mêmes. Les transporteuses en tout cas appartiennent à une classe d'ouvrières bien déterminées, celle du service extérieur (*Aussendiensttiere,* comme disent les Allemands) ; elles n'ont guère de réserves et jouissent de la particularité de rester quelque peu actives même à des températures très basses de l'ordre d'un ou deux degrés. Ceci est assez extraordinaire, car si un grand nombre d'insectes supportent sans difficulté des températures très basses, ils perdent très vite toute possibilité de se mouvoir. Il n'y a guère à ma connaissance qu'un autre insecte qui parvienne à se déplacer aux environs du point de congélation ; c'est le fameux *Grylloblatta,* qui vit à la limite des neiges éternelles et meurt très vite à la moindre élévation thermique. En plus des grosses ouvrières-réservoirs, les ouvrières dites du service intérieur sont aussi transportées au sous-sol. Si bien que dans la fourmilière en hibernation la composition de la population est assez compliquée. On y distingue : 1) les femelles ; 2) les fourmis-réservoirs à abdomen dilaté, réserves importantes, ovarioles bien développés, vésicule à venin vide, transpiration et échanges gazeux également réduits ; 3) les fourmis du service extérieur, pauvres en réserves, à ovarioles totalement régressés, vésicule à venin remplie, échanges gazeux et transpiration forte ; 4°) les ouvrières du service intérieur, dont le développement organique, les réserves et le métabolisme occupent une place intermédiaire. D'ailleurs, la répartition de cette population n'est pas la même : les ouvrières du service extérieur vont rester en grand nombre dans les zones externes du dôme où elles peuvent subir sons dommage des température de — 30° et un grand nombre de gels et dégels successifs.

*L'arrivée du printemps.* Quand les rayons du soleil

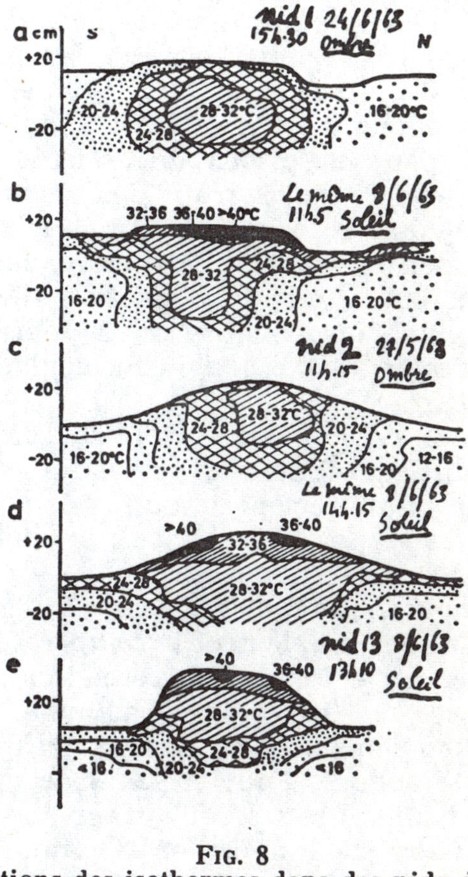


FIG. 8
Les modifications des isothermes dans des nids de *polyctena*.
Pas de vent (d'après Kneitz).

printanier commencent à échauffer le nid, on observe que les fourmis montent peu à peu dans les couches supérieures du dôme qui sont évidemment les plus chaudes. Les ouvrières du service extérieur reprennent d'ailleurs à ce moment leur transport des congénères, mais cette fois-ci vers le haut. C'est à ce moment, vers mars-avril, que l'on peut voir sur le nid des amas énormes de fourmis immobiles : les Allemands disent qu'elles sont en état d'insolation passive (*passive Sonnung*). Chez *polyctena,* même les reines prennent part au processus. Mais il n'est pas facile d'en comprendre le sens : il ne se produit que sur les dômes encore « froids », qui sont même parfois un peu au-dessous de la température ambiante, c'est-à-dire qu'ils n'ont pas encore atteint le stade de régulation thermique et que le soleil ne les a que très peu réchauffés. Par contre, sur les dômes chauds, qui ont atteint la régulation thermique, on n'observe plus l'insolation passive, mais seulement des ouvrières en pleine activité se déplaçant rapidement à la surface.

Que s'est-il donc passé ? Pour le comprendre, il va nous falloir évoquer de profondes modifications physiologiques qui se sont déroulées dans l'organisme des ouvrières et pour commencer, le changement de leur « thermopréférendum ».

*Le thermopréférendum des fourmis.* Ce terme barbare signifie tout simplement la *température préférée* des fourmis. La notion de préférendum est une des plus utilisées en psychologie animale : on parle d'ailleurs non seulement de thermo mais de photo et d'hygropréférendum. Pour mesurer les préférences, on présente aux sujets ce qu'on appelle un gradient de température de lumière ou d'humidité : c'est-à-dire une enceinte où la température, la lumière ou l'hygrométrie croissent régulièrement à mesure que le sujet se déplace. En ce qui concerne la mesure du thermopréférendum, Herter a conçu un appareil très simple qu'il appelle bizarrement « orgue thermique » : c'est une plaque de métal allongée, chauffée à une extrémité et refroidie à l'autre. Les sujets y sont introduits et s'arrêtent dans la zone qu'ils « préfèrent ». En réalité, il est peu probable qu'il y ait préférence ; simplement, et on peut le prouver par des expériences sur lesquelles je n'ai pas le temps de m'étendre, l'activité de déplacement des animaux est vivement excitée par les températures en dessus et en dessous du thermopréférendum ; dans la zone préférée au contraire leur activité est beaucoup moindre, si bien que statistiquement on a bien plus de chances de les y trouver ; le thermopréférendum fonctionne comme un « piège d'activité ».

Or c'est un fait bien connu de tous les myrmécologues qu'au printemps les fourmis rassemblent le matériel de construction, les œufs, les larves et les nymphes au-dessous d'une lampe qui amène la température du substrat à une trentaine de degrés. Mais le phénomène, étudié à fond par Kneitz et Zahn, n'est pas simple ; par exemple, le thermopréférendum dépend de l'hygrométrie (facteur auquel bien des myrmécologues attribuent plus d'importance qu'à la chaleur) du degré de nutrition, de l'époque de l'année.

Et surtout, le thermopréférendum est *loin d'être le même pour tous les individus*. En été, par exemple, les abeilles du service extérieur ne manifestent pratiquement aucun thermopréférendum ; par contre, celles du service intérieur en ont un mais fort peu net, avec prédominance des groupements à l'extrémité froide. Ajoutons que chez les abeilles, le thermopréférendum n'est pas bien clair non plus.

Il semble donc bien que dans la fourmilière les

individus adultes isolés ne se guident guère d'après le thermopréférendum. *Mais tout change avec l'introduction du couvain.* Les réactions deviennent tout d'un coup fortes et nettes : les ouvrières l'entassent entre 25° et 30° alors que les reines se tiennent plutôt entre 21° et 22°.

Or en automne tout redevient comme auparavant ; on ne voit plus reines et ouvrières se rassembler avec le couvain autour des points chauds, *mais au contraire s'en écarter :* c'est que le moment du repos hivernal est arrivé ; les ouvrières recherchent alors une température d'environ 4 ou 5° ce qui concorde bien avec celle de la chambre d'hivernage. Toutefois, même alors, quelques ouvrières conservent une forte thermotaxie : ce sont les « messagères thermiques » qui iront se chauffer à la fin de l'hiver aux premiers rayons du soleil, puis redescendront dans la chambre d'hivernage en y apportant quelques calories. Lorsque l'insolation augmente, leur manège s'intensifie et *elles portent même des ouvrières au dehors.* Leur rôle doit être plus important dans le processus d'« insolation passive » que l'échauffement diffus dû aux rayons de l'astre. Finalement la majorité des ouvrières, mais non pas toutes, sort à l'extérieur et passe peu à peu au type d'activité printanier.

Zahn a pu montrer un passage d'information entre ouvrières à propos de la thermotaxie : il utilisait un nid artificiel de plus d'un mètre de long, à l'extrémité duquel se trouvait une source de chaleur assez faible. Or au bout de peu de temps toutes les fourmis dispersées dans le nid abrité sous un feutre opaque, se retrouvèrent groupées au point chaud ; il a donc bien fallu que les plus proches de la source chaude alertent les autres.

*La migration des sexués et le début de l'élevage.* A la fin de la période d'insolation, une autre migration se produit : les femelles se retirent dans les zones profondes et froides du nid. Et, au même moment, les ouvrières entreprennent l'élevage des sexués, comme si l'éloignement relatif des femelles les mettait en état « d'orphelinage physiologique ». On pourrait les comparer aux abeilles dont on enlève la reine et qui commencent aussitôt à élever des cellules royales. C'est à ce moment aussi que se mobilisent les réserves alimentaires des grosses ouvrières dont nous parlions tout à l'heure. Elles les introduisent peu à peu dans le circuit de l'élevage et sont « vides » dès mai-juin ; mais les jeunes ouvrières sont alors écloses et leur poids et leur teneur en graisses et en protéines ne cesseront de s'accroître jusqu'au seuil de l'hiver. Et en même temps aussi s'achève le processus d'établissement de la régulation thermique à laquelle nous allons maintenant revenir.

*L'établissement de la régulation.* La régulation ne se réalise pas d'emblée et complètement dans chaque nid. On distingue les nids à caractère optimum, bien peuplés, à dôme élevé ; et ceux à caractère non optimum où se rangent les jeunes colonies à dôme peu développé; ou bien, au contraire, les vieilles colonies dont le dôme se scinde en plusieurs parties, ou qui ont été abîmées par les animaux ou par l'homme. Ici, la température du dôme ne reste que peu de temps près de l'optimum et seulement quand le soleil chauffe le dôme. Mais même dans les conditions où les nids sont bien peuplés et apparemment en bonne santé, on peut encore distinguer ceux qui sont particulièrement bien exposés, chauffés longtemps et régulièrement par le soleil : le dôme peut y atteindre en surface une température de 70°, mais la température baisse rapidement dès que l'on s'enfonce à l'intérieur ; il y a aussi des nids mal exposés et ombragés, où le soleil ne parvient qu'un court laps de temps, et où les températures du dôme oscillent fortement. Enfin des nids à l'ombre, dans lesquels la température du dôme suit celle de l'air ambiant. Mais si le nid est en bonne santé la température non plus du dôme tout entier, mais de sa partie centrale, dans la zone d'élevage, ne change que fort peu.

Ces distinctions qui sont dues au myrmécologue belge Raignier, attribuent donc une grande importance au soleil et relativement peu aux ouvrières. Mais tout le monde n'est pas d'accord sur l'importance relative du soleil et des processus vitaux dans la température du dôme et Heymann par exemple observa douze cas où la température des dômes à 10 cm et 35 cm de profondeur *s'élevait* alors que l'intensité de la radiation solaire était en pleine *diminution ;* et dans d'autres cas la température du nid s'*abaissait* fortement, alors que la radiation solaire *augmentait* beaucoup. Nous conclurons en avançant que les facteurs extérieurs comme la radiation solaire ont une influence certaine, *mais non pas déterminante* sur la régulation. Notons aussi que la régulation ne s'établit ni ne se maintient *dans toutes les portions du dôme à la fois.* Des isothermes tracés au jour le jour montrent que tout d'abord la zone où les fourmis peuvent réellement entretenir une régulation thermique est très petite et globulaire, puis s'agrandit au fur et à mesure que la température et l'insolation augmentent. Elle peut fort bien se rétrécir par temps froid (fig. 8).

Enfin il se produit souvent au cours des nuits froides une énigmatique *augmentation* thermique ; alors que pendant les nuits chaudes, une grande partie des fourmis vont fourrager, Steiner supposait que tout le monde reste au nid au cours des nuits froides, d'où l'augmentation de température ; la chute thermique des premières heures du matin correspondrait au départ massif des fourrageuses. Mais Raignier songe plutôt à la formation d'un brouillard qui se constitue dans les nuits froides autour du dôme et qui formerait écran à la déperdition de chaleur de la surface par rayonnement.

On constatera que plus d'une énigme reste encore à résoudre au sujet de l'équilibre thermique des dômes ; encore n'est-ce pas fini.

*L'hygrométrie dans le nid.* Elle est très élevée, proche de la saturation, et paraît curieusement dissociée des variations thermiques, sans doute à cause de l'apport d'eau liquide par les ouvrières. La nuit elle s'abaisse souvent par suite de la chaleur propre du nid qui induit l'évaporation, alors que les apports d'eau sont réduits ou nuls ; nous allons voir tout à l'heure l'importance de cette hygrométrie élevée dans la régulation thermique.

*D'où vient la chaleur de la colonie ?* Au point où nous en sommes, il convient tout de même de nous demander quel est le processus producteur de chaleur ; est-ce le soleil ? ou bien comme les abeilles, les fourmis ont-elles une chaleur propre ? Jusqu'ici nous ne disposons pas d'arguments tellement dirimants dans un sens ou dans l'autre.

Faisons justice d'abord de quelques vieilles théories d'un intérêt plutôt historique. Telle par exemple la théorie des dômes de Forel : elle considère le dôme comme un accumulateur de chaleur solaire. Mais la simple observation permet de constater que le dôme est chaud même par temps couvert prolongé et que d'habitude lorsqu'on couvre une maison de chaume ce n'est pas pour capter la chaleur solaire, c'est plutôt pour s'en protéger et empêcher celle de l'intérieur de s'échapper... La théorie du transport thermique due à Zahn (1958) est bien plus récente et s'appuie sur des arguments qui *semblent* évidents. Cet auteur voudrait que l'insolation passive des fourmis au premier printemps soit essentielle; d'après ses calculs, l'échauffement du corps des fourmis serait suffisant lorsqu'elles rentrent dans le nid pour l'échauffer au degré voulu. Mais à cela Kneitz objecte le maintien parfait de la chaleur pendant les jours couverts ou la nuit, ou encore l'établissement de la régulation dans les nids qui se trouvent à l'ombre. D'autre part si l'on asphyxie les fourmis, on s'aperçoit que le nid est incapable de conserver les caractéristiques thermiques de la colonie vivante. Cette dernière observation paraît régler le problème au fond, bien que l'apport de chaleur issu directement de l'extérieur ne puisse être négligé.

Il nous reste donc uniquement l'hypothèse d'*une source de chaleur qui se trouverait dans le métabolisme des fourmis*. Mais il diffère beaucoup de celui des abeilles. Chez ces dernières en effet la chaleur est produite par la musculature très développée du thorax. Mais chez la fourmi, et en particulier chez l'ouvrière totalement aptère, nous n'avons rien de pareil et le métabolisme ne peut élever suffisamment la température du nid que si la température extérieure n'est pas trop froide, c'est-à-dire, dans nos régions, entre mai et septembre, et dans un milieu isolant qui s'oppose à la déperdition de chaleur, comme le dôme. Mais Kneitz a découvert de plus un *facteur limitant inattendu, qui est l'hygrométrie*. Je vais être forcé d'entrer ici dans quelques calculs élémentaires, mais je crois que cela en vaut la peine, car le résultat en est, je le répète, assez étonnant.

Admettons qu'une colonie d'un million d'ouvrières habite un nid d'un volume de 100 litres. Si l'on suppose que le quotient respiratoire est de 1, peu différent de celui que l'on mesure effectivement, le métabolisme du glucose donne lieu à l'émission de 5,05 calories par litre d'oxygène. Or, à 20°, les ouvrières consomment 700 mm³ d'oxygène par gramme et par heure ; et un million de fourmis (soit 9 500 gr) six litres soixante-cinq, soit 33,58 calories. Mais c'est ici qu'intervient une particularité des fourmis rousses (et de beaucoup d'espèces européennes de fourmis) : elles *transpirent énormément et ne paraissent pas capables de retenir l'eau de leur organisme* quand l'hygrométrie ambiante est au-dessous de la saturation. A 95 % d'hygrométrie et à 21°, elles rejettent 0,05 mgr d'eau par ouvrière et par heure ; soit pour un million de fourmis 50 g, qui exigent 29,3 calories pour s'évaporer. Il reste donc 33,58 — 29,30 = 4,28 calories par heure de disponible pour le chauffage. Cela peut suffire pour échauffer convenablement 100 litres d'air. Mais à *condition que l'hygrométrie reste très élevée*. Car à 75 % d'hygrométrie et 21° les ouvrières perdent par individu et par heure 13 mg d'eau soit près de trois fois plus qu'à 95 % (130 g par heure et 76,18 calories pour un million d'ouvrières) : et alors la colonie ne peut que se refroidir rapidement. Mais par contre, à des températures plus fortes, l'équilibre peut être maintenu pourvu que l'hygrométrie reste dans des limites convenables. A 25° par exemple la consommation d'oxygène est de 950 mm³ par g de fourmi et par heure soit 45,38 calories pour un million, et à 30° de 1 200 mm3 et 57,57 calories pour un million.

Ainsi donc, l'utilité principale du dôme serait, non point d'accumuler la chaleur solaire, mais *d'empêcher la déperdition de la chaleur interne et de maintenir en son intérieur un microclimat très humide* indispensable à la régulation thermique. D'ailleurs quand le temps est très chaud et très sec, le dôme peut très bien ne plus suffire à sa tâche car il est poreux ; si cela se produit au premier printemps, les colonies ne pourront procréer de sexués. C'est pourquoi sans doute les colonies des régions chaudes et sèches sont principalement souterraines ou même le sont complètement, sans aucun dôme de brindilles : pour conserver l'humidité il faut s'enterrer dans le sol, le dôme ne suffirait plus (cas des nids de *Formica nigricans* dans les Causses). Ajoutons qu'en cas de surchauffe ou d'humidité excessive une certaine ventilation peut être pratiquée en agrandissant les ouvertures du nid.

*Comment se nourrissent-elles ?*

*Le transport des proies par les fourmis.* Il y a très longtemps que les myrmécologues sont fascinés par le piétinement innombrable des fourmis sur leurs pistes : en été, il ne cesse ni jour ni nuit, les ouvrières rapportant qui une proie morte, qui une brindille ou encore du miellat à l'intérieur de leur abdomen distendu. Mais un phénomène particulier a donné lieu à des controverses d'une aigreur extrême : c'est *l'ensemble des tentatives auxquelles se livrent plusieurs fourmis à la fois pour charrier une proie très lourde.* L'observateur naïf aurait tendance à croire qu'elles s'aident comme le feraient des hommes, et c'est bien ce qu'on a soutenu aux temps anciens où l'anthropomorphisme florissait sans contrôle dans toute la biologie.

Une étude plus assidue montre pourtant tout de suite des particularités difficilement explicables dans l'hypothèse d'une entraide comme la pratiquent les hommes. Combien de fois par exemple les fourmis tirent-elles en sens contraire ? Prenant acte de ces absurdités apparentes, Rabaud, biologiste français qui eut son heure de célébrité pour ses positions intransigeantes, prétendit que chaque fourmi ou chaque termite ou n'importe quel insecte dit social travaillait en réalité pour lui-même sans se soucier le moindrement de ce que faisaient ses congénères. Position absurde bien entendu, mais qui eut le mérite de susciter des observations plus approfondies. La vérité n'était, comme d'habitude, pas aussi simple que l'imaginaient l'une et l'autre parties... (voir page 268).

Je pensai d'abord que la controverse pourrait se prolonger indéfiniment si l'on ne prenait pas soin de définir les termes en litige. Par exemple, le mot d'entraide évoque pour nous une délibération consciente, et il ne saurait évidemment en être question chez les fourmis. Mais, de toute façon, une définition objective doit être possible. Si l'on suppose l'entraide efficace, alors deux fourmis doivent traîner plus vite et mieux la même proie qu'une seule fourmi.

Je constatai rapidement qu'il en était bien ainsi. Sudd, plus tard, reprit le même problème, mais avec des techniques plus perfectionnées que les miennes. Il attachait par exemple des proies à l'extrémité mobile d'une fibre de verre fixe à l'autre extrémité, sorte de dynamomètre ou de balance de torsion élémentaire. La déviation de la fibre, mesurée à l'aide de papier milimétré, permettait de calculer la force employée par les fourmis qui tiraient la proie. Il confirma que le transport est plus facile quand les fourmis s'attellent à plusieurs, que pour une seule tractrice. Mais il faut distinguer entre les différentes espèces de fourmis ; et le phénomène a d'autres aspects plus difficiles à suivre.

Passons sur la phase de début dans laquelle la fourmi lèche et mordille sa proie sans en commencer le transfert ; et négligeons le cas des charges légères et peu encombrantes, qui sont portées par une seule fourmi la tête levée, et non pas tirées ou poussées.

C'est là d'ailleurs qu'on retrouve les manifestations de la « force » bien connue des fourmis : de grandes ouvrières de *Myrmica rubra* par exemple, qui pèsent deux milligrammes, peuvent en traîner de sept à neuf ; les plus petites ouvrières, dont le poids ne dépasse guère un miligramme et demi, en font autant à l'occasion. Mais on dit qu'il s'agit d'une force plus apparente que réelle, et que si l'on rapporte le poids soulevé au volume et à la section des muscles en jeu, la fourmi n'est pas plus forte que l'homme. Quelle que soit la solidité de ces calculs, les manifestations de la puissance musculaire des fourmis sont néanmoins remarquables.

Les fourmis isolées changent fréquemment leurs prises, laissent tomber leurs proies, se nettoient les appendices, puis reprennent le transport en s'agrippant à un autre endroit, et ceci surtout si des obstacles gênent leur progression. Il en est de même lorsque deux, et non plus une seule, s'attellent à la même charge ; l'ingénieux dynamomètre en fibre de verre de Sudd montre néanmoins qu'en moyenne la traction est au moins deux fois plus forte lorsque deux ouvrières sont au travail ; mais en moyenne seulement. Car, dans trente pour cent des cas, le dynamomètre permet de constater qu'une seule des ouvrières s'efforce réellement, l'autre se contentant de mordre ou de lécher la proie. Mais dans 70 % des cas, elles collaborent effectivement quoique avec plus ou moins d'*efficience,* comme dit Sudd. Les variations d' « *efficience* » qui peuvent se mesurer, tiennent à l'orientation des deux tractrices l'une par rapport à l'autre ; la direction de leur effort peut diverger plus ou moins, sans aller jusqu'à l'opposition directe. Il est assez curieux de noter que les plus grandes forces de traction ne se mesurent qu'après plusieurs minutes d'efforts communs, comme si les travailleuses s'excitaient progressivement l'une l'autre. Ceci n'est pas une hypothèse en l'air, puisque, toujours d'après Sudd, les fourmis isolées qui remorquent une proie manifestent au contraire de moins en moins d'énergie à mesure que le temps passe. Et d'ailleurs, on observe à plusieurs reprises des blocages, ou temps morts, où deux fourmis tirent chacune en sens opposé, jusqu'à ce que la plus forte « arrache » la décision ; auquel cas la seconde la suit après s'être cramponnée à la proie le plus longtemps qu'elle l'a pu. Ces temps morts s'observent surtout dans la première phase du transport et bien moins dans la seconde. Car au cours de cette dernière les fourmis manifestent une tendance accrue à tirer dans la direction du nid.

Est-ce là tout le secret du transport des proies chez les fourmis ? Non, car Meyer, travaillant sur les fourmis rousses des bois (alors que Sudd s'intéressait à une autre espèce) a trouvé que loin du nid les proies sont souvent délaissées ou perdues ou portées en sens inverse de la bonne direction. C'est à proximité de la fourmilière (une dizaine de mètres) que les trajets des porteuses de proies deviennent moins fantaisistes. Ici, les fourmis sont sûrement guidées par la vue de leurs congénères circulant en grand nombre le long d'une piste étroite, ce qui en quelque sorte remet à tout instant chaque individu « sur les rails ». Comme dit Meyer le « *signal trafic* » est très fort près du nid et redonne sans arrêt la bonne direction ; loin du nid, il est perdu dans le bruit de fond, les fourmis porteuses semblant d'ailleurs s'orienter plus mal que celles qui ne portent rien.

*Lorsqu'elles chassent.*

Naturellement, si les fourmis rousses doivent être utilisées pour la défense des forêts (voir plus loin), il importe de savoir très précisément ce qu'elles rapportent au nid ; et ce n'est pas si facile qu'on pourrait le croire. La première technique qui vient à l'esprit est la plus naïve : elle consiste à s'asseoir le plus près possible des fourrageuses et à leur enlever tout ce qu'elles apportent ; on peut aussi plus commodément, capturer un échantillon de fourmis au hasard, les asphyxier et les séparer de leurs proies. Mais ces deux méthodes amènent très rapidement de violentes perturbations et on ne peut les employer, la seconde surtout, à intervalles trop rapprochés. C'est en songeant à ces difficultés que j'ai imaginé un mode de piégeage automatique : il m'a été inspiré par un petit appareil fort simple que l'on emploie en apiculture, le *piège* ou trappe *à pollen.*

On sait que les abeilles ramènent, accrochées à leurs pattes postérieures, deux grosses boules de pollen amassé grain à grain en brossant les étamines de nombreuses fleurs. Si l'on dispose alors devant l'entrée de la ruche une plaque percée de trous de 4 mm de diamètre, tout juste suffisants pour laisser passer une ouvrière, les grosses pelotes de pollen resteront accrochées à la plaque et tomberont au bout de peu de temps dans un tiroir placé au-dessous. A vrai dire, les choses ne se passent pas aussi simplement et rien n'est plus amusant que d'observer les efforts des abeilles qui cherchent malgré tout à emporter leurs chères pelotes dans la ruche en glissant une patte après l'autre à travers les trous ; le plus curieux, c'est qu'elles y parviennent, et peu à peu le rendement de la trappe à pollen diminue. On peut néanmoins en tirer par jour et par forte ruche 200 grammes de pollen et davantage...

Je me disais donc : il doit exister un moyen de jouer aux fourmis un tour analogue en les faisant passer par quelque trou qui retiendrait leurs proies ?

Après quelques tâtonnements j'arrivai à mettre l'appareil au point. Le dessin ci-après (figure 9) vous en fera comprendre le principe. On sépare d'abord les ouvrières en deux files, entrantes et sortantes ; les premières seules nous intéressent pour l'instant. Il suffit de disposer autour de la fourmilière une enceinte de carton imbibé de mazout pour forcer les ouvrières à rentrer par un seul passage : elles ne peuvent qu'emprunter une passerelle qui touche terre à l'extérieur, mais non pas à l'intérieur, de l'enceinte. Les ouvrières franchissent très bien le hiatus en se laissant tomber : c'est une manœuvre très familière aux fourmis rousses. Mais pour sortir, il leur est impossible de prendre le même chemin, car elles ne savent pas « sauter en l'air ». Elles trouvent alors une deuxième passerelle disposée à l'inverse, et qui ne leur permet de sortir qu'en sautant à l'extérieur. L'ensemble est adopté avec une surprenante facilité, et rien n'est plus curieux que le double flot des fourrageuses s'écoulant en deux sens opposés à deux ou trois centimètres de distance.

*La récolte automatique des proies.* Je place alors sous la passerelle de rentrée, à l'intérieur de l'enceinte, une boîte carrée dont le couvercle porte un entonnoir et dont les côtés sont percés de trous exactement calibrés pour laisser passer une fourmi. Les ouvrières chargées d'une proie doivent se laisser tomber dans l'entonnoir, choir dans la boîte et la quitter par les trous latéraux, en laissant leur charge à l'intérieur — le tout, évidemment si le dieu des myrmécologues est de bonne humeur... Il l'est ! J'avais mis la caissette en place vers les neuf heures du matin, au mois de juillet. Le soir, vers les 20 heures, je trouve au fond un amas bigarré d'insectes ou de morceaux d'insectes de toutes les couleurs, tailles et formes ; et je ne me sentais plus de joie. D'autant plus que dans

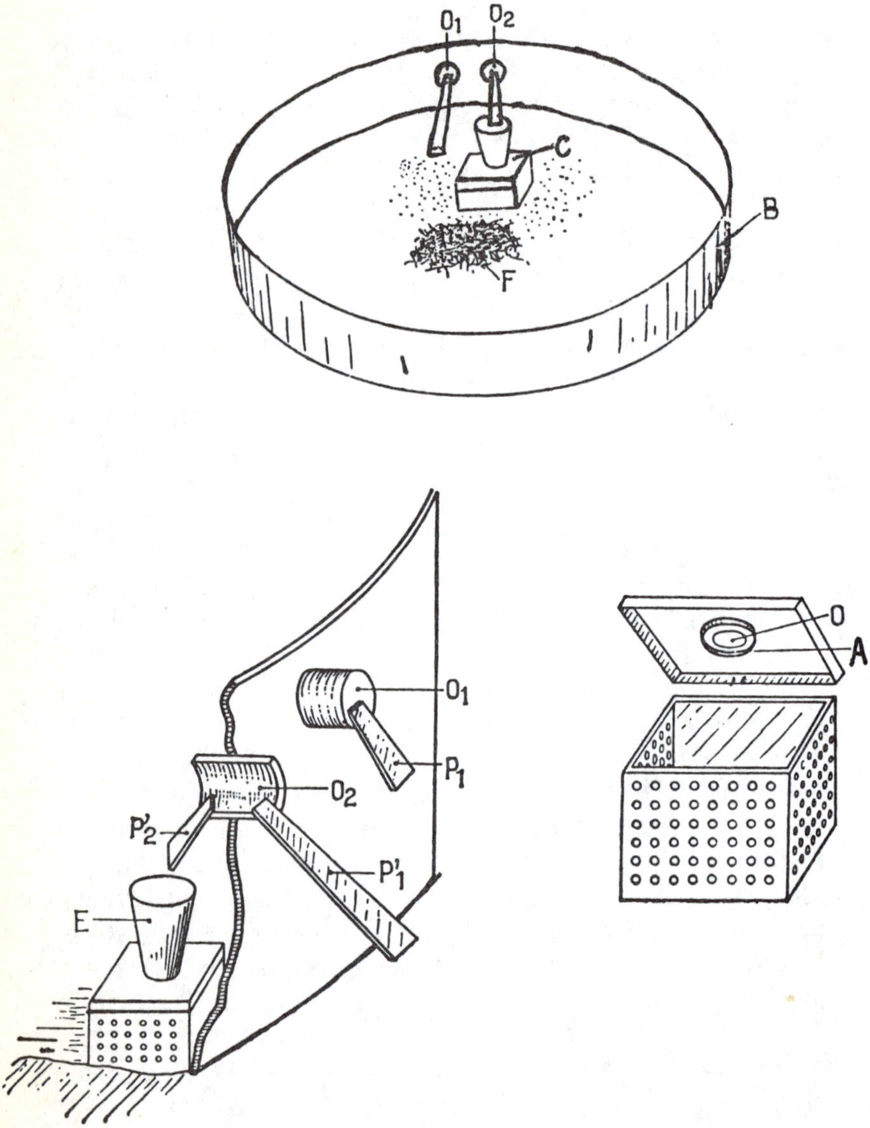


Fig. 9

En haut, ensemble du dispositif pour la mesure de l'activité de chasse. B, barrière circulaire de carton imbibée de mazout ; F, fourmilière ; 01, 02, orifices d'entrée et de

les explications que je viens de donner, j'ai glissé sur quelques difficultés liminaires : par exemple, dans ce type de piège, tous les détails comptent, et j'ai appris à mes dépens que les fourmis rousses ont horreur du métal et de la matière plastique. Si la caissette est constituée d'une de ces substances, les fourmis tombent bien dans la boîte, qu'elles remplissent à ras bord, mais elles se refusent à sortir ; après quoi, elles meurent de l'entassement et de l'acide formique que l'excitation mutuelle les conduit à décharger.

Un autre fait curieux est à noter : théoriquement, seules les grosses proies ne peuvent passer à travers les trous ; mais il n'y a pas de raison pour que les petites, dont la taille est inférieure à la tête d'une fourmi, ne puissent franchir l'obstacle. Elles ne le franchissent pourtant pas, et l'on trouve dans le piège une foule d'insectes minuscules et d'ailleurs intacts, par exemple de minuscules chalcidiens à peine visibles à l'œil nu. Sans doute la perturbation imposée aux fourmis est-elle si grande qu'elles lâchent aussitôt tout ce qu'elles tiennent.

Voilà donc une première difficulté résolue. Nous verrons tout à l'heure que les résultats ne s'accordent pas trop bien avec ceux des Allemands, qui prati-

sortie ; C, le « capteur » au-dessous de l'orifice d'entrée.

En bas à gauche, comment est disposé le capteur. E, entonnoir métallique où tombent les fourmis après avoir parcouru la planchette P'1, P'2, planchette de rentrée, qui touche le sol du côté de l'extérieur ; 02, orifice de rentrée ; 01, orifice de sortie avec la planchette raccourcie (P1) qui permet aux fourmis de sortir en se laissant tomber, mais pas de rentrer.

En bas à droite, agrandissement du capteur, avec le couvercle relevé pour montrer l'orifice de l'entonnoir 0 entouré d'une barrière An de carton imbibé de mazout. Le bois du couvercle est lui-même imprégné de la même substance, le tout pour éviter que les ouvrières ne sortent par l'ouverture de l'entonnoir (d'après Chauvin).

quaient le ramassage à la main. Il ne faut pas s'en étonner, car il en est souvent ainsi lorsqu'on imagine un perfectionnement technique.

*L'écologie de la forêt.* Mais un autre problème subsiste, des plus complexes celui-là. L'homme de science ne saurait se contenter d'observer les « îles vertes » qui subsistent dans les forêts, autour des fourmilières, après le passage des ravageurs. Il lui faut aussi comprendre, et dans le détail, ce qu'ont fait les fourmis. C'est à ce prix que l'on peut mettre au point une méthode d'application systématique. Le premier point est de savoir *quelles proies ramassent les fourmis et en quelle quantité ;* ou plus précisément, étant donné la population d'une forêt, quelle est la part qu'y prélèvent les fourmis rousses.

La difficulté réside dans le membre de phrase « étant donné la population d'une forêt » : parce que jusqu'à présent, on ne dispose pas de moyen sûr de l'évaluer. C'est d'ailleurs toute la difficulté de *l'écologie,* cette science qui étudie les populations d'animaux dans la nature. Mais, m'objectera-t-on, pourquoi se mettre ainsi martel en tête ? Lorsqu'il se produit une multiplication anormale de ravageurs, il suffit de compter ceux que les fourmis ramènent au nid ? Non pas, car, faute d'une appréciation quantitative de la densité d'infestation, comment mesurer le *degré d'efficacité relative* des fourmis ? Il est statistiquement certain qu'elles ne peuvent manquer de rapporter un pourcentage appréciable de n'importe quel insecte dont le nombre augmente beaucoup sur leur territoire de chasse ; mais cela ne prouve rien de précis. D'autre part, ces insectes sont eux-mêmes parasités par d'autres qui leur appliquent un freinage des plus efficaces : or on a constaté bien des fois (et je l'ai observé moi-même) que les fourmis rapportaient à leur nid ces insectes « utiles » *et donc nuisent à leur action ;* dans quelle proportion ? Là aussi, il nous faut connaître au préalable les populations d'insectes utiles ; second problème à peu près aussi épineux que le premier. Mais enfin, s'entêteront d'obstinés contradicteurs, ce ne sont là que vétilles d'entomologiste ; ne suffit-il pas de constater l'existence des « îles vertes », puis d'implanter des fourmis en nombre suffisant pour que l'île recouvre toute la forêt ? Non, car malheureusement, comme Gösswald l'a spontanément reconnu « il y a fourmilière et fourmilière, bois à fourmis et bois à fourmis » et l'on constate suivant les cas de *très grandes* irrégularités d'action qui nous ramènent au problème de l'explication écologique et nous y acculent : nous devons encore une fois, *comprendre avant d'appliquer.*

*La chasse est sélective.*

Or les observations méthodiques des captures faites par les fourmis, poursuivies pendant des années par des nuées d'observateurs montrent à l'évidence que *les fourmis ne prélèvent pas au hasard tout ce qui leur tombe sous la mandibule :* elles ont des préférences et la chasse est hautement sélective. Et deux points au moins paraissent contradictoires, quoique aussi certains l'un que l'autre : *d'abord,* les fourmis qui chassent à vue, sont très vivement attirées par les proies en mouvement et se précipitent dessus en très grand nombre ; Wellenstein a remarqué par exemple qu'elles attaquaient les nymphes des papillons parce que celles-ci, dès qu'on les touche, ont l'habitude de « lancer des ruades » avec l'extrémité de leur abdomen. Les nymphes parasitées par contre sont à peu près paralysées, ne réagissent pas aux attouchements et les fourmis les laissent tranquilles. D'autre part, les fourmis attrapent une très grande quantité de mouches et parmi celles-ci beaucoup de syrphides qui sont de très actifs destructeurs de pucerons ; comme nous l'avons vu, les ouvrières sont prêtes à tout pour défendre leurs chers pucerons. Or les mouches sont fort agiles, y voient très bien, et bien mieux que les fourmis ; en admettant que les fourmis soient attirées par leurs mouvements qui sont fort vifs, comment diable peuvent-elles les attraper en aussi grand nombre ? Enfin, et voici ce qui semble contradictoire, les fourmis pratiquent des *chasses de nuit*. Je n'ai pas été le premier à remarquer l'activité nocturne des fourmis rousses, car bien des auteurs l'ont fait avant moi ; mais je crois avoir été le premier à dresser des listes de ce qu'elles rapportent de nuit, grâce au capteur automatique. Or, par les nuits les plus noires, le pourcentage respectif des espèces capturées ne varie pas beaucoup, bien que les chiffres totaux soient moins élevés que pendant le jour. Pourtant, de nuit, les fourmis ne sauraient chasser à vue ; elles possèdent donc, non pas une seule, mais plusieurs méthodes de chasse.

*Des goûts spéciaux*. Quant aux goûts spéciaux des chasseresses, en voici deux exemples. Mon bois d'Ile-de-France est rempli de grillons sylvestres (*Nemobius sylvestris*) dont le chant très doux et très faible ne peut être perçu que par de jeunes oreilles. Je ne l'entends plus hélas ! mais je me souviens qu'il constituait pour moi, jadis, la musique même de la forêt... Or les *Nemobius* se promènent un peu partout, parfois au beau milieu des ouvrières, et pourtant c'est tout juste si on en trouve quelques-uns dans le capteur automatique : mais en quantité *tout à fait insignifiante* par rapport à la population réelle. Deuxième exemple : les coccinelles. D'après tous les auteurs allemands, les fourmis rousses les respectent, d'une part à cause de leur forme arrondie qui n'offre aucune prise commode, et d'autre part à cause de certaines sécrétions malodorantes. Mais je ne puis le confirmer : en fait, les coccinelles ne manquent nullement dans le capteur. Enfin, il est une proie que les fourmis rousses apprécient par-dessus tout, ce sont les fourmis d'autres espèces. Au moment de l'essaimage elles font bombance des grasses femelles des *Lasius* et les ramènent par centaines chaque jour.

Tout ceci compose donc un tableau assez compliqué. Voyons maintenant les observations des Allemands au moment des attaques des ravageurs des forêts.

*Les fourmis rousses et les ravageurs des forêts.* On a trouvé jadis et on trouve encore dans la littérature des auteurs peu enclins à admettre le rôle utile des fourmis dans la lutte contre les ravageurs. Cela tient au fait que les distinctions nécessaires n'ont pas été faites entre *Formica rufa,* aux nids parfois énormes, mais peu populeux (100 000 ouvrières tout au plus) et *Formica polyctena* dont les nids sont bien moins volumineux mais les populations bien plus nombreuses (un ou deux millions d'individus). Il faut bien se garder, en comparant le nombre des nids de fourmis et l'état de la végétation, d'oublier qu'il y a nids et nids ! D'autant plus que les *polyctena* avec leurs milliers de reines qui peuvent se renouveler, constituent des colonies théoriquement immortelles.

Le long des pistes circulent en grand nombre les ouvrières, plusieurs centaines de milliers par jour et par piste ; toutes d'ailleurs ne vont pas jusqu'au bout, et même un certain nombre rebroussent chemin sans qu'on sache trop pourquoi. De même, lorsqu'une proie de grande taille a été repérée, un très grand nombre de fourmis peuvent s'assembler pour la dépecer. On ignore comment s'opère ce recrutement, puisqu'on n'a jamais démontré chez les fourmis l'existence de mécanismes comparables à la danse des abeilles, au moyen de laquelle l'exploratrice ameute les congénères et leur indique la direction et la distance de la provende. Evidemment, reste le mécanisme dit de la « *kinopsis* » de Stäger, qui paraît bien démontré : une fourmi agitée ou en mouvement de déplacement rapide suscite aussitôt l'attention de ses congénères et les induit à s'approcher. Or, une ouvrière qui a trouvé une proie volumineuse court çà et là par brusques saccades d'une manière tout à fait caractéristique. Mais si ce mécanisme doit agir pendant le jour, qu'en est-il la nuit ? C'est tout le problème de la chasse nocturne et des organes des sens qui la dirigent ; je l'ai déjà évoqué pour avouer que nous en ignorons tout.

*L'humeur de chasse et ses inégalités.* Mais de plus, toutes les ouvrières que l'on voit courir sur les pistes ne sont pas en humeur de chasser, loin de là. Le biologiste Lange place près d'une piste des larves d'une tenthrède parasite des résineux (*Diprion pini*) et constate que sur 81 ouvrières qui passaient non loin de là 23 saisissent la proie et l'emportent, 16 l'attaquent vigoureusement sans parvenir à surmonter sa résistance, 28 la saisissent pour la lâcher bientôt et 14 n'y prêtent aucune attention. L'intérêt est bien plus faible encore si la proie est morte. Sur 240 ouvrières auxquelles on présente une larve de ténébrion morte, il n'y en a que 76 à la prendre, contre 167 lorsqu'elle est vivante. Un autre très bon exemple de l'influence de la vie et du mouvement des proies se rencontre à propos de *Lygaeonematus abietinum*, un parasite des résineux dont la larve ne remue guère sauf un peu avant le filage du cocon : c'est à ce moment précis que les fourmis l'attaquent. Les cocons sont au contraire à la même densité auprès de la fourmilière et à quelques dizaines de mètres : les fourmis n'y touchent pas.

Tout dépend aussi du *degré d'excitation des fourmis,* qui lui-même augmente (en même temps sans doute que l'humeur de chasse) quand on s'approche du nid : la distance à laquelle un objet peu mobile attire les fourmis décroît près de la colonie. On ignore si le nombre des fourmis en chasse dépend de la proportion du butin qu'elles y trouvent ; ou si, comme il arrive chez beaucoup d'animaux, il s'agit seulement d'une exploration automatique, les proies venant par surcroît. Jusqu'à présent en tout cas, on n'a rien découvert de comparable aux raids des fourmis chasseresses et à leur périodicité, étudiée par Schneirla (voir page 91). Toutefois Ayre, chez une fourmi américaine voisine de nos fourmis rousses (*Formica subnitens*) a constaté une baisse de l'activité de chasse au moment de la nymphose du couvain. Ajoutons aussi que les pucerons, pour peu qu'ils soient en train de se déplacer loin du site où elles les trouvent d'habitude, n'échappent pas aux mandibules des fourmis.

Les *conditions météorologiques* agissent sur les fourmis. La chasse commence vers 8° ou 10° mais son intensité et son rendement augmentent avec la température. Plusieurs auteurs ont remarqué que son maximum se situait sensiblement par beau temps régulier vers 10 heures du matin. C'est aussi le maximum de *l'activité de déplacement* des fourmis dont il nous faut à présent dire quelques mots.

*L'activité générale des fourmis.* Comme je l'ai déjà dit, ce phénomène a attiré l'attention de bon nombre d'auteurs, intrigués par les cortèges fascinants des fourmis qui s'enfoncent avec discipline dans les profondeurs du bois et en reviennent chargés de victuailles. Mais quand il s'agit d'en calculer le nombre, des difficultés surgissent ; car les fourmis sont trop nombreuses. On s'y perd ! Avec n'importe quelle méthode, au moindre mouvement d'inattention, le comptage est à reprendre. Il faudrait trouver un dispositif automatique.

Mais là comme toujours, au fond des bois, je n'ai guère de matériel disponible, sauf toutefois dans un petit atelier que je me suis constitué dans ma maison de campagne. Vingt-cinq années de recherches sans crédits m'ont appris, comme je le disais plus haut, plus d'une leçon utile : et en particulier qu'il existe *toujours* un moyen d'aboutir dans *n'importe quelle* situation expérimentale pourvu qu'on fasse appel aux petites cellules grises, comme disait Hercule Poirot... Il faut avouer aussi que jadis avant l'ère de l'électronique, nous nous repassions dans les laboratoires, de bouche à oreille, toute une série de « trucs » non publiés, capables parfois d'une sensibilité et d'une précision étonnantes, et ne coûtant rien, ce qui était pour nous le principal. Savez-vous par exemple comment on peut construire une balance ultra-sensible et dépourvue de frottements avec pour tout matériel un fil de cuivre, deux aiguilles, un morceau de fer-blanc et une petite plaque de fer ? C'est très simple : comme le montre la figure 10 vous soudez vos deux aiguilles le long du morceau de fer-blanc, et vous faites reposer les pointes dans deux petites cupules creusées d'un coup de poinçon d'acier dans la plaque de fer. En fixant le fil de cuivre (convenablement incurvé pour abaisser le centre de gravité) vous obtenez votre balance : son seul contact avec le support se réduit aux pointes des aiguilles. Avec un dispositif analogue et en utilisant la réflexion d'un rayon lumineux dans un miroir collé sur la balance, j'ai pu jadis enregistrer sans difficulté l'activité d'une puce... Ici, avec les fourmis le problème est moins compliqué, parce que pour notre balance, elles pèsent relativement lourd. Mais il faut tout de même un long style inscripteur, que nous formerons d'une paille sèche ; quant au cylindre enregistreur une maison de Paris fabrique depuis près de quatre-vingts ans des cylindres à mouvement d'horlogerie solides, indéréglables, qui ont servi à nos grands-pères, à nos pères, nous servent et serviront sans doute à nos arrières-petits-enfants ! Ils conviennent à toute besogne de plein air ; et comme nous l'a appris notre père le grand Marey, le maître de la méthode graphique, n'importe quel papier noirci au noir de fumée est propre à enregistrer les phénomènes les plus subtils dès qu'on l'enroule sur le cylindre.

Evidemment, tout n'est pas terminé avec ce petit jouet mécanique ; il faut encore convaincre les fourmis de passer sur un des plateaux de la balance ainsi constituée. Or, elles montrent parfois (souvent !) des entêtements irréductibles : je suspends à l'un des bras une plate-forme d'aluminium très mince ou de plastique : impossible de les y faire passer. Il me faut y substituer une lame de carton très mince (une des feuilles qui recouvrent de part et d'autre le carton ondulé) et encore la tacher abondamment d'encre de Chine pour diminuer le contraste entre la blancheur du carton et le sol brun de la forêt. La forme du plateau me donna aussi bien du souci : je trouvai astucieux d'abord d'employer une plate-forme étroite et allongée ; comme cela, pensais-je, un grand nombre de fourmis y seront présentes à la fois et leurs poids conjugués provoqueront une plus forte déviation de la balance. Mais impossible d'en convaincre les fourmis : elles sautaient à terre, cherchaient désespérément une piste latérale et finissaient toujours par la trouver, malgré une débauche de mazout répulsif. Par contre, une passerelle courte et large fut acceptée sans difficulté.

Je crois que la raison de tout ceci est simple :

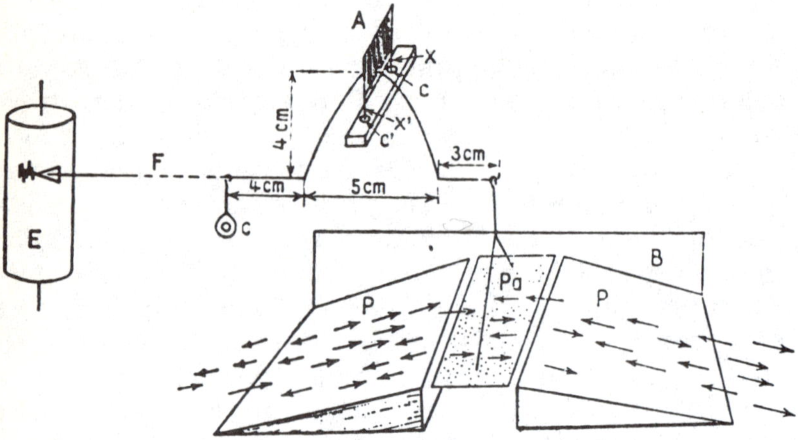


FIG. 10
Disposition de l'appareil d'enregistrement de l'activité des fourmis, représentées par des flèches ; P, pentes douces amenant les ouvrières à la passerelle Pa ; E, cylindre enregistreur ; F, style, avec son contrepoids C ; A, l'équipage mobile sans frottements, aevc les deux pointes d'aiguille X et X' reposant dans les cupules C et C' (d'après Chauvin).

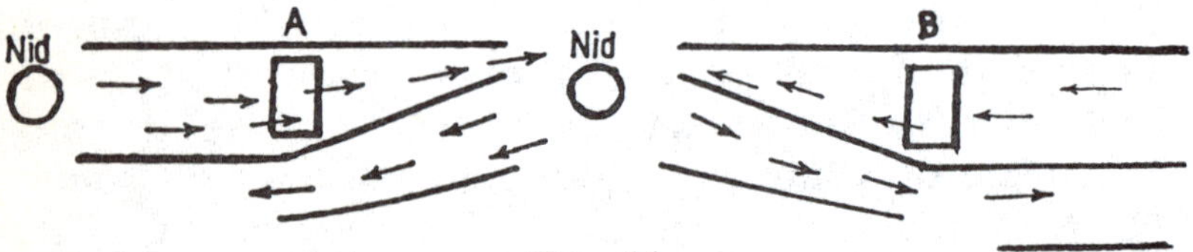


FIG. 11
Comment « filtrer » les fourmis qui arrivent à l'appareil d'activité en ne recevant que celles qui partent du nid ou celles qui y reviennent. Les traits noirs représentent les barrières répulsives. A gauche, seules passent les premières, et à droite les secondes (d'après Chauvin).

le flot des fourmis est toujours serré, mais pas au point que les rencontres et les chocs entre les ouvrières y soient fréquents ; mais ils sont continuels sur la passerelle étroite et longue, alors que la passerelle large a les dimensions d'une piste normale ou peu s'en faut. Si j'entre dans tous ces détails, c'est pour bien montrer comment s'organise pratiquement une expérience, et comme quoi rien n'est jamais simple. C'est d'ailleurs la raison pour laquelle il faut expérimenter, car on rencontre toujours quelque chose d'inattendu que l'observation seule n'aurait pas permis de déceler.

Toutes ces difficultés finirent par être surmontées et j'obtins les beaux graphiques de la figure 10 et 11 avec la satisfaction que vous imaginez. Il se trouva que la balance était plus sensible que nécessaire ; bien que

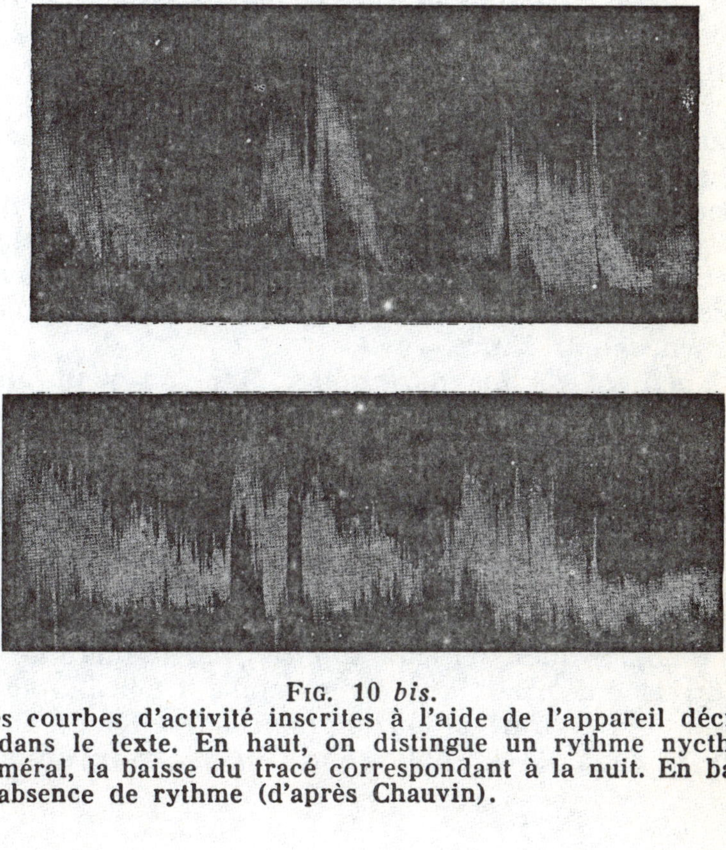

FIG. 10 *bis*.
Les courbes d'activité inscrites à l'aide de l'appareil décrit dans le texte. En haut, on distingue un rythme nycthéméral, la baisse du tracé correspondant à la nuit. En bas, absence de rythme (d'après Chauvin).

les fourmis ne pèsent que deux ou trois milligrammes, il en passe plus d'une par seconde et la plupart du temps sept ou huit insectes se trouvent à la fois sur la plate-forme ; c'est plus qu'il n'en faut pour obtenir une déviation tout à fait appréciable du fléau. L'observation simple apprend et l'enregistrement confirme que les ouvrières passent « par bouffées » pourrait-on dire, par équipes de 7 à 10 séparées par des temps morts du trafic : c'est pourquoi la balance oscille sans arrêt et le graphique n'est pas continu. Il existe de plus, comme il fallait s'y attendre, d'énormes différences entre les pistes, et non seulement du point de vue de l'activité générale, mais aussi quant au rythme diurne. Les pistes peu actives pendant le jour sont immanquablement désertes la nuit ; alors que sur les pistes actives de jour, le trafic continue la nuit sauf mauvais temps... Il est d'autre part impossible d'établir un rapport quelconque entre l'activité et la température, *sauf la nuit ;* à ce moment, la corrélation est au contraire parfaite. Tout ce qu'on voit le jour c'est un pic très important d'activité vers 10 heures du matin, pic que Wellenstein observait déjà en comptant le nombre de proies ramenées par heure.

*L'activité de la fourmilière.* Mais on peut aller plus loin, en mesurant, non plus l'activité de telle ou telle piste, mais celle de la fourmilière toute entière. Il suffit de l'entourer d'une barrière répulsive comme dans le cas de la capture automatique des proies. Mais au lieu d'intercaler sur les passages la caissette à trous, j'y place deux enregistreurs, l'un dans le sens de l'aller, l'autre dans celui du retour. Il importe de modifier quelque peu l'appareil, car la quantité de fourmis qui passe au même moment sur la plate-forme est énorme et incomptable à l'œil nu ; aussi l'autre bras de la balance doit-il recevoir un lest en fil de plomb (dont le poids m'a étonné) pour corriger les oscillations exagérées du fléau.

Alors apparaît un phénomène très intéressant qu'il était difficile de mettre aussi clairement en évidence sur les pistes : il est évident que les fourmis revenant des bois doivent peser plus lourd que les sortantes, puisqu'elles sont ou gonflées de miellat ou chargées d'une proie. Et c'est bien ce qu'on observe : Le graphique des premières est très notablement au-dessus de celui des secondes. Or, si l'on capture en même temps les proies, on peut faire le rapport entre miellat et venaison. On constate par exemple que vers la fin du mois d'août la quantité des proies qui rentre au nid est bien moindre que fin juillet. Les graphiques pourtant montrent toujours des différences sensibles entre rentrantes et sortantes : elles sont dues par conséquent au miellat. Il existe donc une possibilité d'apprécier la part respective des deux types d'aliments dans les apports globaux.

*Le coefficient d'utilisation alimentaire.* Dans tout travail sur l'alimentation animale, on ne peut rien conclure si l'on ne tient compte que de ce qui est ingéré *et non de ce qui est rejeté.* Les fourmis ne font pas exception. Car enfin, on les voit engranger par centaines des débris hétéroclites, des ailes ou des pattes d'insectes complètement desséchées, et il est bien difficile de croire qu'elles assimilent tout cela en totalité.

J'ai donc essayé de récolter non seulement ce qu'elles apportent, mais aussi ce qu'elles rejettent. La solution paraissait toute simple : il suffisait de placer les capteurs « à l'envers » c'est-à-dire au-dessous des pistes de sortie. Dans mes élevages en effet, les fourmis constituent très vite ce que nous appelons « le cimetière » ; c'est-à-dire que, le plus loin possible dans le monde extérieur elles emportent tous les cadavres, les dépouilles de mue des larves et les débris alimentaires. J'étais donc fondé à croire qu'elles en faisaient autant dans la nature, et qu'elles laisseraient le tout dans la caissette.

Il n'en a rien été : je n'ai rien trouvé dans le piège ainsi disposé ou si peu de chose que ce n'est pas la peine d'en parler ; mais, à y bien regarder, j'ai compris pourquoi. J'ai dit que la fourmilière était entourée d'une enceinte répulsive placée à un mètre du dôme ou à peu près. Or, contre cette enceinte et sur presque toute sa périphérie, je voyais des masses de dépouilles larvaires toutes blanches et des débris variés. Les nettoyeuses semblent partir du nid *dans toutes les directions* et emporter leurs débris le plus loin possible. Lorsque je force les sortantes à passer par une seule voie, seules y consentent sans doute les fourrageuses et non pas les nettoyeuses. Il faut donc pour récolter ce que jettent les ouvrières changer complètement de dispositif.

Au bout de peu de jours, c'est chose faite. J'ai tout simplement déposé autour du dôme un cercle de gouttières jointives, leur ouverture bâillant vers le haut. Aussitôt, les nettoyeuses y déposent cent espèces de débris qu'il est facile de trier et souvent d'identifier. Les résultats sont assez surprenants : pendant un mois et demi seulement, je récolte ainsi 6 kg de sable fin, 273 g de débris animaux, 268 g de débris végétaux et 23 g de dépouilles larvaires ; quelques cadavres de fourmis aussi, mais en très petit nombre. Ceci est d'autant plus impressionnant qu'il ne s'agit nullement d'une grosse colonie ; elle est petite au contraire et ne s'est guère développée en deux ou trois ans.

Or, sous le climat parisien, l'activité quotidienne n'est forte que du 15 avril au 15 septembre, soit 150 jours : cela nous donnerait donc pour cette

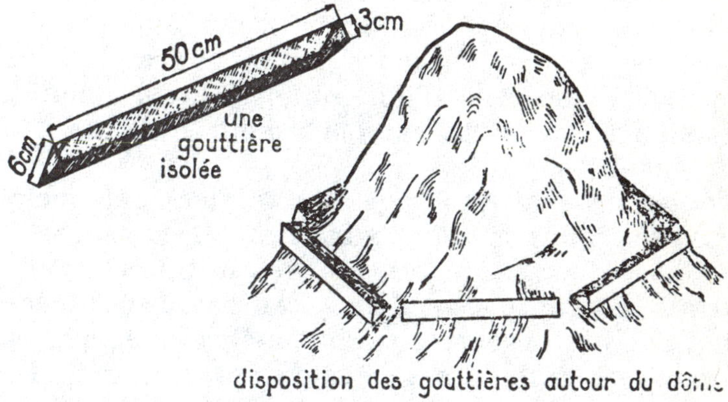


FIG. 12
Appareil pour récolter tout ce que les fourmis rejettent du nid. Explications dans le texte (d'après Chauvin).

période : 20 kg de sable, plus de 800 g de débris animaux, à peu près autant de végétaux et 78 g d'exuvies (soit 500 000 éclosions, si l'on admet un poids moyen de 0,15 mg par exuvie). Cette petite colonie a donc une fécondité formidable ; et l'on se prend à rêver aux chiffres que doivent atteindre les grosses colonies ; d'autant plus, comme le remarque Lange, que les ouvrières de *polyctena* peuvent vivre trois ans, ce qui est assez exceptionnel chez un insecte.

Mais on peut tirer d'autres conclusions, à propos des débris animaux par exemple : On y trouve des cloportes et des charançons qui ont l'air tout à fait intacts : c'est à peine si les fourmis leur ont quelque peu rogné les pattes ; on trouve aussi des quantités énormes de débris de carapaces. Parmi les débris végétaux, notons quantité de bourgeons et de graines que les ouvrières ramassent en grand nombre, mais dont elles ne paraissent rien faire. Un auteur roumain assure qu'elle coupent parfois les bourgeons en assez grand nombre pour causer des dommages aux arbres ; et il ajoute qu'elles s'en nourrissent. Mais ni l'une ni l'autre de ces assertions ne me paraissent bien assurées. Je ne vois d'ailleurs pas quelles matières alimentaires ces fourmis pourraient bien tirer des bourgeons.

Toutes les matières végétales rejetées ont quelque chose de commun : ce sont des objets courts ou arrondis à l'exclusion des longues brindilles que les fourmis incorporent au dôme. J'en tirerai une déduction : les fourrageuses ne sont menées que par une pulsion fort simple, une consigne fort peu détaillée : ramener au nid tout ce qui est transportable, animé ou inanimé, sans autre spécification. *Ce n'est qu'ensuite que des équipes de trieuses conservent ce qui doit l'être et rejettent le reste.*

Enfin, en pesant les débris animaux, on peut, par un calcul simple, établir le coefficient d'utilisation de la nourriture ou différence de ce qui est apporté et rejeté. Je ne l'ai pas encore fait ; ce coefficient paraît à première vue assez variable. On constate de plus une corrélation entre l'activité de fouissement manifestée par le rejet de sable, et les rejets de débris animaux et de dépouilles larvaires ; mais peu de rapports de l'ensemble avec les conditions météorologiques.

*Le bilan de la chasse des fourmis du point de vue de la défense des forêts.* Je ne voudrais pas infliger une trop aride leçon d'entomologie au lecteur qui m'aura suivi jusque là, mais tout de même après ces minutieuses discussions théoriques, il est temps de demander l'avis des spécialistes de l'entomologie agricole, qui sont presque exclusivement allemands, en ce qui concerne le problème des fourmis rousses et des forêts. Ils ont communiqué depuis peu leur fièvre myrmécophile aux Italiens, qui ont relevé des chiffres propres à nous faire rêver... Sur un million de colonies dont la statistique a été établie dans les Alpes italiennes, le total des proies rapportées en 200 jours d'activité annuelle serait de *quatorze mille cinq cents tonnes* qui servent à nourrir une population de fourmis évaluée à *trois cents milliards d'individus ! !*

L'importance de la prédation des fourmis n'est donc plus à démontrer. Elle s'exerce même avec une telle intensité que l'on s'est demandé si les oiseaux n'auraient pas à en souffrir ; car ils sont, eux aussi, nos indispensables auxiliaires. Les mesures, des plus délicates, ont conduit à une des innombrables surprises de l'écologie : la *population avienne augmente* dans les bois où l'on a implanté des fourmis, quoique pourtant il ne s'agisse pas d'oiseaux myrmécophages... D'autre part, le nombre des colonies établies spontanément, en dehors de toute intervention humaine, paraît sans corrélation avec le nombre des oiseaux. Quoi qu'il y paraisse, leurs méthodes de chasse ou leurs captures préférées doivent donc différer de celles des fourmis.

D'autre part, *les fourmis nuisent-elles sérieusement aux insectes parasites des ravageurs*, qui nous apportent aussi une aide inestimable ? Il est incontestable que l'on trouve de ces insectes utiles dans le capteur ; d'après Wellenstein toutefois, ce sont surtout les insectes qui s'attaquent aux pucerons qui ont maille à partir avec les fourmis, et parmi ceux-ci, surtout les ichneumonides. Ajoutons aussi que les « pucerons à fourmis » des forêts ne sont point de ces espèces qui tuent l'arbre en y injectant un poison ou en lui inoculant des maladies ; leur effet paraît quasiment nul du point de vue de la santé de l'arbre.

D'autre part, suivant Otto, les fourmis implantées à raison de six fourmilières à l'hectare, ont protégé des forêts de chêne contre la tordeuse *Tordrix viridana ;*

elles luttent aussi efficacement contre *Lymantria* et contre nombre de tenthrèdes nuisibles aux forêts. Très souvent, même si elles ne s'attaquent pas directement au parasite, leurs allées et venues gênent gravement son évolution. Et les projections occasionnelles d'acide formique qu'il reçoit le tuent à coup sûr. Le problème est seulement le nombre de fourmilières qu'il convient d'implanter, et qui varie, suivant les auteurs, entre quatre et dix par hectare.

CHAPITRE II

# D'AUTRES FOURMIS PLUS OU MOINS SYMPATHIQUES

*Les migratrices — Les cultivatrices — Les moissonneuses. — Une ennemie de l'homme : la fourmi de feu.*

## *Les migratrices.*

Il y a quelques années vous auriez pu voir sur les écrans un film horrifique, représentant de rouges escadrons de fourmis submergeant une hacienda et dévorant ses habitants. Le film a été quelque peu « arrangé » : il « embellit » si j'ose dire, la réalité. Un homme en bonne santé n'a rien à craindre des fourmis chasseresses : il lui suffit de s'écarter de leur passage. Il n'en serait pas de même évidemment d'un malade ou d'un blessé, qui pourraient fort bien se faire dévorer. Et c'était à ce qu'on m'a dit un divertissement dont les rois baoulés ne se privaient pas : ils ficelaient sur le passage des fourmis les personnes dont ils avaient à se plaindre et huit jours plus tard, il n'en restait que le squelette fort proprement nettoyé ; le premier quart d'heure de la rencontre devait être épouvantable. Il faut dire que d'après Raignier, on doit rencontrer dans une seule colonie d'*Anomma wilwerthi* plus de 20 millions d'individus !

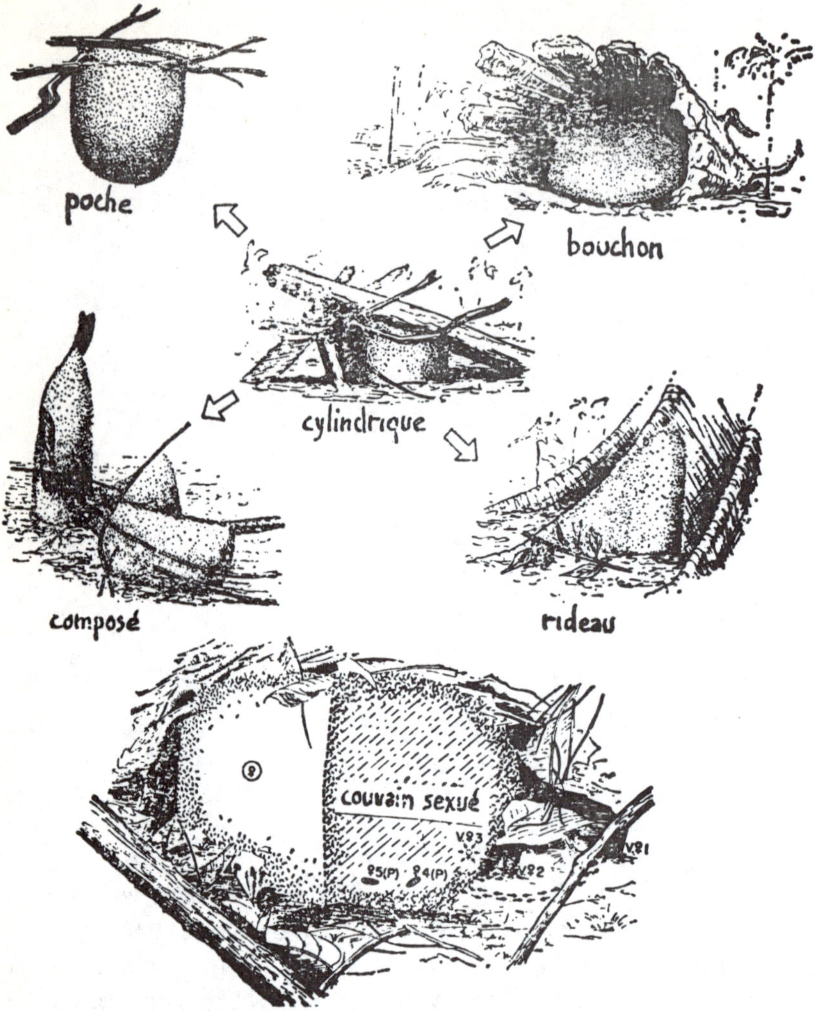


Fig. 13
En haut, différentes formes que peut prendre le bivouac d'*Eciton hamatum*. En bas, disposition schématique du bivouac au moment où les jeunes reines éclosent. V 1 a été la première à éclore, et s'est isolée à 50 cm à droite avec une poignée d'ouvrières. V 2 est la seconde à éclore : même manœuvre. Ces deux reines restent reliées au bivouac par une colonne d'ouvrières porteuses de victuailles. V 3 est restée dans le bivouac ; 4 et 5 sont encore à l'état de nymphes et dans leur cocon. A gauche, la reine en activité (d'après Schneirla, 1966).

Ce qu'il faut bien comprendre, c'est que nous trouvons là devant une espèce particulière de fourmis qui ne fait pas de nid fixe mais se contente de « bivouacs » temporaires ; lorsqu'elles s'arrêtent, les fourmis forment alors une énorme boule au centre de laquelle se trouve le couvain et la reine (70 cm de haut sur 60 cm de diamètre !) Elles peuvent rester dans cet état quelques heures ou plusieurs jours ; puis l'activité reprend, elles se reforment en colonne et s'enfoncent dans la forêt à la recherche des proies. Je me suis trouvé plusieurs fois nez à nez avec les chasseresses en Afrique : les grands soldats, aux énormes mandibules, se tiennent immobiles de part et d'autre de la noire colonne des ouvrières (les migratrices d'Afrique sont noires), colonne épaisse tout juste d'un travers de doigt. En se touchant, les pinces des soldats forment comme une sorte de dôme sous lequel la colonne progresse à la vitesse de cent à deux cents mètres à l'heure. Elles peuvent passer ainsi pendant des heures et des heures si bien que le sol s'il est friable se creuse sous leurs pas de cinq à six centimètres. On peut observer les fourmis sans trop d'inconvénients pourvu qu'on ne s'approche pas trop. Si l'on transgresse une certaine limite invisible qui doit se situer à 25 centimètres environ de la colonne, les soldats s'agitent et se dirigent vers vous ; ou bien on ne voit rien, mais quelques morsures cuisantes vous avertissent tout à coup qu'un parti d'ouvrières vous a tourné et attaque vos arrières.

Un Américain, Schneirla, s'est fait l'homme des fourmis chasseresses et a percé le mystère de leurs migrations. C'est à lui que j'emprunterai une grande partie des détails que je vais donner maintenant. Les migratrices appartiennent à la famille des dorylines et on a quelques raisons paléontologiques de croire qu'elles nous viennent de l'époque tertiaire...

Donc, bien avant l'homme, ce tard venu, leurs féroces colonnes rousses ou noires sillonnaient les terres et les forêts ; et elles n'ont guère changé depuis lors, pas plus que les autres fourmis, comme nous l'avons vu au début. Les espèces africaines sont du genre *Anomma* et les américaines du genre *Eciton* mais elles fréquentent toutes les forêts tropicales et j'admire l'opiniâtreté de Schneirla qui décrit quelque part la gymnastique effrénée qu'il dut s'imposer maintes et maintes fois pour suivre les colonnes à travers les lianes enchevêtrées du sous-bois ; et combien de fois une fausse manœuvre lui valut une pluie d'*Eciton* furieuses dans le cou ou dans les bottes. Je compatis vivement à ces désagréments, car j'ai voulu en faire autant en Côte d'Ivoire, et il m'en a cuit... Les raids les plus impressionnants sont exécutés par une grosse espèce, l'*Eciton burchelli*, qui commence par lancer des escadrons serrés de 15 mètres de large sur deux ou trois mètres de profondeur ; puis une direction préférentielle se dessine peu à peu si bien qu'il se forme une sorte d'arborisation aux nombreuses ramifications.

On peut généralement repérer les migratrices non pas à la vue, mais à l'oreille, d'autant plus facilement que la forêt vierge n'est pas si bruyante en plein jour. Ce n'est que peu après le coucher du soleil que s'élève un pandémonium de cris et de sifflements où le bruit des chasseresses passerait inaperçu. Mais dans la journée, ou plus exactement dans les demi-ténèbres qui règnent toujours même en plein midi dans la forêt primaire, on entend une série de grattements et de crissements qui évoquent le bruit d'une averse : ce sont les innombrables proies qui tombent des arbres poussées par les fourmis, pendant qu'un autre parti d'ouvrières les attend au sol pour les dépecer au sein des profondeurs vertes... Si l'on s'approche alors, avec les précautions voulues, on perçoit à peu de distance un bourdonnement assez fort ; il est dû à de très nombreuses mouches qui volent au point fixe au-dessus des fourmis et qui cherchent à pondre sur leur corps. Les asticots dévoreront ensuite toutes vives les féroces chasseresses, par un juste retour des choses. Car les migratrices n'ont pas l'instinct de savoir se débarrasser des œufs du parasite, alors que les fourmis champignonnistes, on le sait depuis peu, arrivent à le faire, nous le verrons. Mais les cris aigus de nombreux oiseaux couvrent souvent le bourdonnement des mouches ; les anciens auteurs croyaient qu'ils se nourrissaient des fourmis elles-mêmes, mais il n'en est rien : ils se contentent de gober les proies que les fourmis font tomber des branches et les attrapent au vol, sous le nez des fourmis pourrait-on dire, si celles-ci en possédaient un ! D'ailleurs, fort peu de vertébrés s'attaquent aux chasseresses. Ce n'est pas que les fourmiliers manquent dans la forêt tropicale et Schneirla a observé bien des fois des tamandous et coatis dont les fourmis constituent d'habitude le plat de résistance. Mais non pas celles-là. Ils semblent définitivement intimidés par les terribles pinces des soldats ; si bien qu'il faut laisser sans doute aux mouches parasites le soin de s'opposer à un accroissement exagéré des *Eciton* et *Anomma.*

Que capturent les migratrices ? Tout ce qu'elles trouvent dans la forêt, à cela près que les grosses espèces comme *Eciton burchelli* ne reculent pas devant les petits mammifères et reptiles, alors que les plus petites se confinent aux invertébrés. En une seule nuit une colonie d'*Anomma wilwerthi* peut dévorer une dizaine de poules, cinq ou six lapins et un mouton, d'après Raignier ; et ce n'est pas là un appétit exceptionnel, chez cette redoutable espèce. A part cela, tout leur est bon : tarentules, scorpions, araignées, blattes, sauterelles ainsi que le couvain et les adultes de nombreuses autres espèces de fourmis. Pas toutes, cependant, car il en est qui se défendent victorieusement, comme les fourmis champignonnistes par exemple. En Afrique aussi les œcophylles ou fourmis tisseuses, tiennent tête avec succès aux *Anomma*. De toute façon, la brousse est déserte après leur passage ; et un seul raid peut rapporter plus de *quatre litres* d'insectes.

Et cet appétit dévorant peut même être utilisé par les hommes. En Afrique tropicale, quand je dormais quasiment en plein air, abrité par un toit de chaume, toute une vie suspecte s'éveillait si bien le soir dans ce toit que j'avais du mal à trouver le sommeil après les heures pourtant écrasantes de la journée... Cela grouille, stridule, rampe et gratte sans arrêt. Je sais bien que la moustiquaire vous abrite un peu de la vie débordante de l'étuve africaine ; mais quand approchent les *Anomma*, eh bien ! il suffit de leur céder la place pendant quelques heures : elles ne laissent rien de vivant ni d'indésirable dans la case, et dans ce travail de nettoyeuses, elles sont irremplaçables.

Lorsqu'on regarde défiler la foule migrante, on s'aperçoit que plusieurs courants en sens opposé peuvent s'y faire jour ; les unes ne portent rien, les autres, en sens opposé, sont lourdement chargées : c'est qu'elles retournent vers le bivouac. Nous verrons tout à l'heure comment elles l'organisent. Ce qui frappe d'abord ce sont leurs extravagantes différences de taille : chez les *Anomma*, les plus petites ouvrières ne mesurent que 0,5 millimètres mais les plus grandes atteignent 14 millimètres ; quant aux mâles ils dépassent 30 millimètres. L'énorme reine enfin atteint 60 millimètres et son abdomen est 16 500 fois plus volumineux que celui de sa plus petite ouvrière ! Mais avec un peu d'attention, sous les mouches qui cherchent à pondre sur les fourmis, on voit aussi passer une population bizarre d'insectes petits ou minuscules, bossus, poilus, certains ressemblant à des fourmis, d'autres accrochés aux ouvrières elles-mêmes qui semblent les tolérer ; ce sont leurs « symphiles » comme disait Wasmann, autrement dit leurs commensaux, dont certains ne leur font pas que du bien. La plupart du temps même, ces hôtes des chasseresses les exploitent sans vergogne, sans qu'il leur en cuise. Mais on ne sait rien de leurs mœurs, tout au moins chez les *Anomma*. C'est qu'il faudrait pour les observer s'approcher vraiment près du terrible bivouac, et ma foi, je ne m'y risquerais pas trop pour ma part. J'ai vu deux de nos ouvriers africains donner par mégarde un coup de pioche dans l'un d'eux : une nappe grouillante de fourmis les a recouverts instantanément jusqu'au genou, et je les ai vus danser de belle manière avant de prendre leurs jambes à leur cou...

Ce « bivouac » est une boule de fourmis souvent bien trop grosse pour entrer dans un seau, accrochée généralement à une certaine hauteur au-dessus du sol ; mais certaines espèces de chasseresses ont un nid souterrain. Les ouvrières accrochées les unes aux autres s'y tiennent à peu près immobiles, mais laissent entre elles quelques passages ou galeries. On y trouve vers le centre la reine unique, énorme et presque complètement aveugle, et surtout le couvain — 60 000 larves et nymphes parfois chez *Eciton burchelli* ; mais qui peut remplir *trois seaux et plus* chez *Anomma wilwerthi* d'après Raignier !

De même que chez les abeilles, l'assemblage d'un si grand nombre d'insectes donne lieu à la formation d'un « microclimat ». Dans la boule, les fluctuations

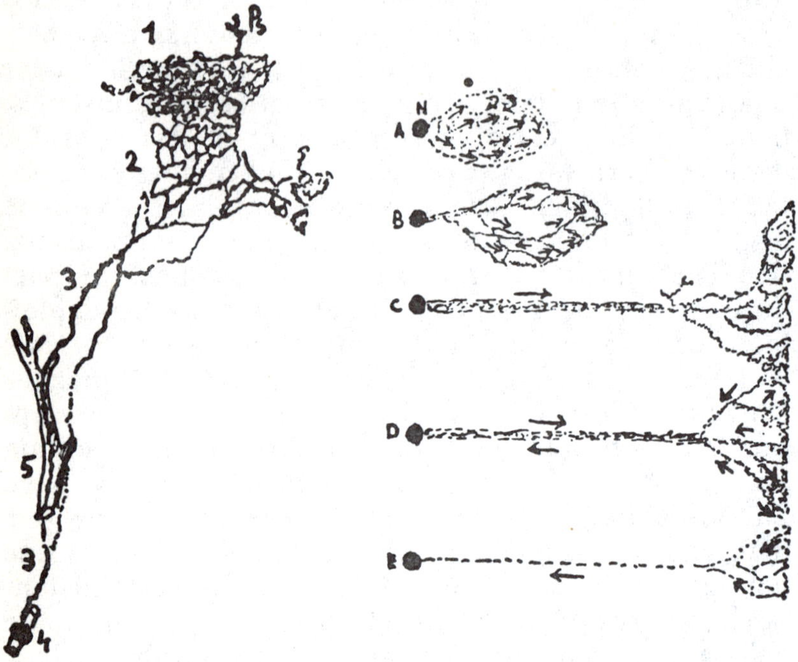

FIG. 14
A gauche, diagramme représentant un raid d'*Eciton burchelli* au bout de 5 heures de parcours : 1) le gros de l'essaim, qui est éloigné de 70 mètres du bivouac et large de 15 mètres ; en « ps » un pseudopode amorçant une nouvelle avance — 2) le progrès de la troupe, en forme d'éventail — 3) colonne principale — 4) le bivouac, à l'intérieur d'une souche creuse — 5) reste d'un tronc à terre — droite, essaim secondaire qui vient de se former par division du principal (d'après Schneirla, 1966). A droite, comment se développe un raid d'*Anomma wilverthi*. En A, l'essaim quitte le nid ; en B, il forme des arborisations. C, le raid est à son maximum. En D, amorce du retour au nid, qui se continue en E (d'après Raignier et von Boven, 1954).

thermiques externes sont fortement amorties et la température souvent de 12° plus haute qu'à l'extérieur, surtout dans la zone du couvain et spécialement pendant sa phase d'évolution, jusqu'à ce que les larves filent leur cocon. Tantôt cette boule reste quasiment stable, et les raids journaliers sont peu fréquents et ne vont pas loin ; tantôt au contraire, elle se défait presque complètement tous les soirs et va même se reformer ailleurs.

Et c'est là le problème qui a intrigué Schneirla... D'où viennent ces fluctuations si marquées dans l'humeur des fourmis nomades ? Il avoue avoir été tenté de les mettre en parallèle avec un phénomène météorologique, d'autant plus que leur périodicité est très régulière : 16 jours pour la phase normale, 20 pour la phase de stabilité. Cela évoquerait facilement un rythme lunaire. Mais en même temps, il est facile de constater que plusieurs colonies dans la même zone se trouvent à des périodes très différentes de ce cycle migratoire, ce qui exclut un facteur externe agissant uniformément.

Divers indices mirent alors le chercheur américain sur la voie d'une toute autre explication : le fait par exemple qu'à la fin de la période stable ou statique une nuée de cocons ouverts jonchent le sol auprès du bivouac, et l'on voit en même temps abondance de jeunes ouvrières reconnaissables à leur couleur plus claire. D'autre part, il est facile de constater qu'au cours de la phase nomade les ouvrières transportent de nombreuses larves à tous les stades mais aucune nymphe. Donc, d'une manière ou d'une autre l'activité des fourmis est en rapport avec l'âge du couvain. Et l'état du couvain dépend évidemment de la reine. Dans l'île de Barro Colorado où se déroulaient ses observations Schneirla est arrivé à situer la reine assez facilement (et je me demande comment il a pu y parvenir sans se faire dévorer !). Or, pendant la phase nomade la reine malgré sa taille énorme arrive encore à se déplacer, tout au moins pendant la nuit. On se rend compte qu'elle approche, dit Schneirla, par l'augmentation brusque

FIG. 15
Un soldat de fourmi chasseresse (*Anomma*) aux aguets sur les bords de la colonne (d'après une photo de Raignier).

de l'agitation des ouvrières dans la colonne. Mais, au moment de la phase statique l'abdomen de la reine, monstrueusement distendu par les œufs, a doublé de volume : c'est alors qu'elle pond parfois en moins d'une semaine 60 000 œufs ou davantage. Et c'est peu après, lorsque les jeunes larves sont écloses, que l'agitation va reprendre ; les ouvrières inaugureront alors une nouvelle phase nomade, et la reine pourra les suivre, son abdomen délivré des œufs ayant repris sa taille normale.

Voici donc ce qui doit se passer : la présence des larves qui s'agitent et ont besoin de nourriture excite énormément les ouvrières (et ceci peut se prouver au laboratoire) ; elles sont contraintes de chasser continuellement pour apaiser plusieurs dizaines de milliers d'appétits dévorants : c'est la période nomade. Mais, au fur et à mesure qu'elles approchent de la nymphose, la voracité des larves diminue jusqu'à ce qu'elles cessent de manger. L'activité de chasse ne baisse pas aussi brusquement. Et c'est là sans doute que se trouve le nœud du problème : puisqu'elle continue un certain temps et que les proies n'ont plus d'autre amateur que la reine, (c'est-à-dire quant au surplus énorme que les ouvrières n'absorbent pas elles-mêmes), alors c'est la reine qui se gorge. Son abdomen commence à se distendre monstrueusement, ses réserves se développent et ses milliers de tubes ovariques commencent à fonctionner. C'est le moment où elle devient incapable de se mouvoir et aussi celui où les larves ont filé ou filent leur cocon ; et c'est aussi le début de la période statique. Elle ne prendra fin qu'avec l'éclosion des nymphes et la ponte des œufs.

A des périodes irrégulières, séparées parfois par des laps de temps prolongés, les fourmis nomades vont fabriquer de nouvelles reines. Cela se produit en général après une période de sécheresse. Le couvain sexué est toujours en petite quantité, ce qui s'explique sans doute par les difficultés mécaniques de maniement de larves et de nymphes énormes. Pendant qu'elles se développent, la colonie ne peut guère se déplacer, et le bivouac reste à peu près fixe. Des cinq ou six reines en élevage, une seule sera conservée ; elle sera aptère, alors que les mâles, également très volumineux, sont ailés. Ils sont très faciles à voir, surtout la nuit aux lumières. En Côte d'Ivoire, ils m'ont persécuté bien des nuits quoiqu'ils soient inoffensifs; mais ces fourmis ailées de plus de trois centimètres de long atterrissant par dizaines dans votre assiette ou vos cheveux n'ont rien de ragoûtant. Leur nombre tient probablement à ce que, comme chez les abeilles et les *Atta* la reine a besoin d'une très forte provision de sperme pour féconder ses œufs pendant sa longue vie. Aussi doit-elle s'accoupler un grand nombre de fois.

Dès que la jeune reine est éclose, la colonie se

sépare en deux. Parfois (chez *Neivamyrmex*) tous les mâles partent avec la troupe de la jeune reine, encore non fécondée. D'autres fois, comme chez *Eciton,* ils se répartissent à peu près également entre les deux moitiés de l'ancienne colonie.

*Les Champignonnistes.*

Il y a des fourmis, les *Atta,* qui pratiquent l'agriculture, ou, plus exactement, la culture des champignons ; et je le dis sans métaphore : il s'agit bien d'une véritable culture, comme on va le voir. Ces fourmis sont remarquables, non seulement par ce trait de comportement, mais aussi par d'autres particularités. Par exemple leurs nids souterrains sont sans doute les plus grands qui soient chez les fourmis puisqu'Autuori estime *à 22 mètres cubes* la terre remuée par les ouvrières dans un seul nid. Ici, les fourmis ne sont battues que par les termites comme *Bellicositermes* dont certains nids géants et centenaires ont plus de vingt mètres de diamètre, si bien que certains villages africains sont bâtis dessus.

On rencontre aussi chez les champignonnistes des différences de taille et de forme (polymorphisme) extravagantes dont la figure 17 donne quelque idée. idée.

Notons aussi que les *Atta* ne sont pas les seules coupeuses de feuilles ; il est d'autres espèces bien moins connues et qui cultivent aussi des champignons, mais sur des excréments d'insectes ou sur de minces débris végétaux. Les *Atta,* elles, préfèrent les feuilles et les coupent tant et si bien qu'elles peuvent défeuiller un verger en peu de temps. Aussi sont-elles classées parmi les animaux nuisibles dont il est d'ailleurs bien difficile de se défaire, étant donnée la taille de la population et les dimensions du nid.

Toutefois les *Atta* peuvent jouer un rôle utile quoiqu'imprévu en agriculture. Leurs nids énormes brassent en effet une quantité considérable de matières organiques et à une grande profondeur. Cela est d'une grande conséquence pour les sols tropicaux qui sont pauvres, contrairement à ce qu'on croit d'habitude : car sous la chaleur d'étuve de ces climats, les sages fermentations qui doivent donner l'humus vont trop vite et trop loin. Tout ce qui pourrait nourrir utilement les autres plantes se dégrade complètement et d'ailleurs les pluies torrentielles entraînent souvent les matières en décomposition. A cela remédient non seulement les *Atta,* mais toutes les fourmis champignonnistes. Songeons d'ailleurs qu'il est des régions où l'on en trouve une colonie tous les deux mètres carrés. Il est d'ailleurs d'expérience courante que les arbres et les plantes sont plus vigoureux et plus verts près des nids d'*Atta.*

Ces nids, dont certains correspondent à un poids de terre déplacée de *quarante tonnes,* contiennent des milliers de chambres où les feuilles finement émiettées sont ensemencées avec le champignon. Autuori a étudié un de ces nids et compté mille neuf cent vingt chambres dont deux cent quarante-huit contenaient un jardin en pleine activité, chaque jardin (végétaux + couvain) pesant trois cents grammes; soit une centaine de kilogs pour le tout ; pendant la période totale d'activité de ce nid, les industrieuses fourmis avaient dû, suivant les calculs d'Autuori, transporter plus de *cinq tonnes de feuilles* dans leur nid. On comprend que les agriculteurs s'en gardent comme de la peste. Mais le nid n'est pas constitué de cavités tout à fait irrégulières comme chez les fourmis rousses, il a un plan d'ailleurs assez curieux (voir la figure 16). Une de ses particularités les plus frappantes consiste dans la présence *d'immenses chambres de plus d'un mètre de haut sur un mètre de large,* et que les fourmis

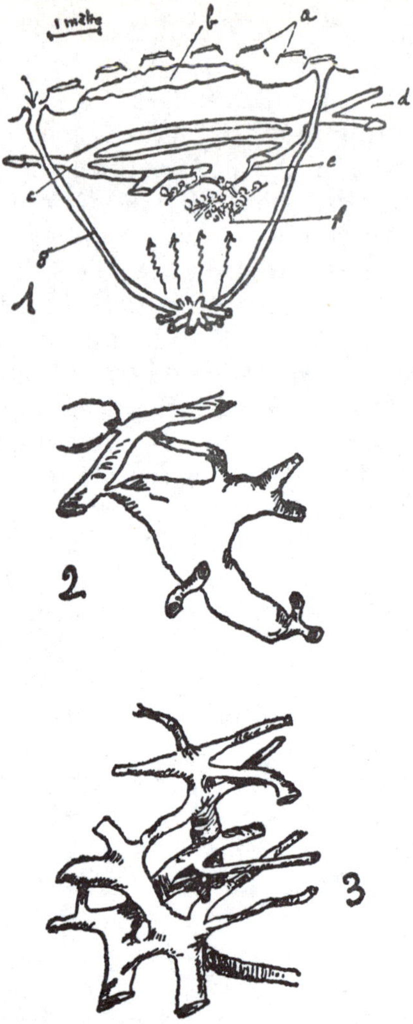


Fig. 16

En 1) diagramme du nid d'*Atta sexdens* (dessin de Sudd d'après les données de Jacoby, 1955) — *a*) cratères — *b*) disque de sol excavé — *c*) tunnel en anneau — *d*) tunnels d'entrée — *e*) tunnels obliques avec chambres à champignons f — *g*) tunnels marginaux ; les flèches ondulées montrent la circulation de l'air, telle qu'on la suppose. — En 2) les renflements sur les tunnels, que Jacoby appelle « casernes ». — En 3) un grand « échangeur » routier.

utilisent comme cimetière et dépotoir : ce sont, et de loin, les plus grandes cavités jamais creusées par un insecte.

Les nids géants d'*Atta* (voir fig. 16) ont été étudiés avec un soin extrême par Jacoby qui en a relevé le plan en versant du ciment liquide dans les ouvertures. Il a pu apprécier le volume interne du nid par la quantité de ciment qui lui a été nécessaire : il atteint le chiffre peu croyable *d'un mètre cube et demi.* On y distingue cent vingt mètres de tunnels de trois centimètres en moyenne (neuf cents litres) et cent jardins à champignons dont chacun a une capacité de six litres et demi. Le nid se manifeste à l'extérieur par un cylindre de terre remuée de cinq à quarante-cinq mètres cubes, entouré d'une série de cratères. Au-dessous se trouve tout un réseau de tunnels plus ou moins horizontaux ; au-dessous encore, les jardins à champignons. Les cratères ne sont pas utilisés comme entrée, et les apports de feuilles s'opèrent par des tunnels horizontaux qui débouchent souvent loin de la zone des cratères et du disque central ; ils s'ouvrent dans une large galerie circulaire où les feuilles sont stockées quelque temps avant d'être transférées dans les jardins à champignons par un tunnel oblique. Quant aux cratères, ils s'ouvrent dans des galeries plus ou moins verticales qui entourent le nid et convergent à sa base, mais sans communiquer directement avec les jardins à champignons. La température de ces nids est de 25° à 28° et peut atteindre 29° dans les jardins, ce qui dépasse de 15° ou davantage la température du sol environnant. La concentration en gaz carbonique de l'air des galeries atteindrait quatre fois celle de l'air extérieur, pour une hygrométrie proche de la saturation.

Ceci pose évidemment le problème *de la ventilation du nid,* de même que dans les nids de termites où les conditions sont à peu près les mêmes : volume très vaste, énorme population, grande quantité de matières organiques en pleine fermentation. Lüscher a admis que chez les termites un système compliqué de cheminées produisait un certain tirage ; mais tout le monde n'accepte pas ses théories. En tout cas, il faut bien que l'air se renouvelle quelque peu dans le nid d'*Atta*, sans quoi la chaleur produite par la fermentation ne se disperserait guère et la température de l'intérieur du nid monterait sans arrêt, comme dans les meules de paille qui peuvent s'enflammer spontanément. Toujours est-il qu'une étude précise de la ventilation et de la régulation thermique chez *Atta* est encore à faire.

Evidemment, le centre d'intérêt est bien le jardin à champignons. Certaines espèces, comme *Acromyrmex*, n'en font qu'un seul, de quarante à cinquante centimètres de diamètre. Ceux d'*Atta* sont très nombreux, de vingt à trente centimètres de diamètre. Les fourmis y appportent de l'extérieur des fragments de feuilles, qui sont émincés en lanières de plus en plus fines, puis arrosés d'une goutte de liquide anal : alors seulement les feuilles sont incorporées à la meule. Puis la fourmi détache quelque peu du mycélium du champignon et le colle sur les nouvelles couches.

Par la suite, les fourmis n'abandonnent jamais le jardin à champignons. Elles le parcourent en tout sens en le frôlant de leurs antennes, lèchent les hyphes et les mangent à l'occasion. Mais surtout, et c'est bien là le plus curieux problème biologique que posent les *Atta — elles maintiennent la culture pure*. Malgré la présence de très nombreuses spores de bactéries, de levures et d'autres champignons, une seule espèce de champignons pousse sur les meules, et elle est caractéristique de chaque espèce de fourmi. Comme le fait remarquer Weber, cela implique la production par les fourmis de plusieurs facteurs : un *fongistatique* qui bloque la croissance des champignons autres que celui que les fourmis cultivent ; un *bactériostatique*, et probablement aussi un facteur de croissance sélectif.

Mais ces substances n'ont jamais été étudiées sérieusement. Cela tient au fait que les chimistes et les pharmacologues s'intéressent surtout aux produits issus des plantes et qu'ils n'ont que mépris pour la vieille pharmacopée qui faisait grand usage des drogues d'origine animale. Cependant les animaux, et tout spécialement les insectes, sécrètent toutes sortes de substances parfois fort extraordinaires. Nous en verrons des exemples à propos du venin des fourmis et des odeurs de reconnaissance ou de marquage. Mais l'intérêt d'un bactériostatique et surtout d'un fongistatique est tout autre : qui sait si l'on ne pourrait pas un jour leur trouver des applications médicales ?

Le champignon cultivé par les *Atta* a fait l'objet de nombreuses controverses. Comme nous l'avons vu, chaque espèce de fourmi champignonniste a le sien et on ne peut l'échanger. D'autre part, il paraît s'être si bien inféodé aux fourmis qu'on ne le trouve nulle part ailleurs. A part cela, nos connaissances sur la culture précise du champignon sont encore bien vagues ; nous ne savons rien par exemple du mode de dépôt des substances fongistatiques, ni de leur source dans l'organisme de la fourmi : sont-elles incorporées directement à la couche de feuilles ? et si oui, continuellement ou à divers intervalles ? toutes les fourmis secrètent-elles ces substances ? Ce dernier point n'est pas probable, car un certain type d'ouvrières très petites, les minimae, sont tout spécialement inféodées aux jardins à champignons, si bien qu'on ne peut en enlever un fragment sans emporter en même temps un groupe de minimae qui s'y

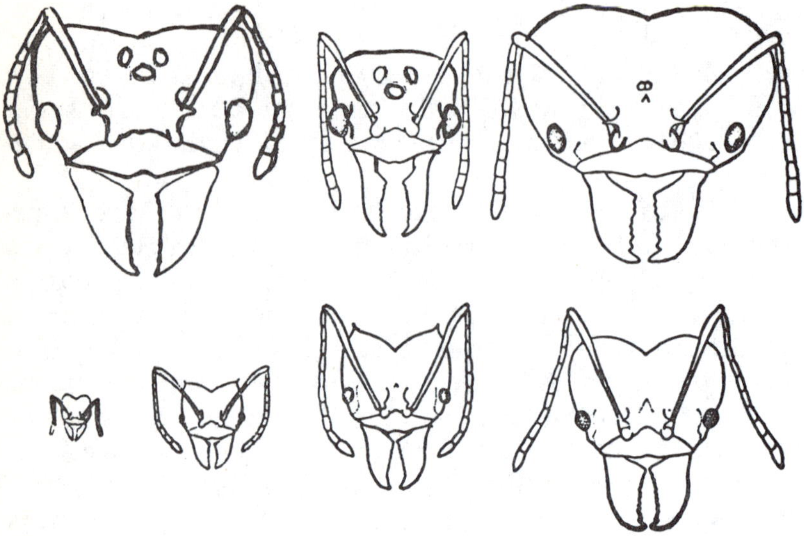

FIG. 17
Têtes des castes d'*Atta cephalotes* à la même échelle. Longueur avec les mandibules donnée d'abord, la largeur (en mm entre les yeux) entre parenthèses. De haut en bas et de gauche à droite : Reine, 5,8 mm (3,92) ; mâle, 4,1 (2,98) ; soldat, 5,8 (3,54) ; dans la rangée du bas : ouvrière minima, 0,9 (0,58) ; media, 1,8 (1,16) ; autre media, 3,5 (2,03) ; maxima, 4,3 (2,53). Les tailles correspondantes du corps sont les suivantes : minima, 1,5 - 3,5 ; minor, 3,5 - 6 ; media, 6 - 9 ; major, 9 - 13 ; soldat, 13 - 16 mm (d'après Weber, 1966).

attachent étroitement ; si bien qu'elles sont peut-être seules à sécréter le fongistatique.

Comme je le disais au début, un point important de la morphologie des grandes espèces coupeuses de feuilles, *Atta* et *Acromyrmex*, c'est leur polymorphisme abracadabrant dont la figure donne une idée. Les plus grands individus, aux énormes mandibules, sont les soldats, qui entaillent sans difficulté non seulement la peau humaine, mais le cuir des chaussures. Ils restent à l'intérieur, près de la reine, et défendent la colonie. Mais ce sont les ouvrières moyennes qui

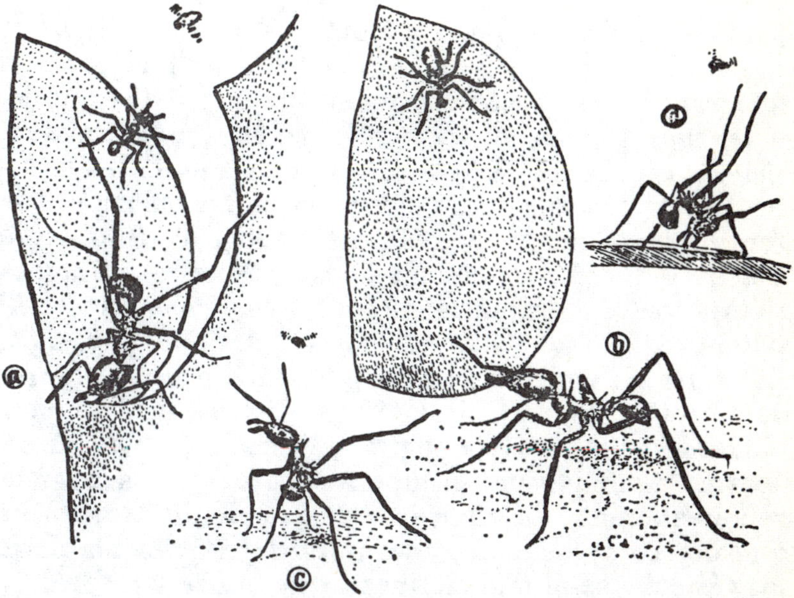


FIG. 18
Ouvrières d'*Atta* en présence d'un diptère parasite a) une ouvrière media coupe une feuille pendant qu'une minima surveille la mouche. En b, la minima garde son poste pendant le transport. En c et d, positions d'alarme des media pendant l'attaque (d'après Kacher, in Eibl-Eibesfeldt, (1967).

coupent les feuilles, et les minores et minimae qui les hachent menu pour en constituer les meules. Les moyennes s'occupent aussi des jeunes. Or Eibl-Eibesfeld a trouvé en 1967 que les minimae se livraient aussi à une autre tâche bien spéciale. Divers auteurs avaient déjà remarqué que sur le morceau de feuille transporté par les grandes ouvrières se trouvait d'habitude une petite ouvrière très agitée, les mandibules ouvertes « comme si elle menaçait le ciel ». Le danger peut venir du ciel en effet sous la forme d'une petite mouche Phoride (*Apocephalus*) qui ne cherche qu'à s'abattre sur l'arrière de la tête des grandes ouvrières pour y pondre un œuf : la larve qui en sortira dévorera par la suite tout le contenu du crâne. C'est à cette mouche qu'en ont les minuscules gardiennes, et c'est elle qu'elles pourchassent pendant le trajet de retour, moment auquel les grandes ouvrières sont trop occupées à transporter leur feuille pour avoir le loisir de répondre. Si malgré tout la mouche a réussi à se poser, l'ouvrière minima s'empresse de lécher la nuque et la tête de sa compagne, ce qui enlève sans doute l'œuf du parasite... La reine est énorme, et c'est peut-être, avec les reines de termites, l'insecte qui vit le plus longtemps : on parle de vingt ans, pendant lesquels la provision de sperme emmagasinée en une fois suffirait à assurer le renouvellement en ouvrières de la colonie. Il est vrai que des comptages des spermatozoïdes présents dans la vésicule séminale donnent des chiffres effarants, de l'ordre de plusieurs millions ; ceci montre que la reine des *Atta,* comme celle des abeilles, copule avec de nombreux mâles lors de son vol nuptial.

Elle possède aussi une particularité anatomique propre aux fourmis, mais qui se trouve ici adaptée à la culture des champignons : c'est le *sac infrabuccal,* dépression située à l'arrière de la cavité buccale. Il s'y entrepose une masse complexe de débris raclés à la surface du tégument par un peigne spécial de l'extrémité des tarses. Les fourmis sont en effet assez poilues et leur tégument retient toute une série de germes et de poussières ; les soins de propreté, si méticuleux chez les insectes, les débarrassent de tout cela. Mais chez les *Atta,* de nombreux spores du champignon s'entreposent obligatoirement dans le sac infrabuccal, ainsi d'ailleurs que bien d'autres spores ; peu importe d'ailleurs, puisque plus tard les fongistatiques et bactéricides des *Atta* vont les paralyser.

La reine exécute alors son vol nuptial, puis s'en va

fonder seule une nouvelle colonie. Pour cela, elle se creuse une logette dans la terre et n'en bouge plus pendant de nombreux jours. Elle va commencer par pondre une espèce particulière d'œufs qu'Autuori appelle les « œufs alimentaires », car ils ne sont pas destinés à la reproduction de l'espèce ; ils sont d'ailleurs plus globuleux et plus gros que des œufs normaux. La reine va les écraser et dégorger dessus le contenu de son sac infrabuccal. Le mycélium commence alors à croître ; la reine ne laissera naître sa descendance que lorsqu'il aura pris de la force. Alors les premières ouvrières iront à leur tour chercher des feuilles pour reconstituer le jardin...

On peut se demander si des faits aussi bizarres sont isolés dans l'immense grouillement du peuple des insectes. Eh non ! Ou plutôt, si les *Atta* représentent peut-être l'adaptation la plus parfaite à la culture des champignons, *elles ne sont pas les seules à la pratiquer,* les termites ne l'ignorent pas non plus. Mais leur champignon n'est pas le même et il pousse sur des meules de bois réduit en minuscules fragments spongieux. De plus les termites ne mangent pas le champignon lui-même, mais la partie inférieure de l'éponge ligneuse, qui a été rendue parfaitement assimilable par les vigoureux ferments du cryptogame ; même la lignine, cette substance presque aussi résistante que la paraffine, a été transformée en corps plus simples dont le termite peut se nourrir. Là aussi, la culture est pure, et il doit donc exister, tout comme chez les fourmis, des substances bactéricides et fongistatiques ; mais là non plus, de la technique de culture nous ne savons pas grand-chose. En tout cas, je me souviens de ma rencontre avec les termites champignonnistes dans la forêt gabonaise ; au sein de la pénombre verte et moite, la termitière jaunâtre nous arrivait à la ceinture ; elle était d'une consistance si molle qu'on pouvait la découper en tranches à l'aide du sabre d'abatis ; et je voyais s'ouvrir les chambres arrondies renfermant chacune une sorte d'éponge brune piquetée de blanc par le champignon. C'est un des spectacles les plus étranges qui soient. De plus ces termites-là n'avaient guère de défense et nous laissèrent faire. Tandis que la première fois que je fus présenté aux *Atta,* les soldats me le firent regretter.

*Comment les fourmis ont-elles pu devenir champignonnistes ?* Pour comprendre comment une technique aussi extraordinaire a pu surgir au cours de l'évolution, il nous faut, comme toujours en biologie, enquêter à travers le monde complexe des fourmis et nous interroger sur le degré de généralité de la culture des champignons. Elle paraît peu répandue. On sait par exemple que sous les tropiques des moisissures poussent volontiers sur les détritus des nids de *Crematogaster* arboricoles ; mais on n'a jamais vu les *Crematogaster* s'y intéresser. On connaît aussi de nombreuses plantes dites « myrmécophytes » parce qu'elles présentent des cavités naturelles ou aménagées, abritant certaines espèces de fourmis toujours les mêmes ; et à l'intérieur de ces cavités saturées d'humidité poussent également de nombreux champignons. On a même vu les fourmis les couper ou les arracher, mais il n'est pas prouvé qu'elles les mangent ; peut-être simplement se contentent-elles de nettoyer leur nid. De plus Weber remarque à juste titre qu'*on ne trouve jamais de fourmis typiquement champignonnistes dans les cavités des myrmécophytes d'Amérique* dont les dimensions pourraient pourtant leur convenir ; mais elles préfèrent s'installer à côté dans d'autres conditions.

On sait d'autre part depuis longtemps que le carton noirâtre d'une fourmi commune chez nous, *Dendrolasius,* abrite un champignon spécial *Cladosporium myrmecophilum*. Mais on ne sait absolument pas ce qu'en fait la fourmi, ni si elle le mange.

Chez les véritables champignonnistes, une habitude spéciale pourrait se trouver à l'origine de la culture : celle de déféquer toujours au même endroit. Sur l'amas des excréments semi-liquides de la colonie, il est vraisemblable que des champignons puissent se développer et pas n'importe lesquels, parce qu'ils dépendent de deux facteurs : le premier, c'est la nature chimique des excréments de fourmi ; et le second, l'habitude qu'elles ont de tondre le champignon de près, très fréquemment. Seules les espèces à végétation luxuriante peuvent se développer dans ces conditions.

Un deuxième stade consisterait à enrichir le milieu en matériaux variés dont les premiers pourraient se composer d'excréments d'autres insectes, par exemple de coléoptères ronge-bois ou de chenilles ; et dans ce dernier cas, les particules végétales telles que les fragments de feuilles non digérées, ne manquent pas dans le matériel. De là, les fourmis passeraient aux feuilles mortes tombées sur le sol ; puis, au stade final, elles en arriveraient à couper et débiter des feuilles vertes.

Or tout ceci n'est pas une vue de l'esprit, car on retrouve les différents stades de cette évolution chez diverses espèces champignonnistes. Chez l'espèce la plus primitive, *Cyphomyrmex*, les ouvrières préparent le substrat, à savoir des excréments d'insectes, en les léchant et en y ajoutant leurs propres excréments ; puis elles y implantent de très petits morceaux de leur champignon, et, pendant qu'il pousse, continuent à déféquer dessus. Chez les espèces supérieures comme *Acromyrmex* et *Atta*, les fragments de feuilles sont léchés, mordillés sur les bords et très souvent la fourmi y dépose ses excréments ; ensuite seulement le fragment est poussé dans la meule, la fourmi s'aidant des mandibules, et, ce qui est rare chez les insectes, des pattes antérieures.

*D'autres agriculteurs : Les Moissonneuses.*

Les *Messor* d'Afrique du Nord creusent d'énormes nids de sept à dix mètres de diamètre et qui s'enfoncent jusqu'à deux mètres dans le sol. On les découvre grâce à la présence à la surface de plusieurs cratères de cinquante centimètres de diamètre. Les greniers sont des chambres aplaties d'environ quinze centimètres de large sur un centimètre cinquante de haut, reliés entre elles par des galeries et avec la surface. Les *Messor* ne sont pas d'ailleurs les seules fourmis à moissonner des graines ; c'est au contraire une habitude largement répandue parmi les fourmis, par exemple chez la *Pheidole* ou chez le *Pogonomyrmex* (en grec « fourmi barbue ») d'Amérique, dont le cratère composé de graviers est parfois haut de cinquante centimètres et dont l'énorme nid s'enfonce dans le sol jusqu'à cinq mètres.

Une particularité de ces fourmis moissonneuses réside dans le défrichage de pistes longues parfois de cent mètres, fort larges et débarrassées de toute végétation. Les *Atta* champignonnistes en font autant ; on jurerait des sentiers humains, et Gœtsch décrit quelque part l'étonnement des voyageurs égarés qui suivent un de ces sentiers en espérant parvenir à une habitation humaine ; et tout ce qu'ils trouvent au bout de la route, c'est le nid géant aux nombreux cratères débordant d'une activité hostile et inhumaine.

Il convient de revenir ici sur une légende lancée par Lincecum dès 1862 et qui souleva une grande émotion : ce biologiste soutenait que les fourmis moissonneuses cultivent les céréales autour de leur nid.

Il est de fait que l'on rencontre souvent autour des nids une couronne de céréales parfois d'une seule espèce, qui évoque l'idée d'une culture intentionnelle. Remarquez que cela n'aurait rien d'étonnant ; les *Atta* cultivent bien des champignons et vous verrez ou vous avez déjà vu dans ce livre que les fourmis sont capables de tout. Mais, dans le cas des moissonneuses, Wheeler a montré d'où venait la confusion ; les ouvrières exposent périodiquement au soleil une partie de leur récolte et spécialement les grains qui commencent à germer. Si la pluie survient à ce moment, elles les abandonnent et ils ont tout loisir de se développer. D'ailleurs, comme le remarque très justement Wheeler, les énormes pistes qui partent du nid montrent bien qu'un jardin à céréales de quelques milliers de pieds ne peut suffire à satisfaire les besoins des colonies de moissonneuses.

Une autre singularité consiste dans la présence de *soldats* bien mal nommés, car ils n'ont rien de belliqueux ; ils sont bien moins agressifs que les ouvrières et leurs énormes mandibules ignorent l'art de la guerre : au lieu de cela, elles servent de « casse-noix » à la communauté, comme dit Wheeler ; ce sont elles qui écrasent les graines ou dépècent les proies animales les plus volumineuses et les plus dures. Aussi les soldats sont-ils très utiles à la colonie, mais pas de la façon qu'on supposait en les affublant d'un nom guerrier.

J'ai dit qu'un grand nombre de fourmis collectent des graines aussi bien que *Messor*. Un plus grand nombre encore en ramassent *occasionnellement : Tetramorium caespitum Myrmica rubra, M. brevicornis, Lasius fuliginosus, L. niger, F. exsecta* et *F. polyctena*. Mais qu'en font-elles exactement ? N'oublions pas que nous sommes ici chez un insecte social où les plus incroyables réussites collectives s'accompagnent des plus absurdes « erreurs » individuelles. Chez *polyctena,* je suis à peu près certain que la collecte des graines n'est rien d'autre qu'une manifestation de la manie d'amassage des ouvrières : un grand nombre, sinon la totalité des graines collectées sont en effet rejetées sans altération, j'ai pu le constater (voir page 87). Il semble en tout cas que ce qui intéresse les fourmis, ce n'est pas la graine elle-même, mais son revêtement huileux, parfois différencié en appendice spécial. La preuve, c'est que si l'on enduit d'huile végétale des billes de verre, les fourmis les collectent facilement (tout au moins c'est Stäger qui le dit : mais j'ai vu moi-même les *polyctena* ramasser et emporter au nid de nombreux petits cailloux sans qu'il soit besoin de les frotter de quoi que ce soit). On est sûr en tout cas que *Messor* et *Pheidole* mangent effectivement les graines ramassées.

*Les fourmis chercheuses d'or ?* Les fourmis, rassurez-vous, n'attachent aucune importance spéciale à l'or ni à aucun métal ; elles apportent cependant une aide involontaire aux prospecteurs d'or et de métaux rares. C'est Goetsch qui l'a découvert à propos d'une fourmi, *Dorymyrmex,* spécialiste du désert et qui habite au Chili la steppe désolée d'Atacama, riche en divers minerais. Comme toutes les fourmis des déserts, *Dorymyrmex* est obligée par la sécheresse ambiante de pousser ses galeries jusqu'à plusieurs mètres de profondeur ; les déblais forment un monticule très visible, dans lequel on trouve assez souvent des pépites d'or ou des granules de minerai de cuivre ; ou encore, dans le désert du Nouveau-Mexique, des granules de minerai de manganèse. Les prospecteurs, à la recherche du moindre indice, savent apprécier celui-là depuis longtemps. Hérodote d'ailleurs avait déjà entendu dire que les fourmis recherchaient l'or ; elles ne recherchent évidemment rien du tout, et il ne s'agit pour elles que d'un débris inutile à expulser de la colonie.

*Une ennemie de l'homme : la fourmi de feu (Solenopsis saevissima).*

Il y a fort peu d'années, les agriculteurs du Texas ont vu une grande partie de leurs champs se hérisser quasi subitement de monticules arrondis, d'où jaillissaient à la moindre excitation des fourmis de couleur claire, à la piqûre extrêmement douloureuse et capable même de déclencher des accidents généraux fort sérieux. Une fourmi de plus, se dirent philosophiquement les Texans revenus de leur mauvaise surprise ; bah ! une bonne dose d'insecticide dans les nids, et il n'y paraîtra plus... Quelques années plus tard, malgré des épandages fort libéraux de divers toxiques, ils en étaient toujours au même point, et le fléau ne cessait de s'étendre. Pourquoi donc ? Comment une fourmi peut-elle défier les puissants moyens de lutte dont nous disposons maintenant ? Il existe à cette question une réponse biologique compliquée.

*L'invasion de la fourmi de feu.* Ses débuts ont été fort discrets, d'autant plus qu'il existe dans le sud des Etats-Unis trois espèces indigènes de *Solenopsis*, qui ne se font pas trop remarquer. Une forme noire de *Solenopsis saevissima* (en latin : « la très cruelle ») fut importée par hasard d'Amérique du Sud en 1918 et resta une dizaine d'année dans les limites de la ville de Mobile, où ses dégâts fort modérés passaient presque inaperçus.

Mais tout changea lorsqu'apparut une *Solenopsis* nouvelle, rouge brun clair, plus petite que la noire et dont les nids sont également plus petits. Cela se passait vers 1930, et la forme nouvelle devait venir du nord de l'Argentine ou du sud de la Bolivie. D'emblée, cette fourmi s'étendit très rapidement en combattant la forme noire, qui est maintenant devenue si rare qu'elle est vraisemblablement en voie de disparition.

Outre sa piqûre, une des principales gênes occasionnées par la fourmi est son appétit dévorant ; non seulement elle mange énormément de produits alimentaires et ménagers, mais elle semble depuis le début de son invasion avoir étendu encore son registre gastronomique : insectes de toute espèce, céréales (et surtout le maïs), cacahuètes, mais aussi poulets ou même veaux ou porcelets qu'elle peut sinon dévorer, du moins blesser sérieusement ou tuer. Elle jouit aussi de quelques particularités assez rares dans le monde des fourmis : non seulement elle entrepose des graines (ce qui se rencontre aussi chez les diverses espèces de fourmis moissonneuses) *mais encore les proies animales* comme les insectes morts. *Ceci est unique* parmi les fourmis et peut-être parmi les insectes sociaux. (On a prétendu que les polybies, guêpes sociales d'Amérique, entreposaient des proies mortes ou paralysées, mais jusqu'ici, que je sache, cela n'a pas été confirmé.) En tout cas, les Hays, examinant les nids de *Solenopsis*, trouvent dans des galeries spéciales des amas de termites vivants ou morts et aussi de charançons.

Un autre inconvénient de la fourmi de feu est la multiplicité de ses nids et des dômes qui hérissent la surface du sol (jusqu'à cinquante par acre) et en rendent la culture très difficile en « bourrant » tous les rouages des machines agricoles. Il est arrivé déjà que les travailleurs, à cause de cela et aussi bien entendu de la férocité des ouvrières, refusent de se rendre dans certains champs que le propriétaire a dû abandonner aux fourmis. Et ceci ne se passe pas au moyen âge, mais à notre époque, en 1965 plus précisément...

*Solenopsis déjoue les toxiques.* C'est à ce moment que le réflexe du fermier du Texas dont je parlais tout à l'heure paraît naturel : arrosons tout cela d'insecticide et n'en parlons plus. Mais nous n'avons pas affaire ici à un insecte banal, dont les possibilités d'adaptation peuvent être déjà désastreuses, mais à un animal social, au sommet de l'échelle psychique des insectes. Et c'est là que l'affaire se corse.

On a commencé par vaporiser sous pression à l'intérieur du dôme une dose assez forte d'un puissant insecticide, la dieldrine, qui tue bel et bien les *Solenopsis, au laboratoire*. Mais *dans la nature*, les résultats sont beaucoup moins bons. Wilson en trouva la raison en excavant le sol autour des dômes. Dès que la pulvérisation commence, les nourrices enlèvent le couvain en passant par une foule de galeries souterraines et l'emmènent à l'abri à quelques mètres; et il n'est pas difficile de constater que ce couvain, très généralement, n'a subi aucun dommage. Il vivra au laboratoire tout aussi longtemps que les larves prélevées dans un nid intact. Et, peu de temps plus tard, le dôme se reconstituera exactement au même endroit.

D'autre part, grave inconvénient : la dieldrine est un corps violemment toxique et pas seulement pour les insectes, puisqu'une livre de ce corps par acre de marais y détruit trente espèces de poissons et tous les crustacés ; seuls survivent les mollusques. On pourrait essayer aussi des gaz asphyxiants, à l'action beaucoup plus rapide. Mais le résultat n'est pas meilleur, sans doute parce que le dôme est trop grand et pas assez perméable aux gaz ; et ici encore, une masse de couvain s'échappe. Comble de perversité, les ouvrières reviennent ensuite dans le dôme et en agrandissent les ouvertures, comme si elles voulaient l'aérer ; et quelques jours plus tard, tout le monde se réinstalle triomphalement.

Mais ne jetons pas le manche après la cognée ; j'ai signalé tout à l'heure l'appétit boulimique des *Solenopsis* : qu'en serait-il d'un plat succulent, mais empoisonné ? Effectivement, les appâts empoisonnés ne sont pas dépourvus d'efficacité. Mais les jeunes reines fécondées qui s'enfoncent dans le sol avant, pendant et après un de ces traitements restent sans manger sous la terre et n'y touchent absolument pas ; et lorsqu'elles ont procréé leurs premières ouvrières, il y a longtemps que le poison est devenu inefficace ou a été emporté par les intempéries. On a pensé alors combiner l'épandage des appâts empoisonnés avec une pulvérisation d'insecticide à la surface du sol afin que les reines échappant à un traitement, soient tuées par l'autre. Mais les insecticides utilisés, chlordane ou heptachlore, quoique généralement fort efficaces contre les fourmis, *sont répulsifs pour Solenopsis !* On tombe alors de Charybde en Scylla : après la pulvérisation la plupart des fourrageuses restent au nid et plus personne ne touche aux appâts. Evidemment, il faudrait trouver un autre insecticide non répulsif. Mais on commence à se demander alors quelle parade pourraient y trouver les diaboliques *Solenopsis !*

Que reste-t-il alors à faire ? Très exactement, ce par quoi on aurait dû commencer : étudier la biologie de la fourmi à fond, pour tenter d'y découvrir une faille permettant de l'attaquer, un quelconque défaut de cette stupéfiante cuirasse de comportements, très simples sans doute quand on les considère isolément, mais qui nous opposent jusqu'ici une défense imperturbable.

C'est bien ce que Wilson a tenté de faire, en étudiant le « langage chimique » de *Solenopsis*. Mais le chemin est bien long encore qui nous mène vers la solution définitive du problème...

CHAPITRE III

# LE BÉTAIL DES FOURMIS

## *Un « bétail » de pucerons et de cochenilles.*

Un très grand nombre de fourmis s'intéressent aux pucerons et aux cochenilles, parce que ces insectes excrètent par l'anus le trop-plein de la sève élaborée qu'elles absorbent. C'est une liqueur assez riche en sucres et très pauvre en azote et les ouvrières la sollicitent avec acharnement ; il est d'ailleurs facile de le vérifier ; en été, si vous observez une colonie de pucerons n'importe où, il est extrêmement rare que vous ne découvriez pas en même temps une fourmi en train de les « traire » c'est-à-dire de leur tapoter des antennes l'extrémité de l'abdomen pour les amener à rejeter une goutte d'excréments sucrés. Mais elles s'en occupent bien autrement comme nous l'allons voir, au point qu'on est fondé à parler d'élevage du bétail à propos des fourmis trayeuses de pucerons, comme on peut parler d'agriculture à propos des fourmis champignonnistes.

Il existe d'ailleurs des pucerons, comme *Forda formicaria,* qu'on ne trouve que dans les nids de fourmis. Mais elles-mêmes sont très éclectiques dans leur choix, et les fourmis rousses par exemple cultivent soixante-cinq espèces d'aphidiens.

Le fameux myrmécologue Wheeler considérait que les fourmis et les pucerons, au cours des milliers de millénaires, s'étaient biologiquement bien adaptés les uns aux autres. En effet d'abord les pucerons ne font aucun effort pour échapper aux ouvrières bien que certains ne soient pas dépourvus de moyens de défense : ce sont des siphons situés à la partie postérieure du corps et qui rejettent, en cas d'attaque, une substance gluante. C'est assez efficace, et, lorsque les fourmis attaquent d'autres pucerons que les espèces qu'elles fréquentent habituellement, elles se trouvent la tête et les mandibules tout engluées et s'en vont déconfites... Or, *les siphons sont souvent absents ou réduits chez les pucerons à fourmis*. Ensuite, ces pucerons éjectent doucement le miellat lorsque les fourmis les sollicitent, au lieu de le projeter à quelque distance comme lorsqu'elles ne sont pas là ; comble d'attention, certains possèdent près de l'orifice anal une couronne pileuse qui retient le miellat jusqu'à ce que les fourmis le prélèvent.

On n'a pas retrouvé chez les cochenilles ces adaptations si curieuses, bien que les fourmis les fréquentent aussi assidûment. Mais c'est peut-être parce que les rapports des fourmis avec ces derniers insectes ont été étudiés d'un peu moins près.

D'autre part, les fourmis rendent leur politesse aux pucerons, affirme Wheeler : en ceci d'abord qu'elles ne les tuent ni ne les mangent (ceci n'est vrai qu'en gros). Elles les abordent non point agressivement, mais suivant un rituel particulier, sur lequel Kloft, comme nous le verrons tout à l'heure, a fait des observations bien curieuses. Elles protègent aussi les pucerons contre leurs ennemis, et les transportent à l'abri lorsqu'ils se trouvent trop exposés à des agents perturbateurs ; elles vont parfois jusqu'à les abriter d'une voûte de terre ou de soie. Enfin, dans les régions tempérées, les fourmis conservent dans leur nid les œufs et parfois les adultes des aphidiens et des cochenilles, pour les transférer ensuite sur les jeunes pousses dès le retour du beau temps. Tous ces points méritent un examen détaillé.

*Les fourmis tuent-elles les pucerons ?* Oui, répond Herzig qui a vu des *Lasius* le faire, mais seulement quand l'attaque d'un prédateur ou d'un parasite a perturbé l'aphidien, qui exécute alors des mouvements brusques et désordonnés et laisse aussi échapper de la glu de ses siphons : alors la fourmi le sacrifie et l'emporte au nid. D'autre part, il est très sûr que les fourmis dévorent leurs cochenilles familières dans diverses circonstances et spécialement lorsque celles-ci se multiplient à l'excès.

*Comment les fourmis abordent-elles les pucerons ?* Bien que de très nombreux myrmécologues se soient intéressés depuis très longtemps au manège des fourmis et des pucerons, personne encore n'avait bien compris pourquoi, au lieu de les dévorer, elles s'en occupaient avec tant de tendresse pourrait-on dire (si les fourmis n'étaient les animaux les plus insensi-

FIG. 19
Comparaison entre une tête de fourmi (à droite) et la partie arrière d'un puceron, ses deux pattes postérieures simulant les antennes (d'après Klort, 1959).

bles apparemment de toute la création). Dieu sait pourtant si elles apprécient tout ce qui leur tombe sous les mandibules. C'est Kloft qui a fait le premier une remarque stupéfiante, associée à une théorie qui ne l'est pas moins : et pourtant, il se pourrait bien qu'il eût raison... D'après lui *l'arrière d'un puceron ressemble tout à fait à la tête d'une fourmi :* d'autant plus que les pattes arrière se soulèvent et encadrent l'abdomen comme des antennes, lorsque les fourmis sollicitent le puceron ; on peut d'ailleurs très bien déclencher cette réaction en frôlant seulement d'un pinceau l'abdomen de l'insecte. La *fourmi sollicite donc de la nourriture comme elle le ferait, face à un congénère* ; et ceci provoque l'émission d'une gouttelette de miellat. On a vu d'ailleurs *des fourmis gorgées offrir,* tout aussi bien, *de la nourriture à l'arrière d'un puceron !* Ce qui favorise d'ailleurs la ressemblance c'est que les pucerons à fourmis sont généralement dépourvus de siphons, qui troubleraient la ressemblance.

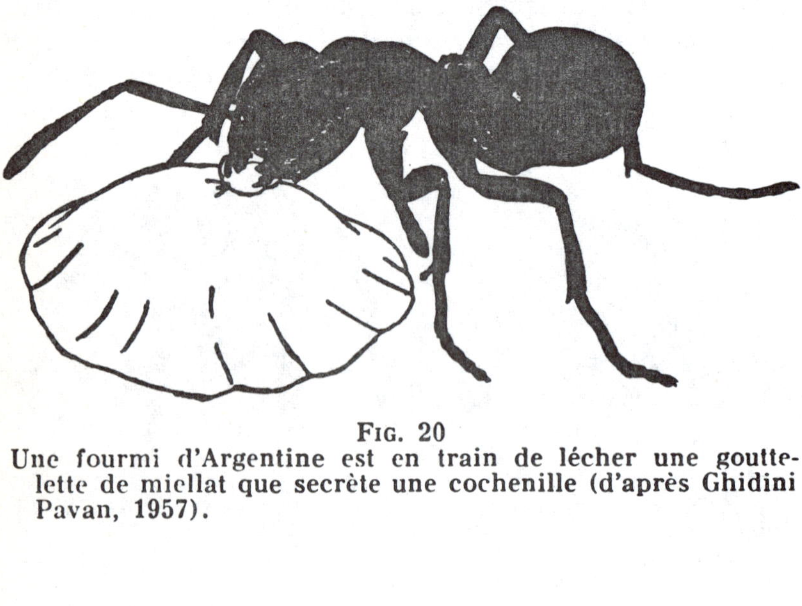

FIG. 20
Une fourmi d'Argentine est en train de lécher une gouttelette de miellat que secrète une cochenille (d'après Ghidini Pavan, 1957).

Voilà des conclusions fort importantes, mais il ne faut pas oublier qu'elles ne s'appliquent qu'aux pucerons et non pas aux cochenilles. Qu'est-ce que la fourmi rencontre en effet lorsqu'elle prospecte une colonie de coccides, sinon une série de cônes aplatis, qui eux, n'évoquent en rien la partie antérieure d'une fourmi ? Elles les sollicitent pourtant par des tapotements antennaires avec autant d'acharnement que les pucerons, et avec un succès comparable ; elles tapotent d'ailleurs tout aussi bien des individus morts ou trop jeunes encore pour donner du miellat (fig. 20).

Ces excitations répétées ont un effet marqué sur les pucerons, en ce qu'ils augmentent fortement leurs sécrétions, et par là l'énergie avec laquelle ils pompent la sève... Herzig a trouvé par exemple qu'*Aphis sambuci* rejetait 9,72 millimètres cubes de miellat par jour lorsque les fourmis s'occupent de lui mais seulement 3,24 lorsqu'il est seul. Il pense que les fourmis augmentent de 30 à 300 % suivant les cas la sécrétion du miellat. Les *quantités prélevées* par les fourmis ont été mesurées très facilement, en s'adressant aux pucerons des arbres que fréquentent les fourmis rousses. Il est facile de constater en effet sur le tronc d'un pin que les ouvrières escaladent, que les montantes sont « maigres » alors que l'abdomen des descendantes est tout gonflé de miellat : il suffit alors de peser les unes et les autres et d'établir des moyennes. Œkland et Zœbelein montrent ainsi qu'une fourmi emporte en moyenne 5 mg 5 de jus sucré, qui renferme 10 à 20 % de résidu sec. Pour une colonie de cent mille individus qui envoie par jour en moyenne vingt mille fourrageuses lécher les pucerons cinq fois par jour, on obtient cent grammes d'apports quotidiens ; soit cinquante kilogs par an de matière liquide qui contient un résidu sec de dix kilogs. Mais Zœbelein va beaucoup plus loin, en faisant remarquer que tout ceci ne s'applique qu'aux colonies relativement peu nombreuses de *Formica rufa.* Si l'on s'adresse aux populations bien plus fortes de *Formica polyctena,* qui dépassent habituellement le million d'individus, on trouve des apports de *cinq cents kilos annuels de miellat, qui représentent cent kilos de substance sèche. Sur un seul sapin* le même auteur a montré que les fourmis récoltaient par jour deux cent cinquante grammes de miellat ; dans un autre biotope, chaque sapin donnait par an quatre kilos de substance sèche aux fourmis. Ceci devrait épuiser l'arbre. Nous verrons qu'il n'en est rien, à cause des caractères spéciaux des pucerons auxquels s'intéressent les fourmis rousses.

*D'autres amateurs de miellat*

Le plus curieux est que *les fourmis ne sont point les seuls insectes à s'intéresser au miellat des pucerons.* Négligeons les innombrables espèces qui lèchent le miellat répandu sur les feuilles ; nous avons vu en effet qu'en l'absence des fourmis beaucoup de pucerons le projettent à quelque distance. Mais les fourmis ne sont point les seules à avoir découvert qu'en sollicitant directement les pucerons on obtient tout ce qu'on veut. Herzig a vu plusieurs mouches le faire, en s'y prenant exactement comme les fourmis, c'est-à-dire en utilisant les tapotements de l'abdomen de l'aphidien. Le manège de ces mouches (*Desmometopa, Leucopis, Tephritis, Rhagoletis, Fannia, etc.*) était bien connu de divers entomologistes anciens, mais il paraissait difficile à comprendre. Mais il n'y a pas que les mouches qui trayent les pucerons ; des coléoptères comme *Coccidotrophus* et *Emansibius* (qui sont d'ailleurs, à ce qu'on dit, subsociaux) en font autant ; ainsi qu'un papillon lycénide (voisin de ces papillons bleus qui voltigent en été sur les bruyères) du genre

*Allotinus* ; et un autre lycénide myrmécophile, *Gerydus boisduvali* qui lèche le miellat des aphides et coccides pendant que les fourmis s'occupent de lui-même et de ses larves en léchant leurs poils sécréteurs spéciaux (trichomes) dont les ouvrières raffolent (voir page 172).

*Les fourmis sont-elles utiles aux pucerons et cochenilles ?*

C'est incontestable, et de très nombreux auteurs le démontrent, qu'il serait fastidieux de citer ici. D'abord, et surtout, elles *s'opposent activement à leurs ennemis*, mais surtout si ceux-ci ont des mouvements vifs ; car chez les fourmis l'attaque n'est guère déclenchée que par ce type de mouvements. Et pourvu aussi qu'ils ne soient point protégés contre les attaques des fourmis par des dispositifs spéciaux.

*Les ruses des prédateurs de pucerons.*

Il existe par exemple des chenilles d'*Eublemma* qui se cachent dans un cocon formé de boucliers de cochenilles mortes, reliés ensemble très solidement par de la soie ; elles peuvent ainsi brouter littéralement les cochenilles au beau milieu des fourmis qui en tirent du miellat, sans se faire houspiller le moins du monde. Un papillon lycénide, *Spalgis pemolea* est lui aussi fort amateur de cochenilles quand il se trouve à l'état larvaire ; à ce stade, sa chenille ressemble tellement à un coccide dont elle a la forme aplatie, qu'il est très difficile de l'en distinguer ; aussi les dévore-t-elle à loisir, et les ouvrières la laissent faire. Enfin le diptère *Microdon*, qui prise aussi les cochenilles, n'y va pas par quatre chemins pour satisfaire son appétit sans encombre : il devient tout simplement l'hôte de la fourmi *Solenopsis geminata saevissima* qui héberge une cochenille à l'intérieur de son nid. C'est donc là que le *Microdon* l'atteint, sans se cacher le moins du monde, et les fourmis, là non plus, ne s'y opposent pas. En outre, il est des parasites auxquels les fourmis ne touchent pas, Dieu sait pourquoi : une guêpe du genre *Encyrtus* par exemple qui pond tout à loisir dans une cochenille fort prisée des fourmis (*Saissetia hemispherica*) ; et les ouvrières, non seulement ne lui font rien, mais paraissent s'écarter d'elle quand elles la rencontrent.

La garde qui surveille les Aphidiens est à la fois rigoureuse et relâchée dans ses mœurs. Par exemple, les gardes ne sucent jamais eux-mêmes le miellat de leur bétail. Par contre un parasite des pucerons *Myrmecobosca mandibularis* suce leur miellat sans que la garde l'inquiète ; après quoi, il va effrontément mendier quelque chose de plus aux ouvrières, qui le nourrissent également ! (Pontin, 1959).

*L'action protectrice des ouvrières.*

Toujours est-il qu'en général, et sauf cas particuliers comme ceux-ci, les fourmis protègent activement leurs pucerons ; et nous verrons même qu'elles s'opposent, ce faisant, à diverses tentatives de lutte biologique qui réussiraient fort bien sans elle. Mais la *qualité de la protection dépend à la fois de l'espèce de fourmi et du puceron ou de la cochenille.* Il y a des fourmis qui de ce point de vue ne sont guère efficaces. D'autres, comme la très agressive fourmi d'Argentine, assurent au contraire à leur bétail une protection à cent pour cent.

Mais la protection contre les parasites et prédateurs n'explique pas tout. Dans bien des cas en effet, les aphidiens et coccides se multiplient beaucoup plus vite lorsque les fourmis s'en occupent. La plus ou moins grande prospérité de l'élevage des pucerons dépend là aussi de l'espèce des fourmis, et certaines sont bien plus efficaces que d'autres. Par exemple Van den Goot trouve qu'au bout de quatre mois et demi le nombre moyen de cochenilles est de soixante-dix sur des buissons sans fourmis, de quatre cents lorsque les fourmis *Dolichoderus* les soignent, mais de mille cinquante-sept lorsque c'est *Anoplolepis*. Il y a aussi de nombreux cas où les cochenilles et pucerons disparaissent rapidement quand les fourmis ne s'en occupent pas. Et cela est vrai notamment de certaines espèces très nuisibles à nos cultures, comme une chenille du café au Kenya, qui cesserait sûrement d'être un fléau si la fourmi *Pheidole* ne lui prodiguait des soins désastreux... Flanders a parfaitement démontré ce rôle des fourmis sur le plan expérimental, à propos des orangers de Californie que bien des cochenilles trouvent à leur goût. Il place une bande de glu sur le tronc, ce qui empêche les fourmis d'y grimper. Or, les cochenilles disparaissent complètement des arbres ainsi traités, et en peu de temps : ceci à cause d'un parasite fort efficace quand les fourmis ne le mettent pas dans l'impossibilité de faire son office...

Contre tout cela s'élève le seul Stary (1966) qui remarque la présence de nombreux pucerons parasités dans les colonies d'Aphidiens, qu'elles soient ou non surveillées par les fourmis ; mais nous avons vu que le degré de protection dépend de l'espèce de fourmis et de l'espèce du parasite.

*Le mécanisme de la protection.*

Comment s'opère cette action bénéfique, voilà ce qu'on ne comprend pas toujours. Mais dans certains cas, on parvient à s'en faire quelque idée. Il y a des pucerons et des cochenilles qui sécrètent le miellat en telle abondance qu'ils en sont littéralement noyés ; tous en effet et spécialement les cochenilles ne disposent pas de la faculté de projeter le miellat au loin.

Or au bout d'un certain temps et spécialement sous les climats tropicaux une foule de levures et de champignons se développent dans la masse sucrée et intoxique gravement les suceurs de sève. Sauf justement lorsque les fourmis sont là et les débarrassent de l'excès de miellat. Cela s'observe dans de nombreux cas, et notamment dans celui des cochenilles qu'élèvent les Œcophylles. A vrai dire, ici, la sollicitude, si j'ose dire, va plus loin ; car lorsque les cochenilles paraissent se multiplier à l'excès (ou pour toute autre raison) les Œcophylles n'hésitent pas à dévorer l'excédent. Si bien qu'il existe un rapport constant entre le nombre des fourmis dans la colonie et le nombre de leurs têtes de bétail...

Dans un nombre de cas important, la protection des cochenilles et pucerons est radicale, en ceci que leurs conditions de milieu sont parfaitement contrôlées par les fourmis : elles les élèvent soit à l'intérieur du nid, comme nous venons de le voir, ou à proximité immédiate, en leur fabriquant des abris en forme d'étable, de terre ou de soie ; la protection contre les intempéries est radicalement assurée ; mais celle contre les parasites n'est pas complète, puisque nous venons de voir qu'un certain nombre arrivent à pénétrer dans les forteresses les mieux gardées.

*Les fourmis transportent-elles les pucerons ?* C'est Lubbock qui le premier en 1882 souleva cet intéressante question. D'après lui les fourmis du genre *Lasius flavus* transportent en hiver les œufs de puceron dans leur nid et replacent au printemps les jeunes aphidiens nouvellement éclos sur les jeunes pousses. A ce propos, nous disposons de toute une série d'observations passablement contradictoires. Les uns affirment avoir vu les fourmis soit transporter les œufs de puceron dans leur nid, soit en ressortir les jeunes aphidiens au printemps ; les autres, observant les mêmes espèces d'aphidiens et de fourmis, jurent qu'il n'en est rien et qu'ils n'ont en tout cas jamais observé une chose pareille. Ils font remarquer qu'il s'agit la plupart du temps d'espèces de fourmis souterraines qui élèvent des pucerons de racines : or ces pucerons, nous venons de le voir, sont élevés dans des étables séparées qui doivent être plus ou moins considérées comme des extensions du nid. Comment affirmer alors que les fourmis se chargent de transporter les jeunes ? Ne s'agirait-il pas d'un trait de comportement des aphidiens eux-mêmes ?

D'autre part, Herzig empêche par une bande gluante les fourmis d'escalader un arbre, et montre que les femelles fondatrices de pucerons y éclosent au printemps en même quantité que sur les arbres dont l'accès est resté libre ; les *œufs d'hiver étaient donc là,* mais très difficiles à voir. On a dit aussi que les ouvrières portaient les pucerons au printemps sur les jeunes plantes, alors qu'on les voit tout aussi souvent les *empêcher de sortir* de la fourmilière. Enfin on soutient que les jeunes pucerons étaient rentrés dans la colonie par leurs gardes, en cas de mauvais temps, mais Herzig trouve par — 1° des colonies d'aphidiens en place sur des végétaux pourtant fréquentés par les fourmis.

Il est tout de même certain qu'on a observé en hiver des œufs de puceron dans les nids de *Lasius flavus,* et que les ouvrières en prenaient grand soin et les léchaient (il n'y a pas d'œufs de fourmi en hiver dans le nid de *Lasius flavus*). Mais Muir fait l'étrange remarque que *ces œufs n'appartiennent pas aux deux espèces* que le *Lasius élève normalement, Forda formicaria* et *Tetraneura ulmi !* Alors que viennent faire en hiver chez *Lasius* ces œufs de pucerons étrangers ? On voit combien une observation admise de longue date peut paraître douteuse et diffi-

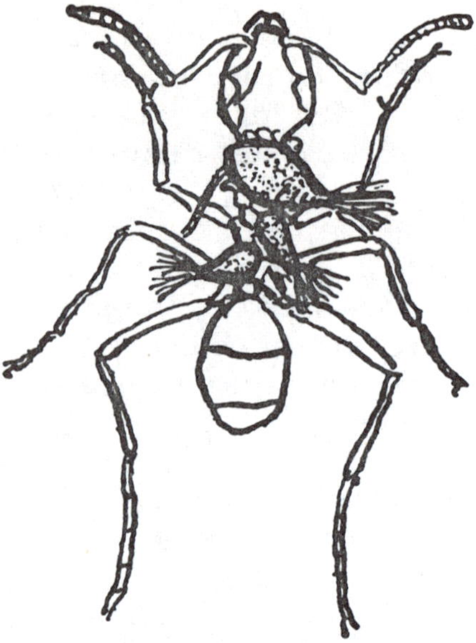

FIG. 21
*Dolichoderus gibbifer* portant trois cochenilles (*Hippeococcus*), une du stade 2 et deux du stade 1 (d'après Reyne, 1954).

cilement interprétable aux yeux de biologistes plus attentifs...

Il est sûr aussi que les fourmis transportent les pucerons en cas de perturbation. Par exemple, *Lasius brunneus* abrite son bétail, fixé à l'écorce des chênes, sous un auvent de carton ; et il l'emporte dans un endroit sombre dès qu'on enlève cette couverture. Les fourmis *Dolichoderus* de Java, qui s'occupent des cochenilles, ont adopté un procédé plus radical, et plus ahurissant : en cas de perturbation, elles tapotent le dos des cochenilles de leurs antennes, et celles-ci se détachent spontanément et grimpent sur le dos de la fourmi qui les transporte à l'abri...

*Le phénomène de Bünzli* (1935). Nous disposons

aussi d'une observation, magnifique celle-là, mais qui n'a pas retenu l'attention comme elle le méritait. Bünzli a vu les reines vierges d'une fourmi de Java, *Anopyga*, emporter dans ses mandibules, lors de son vol nuptial, des coccides de racines avec lesquels son espèce est étroitement associée. Les coccides transportés sont tous jeunes et du sexe femelle ; les fourmis n'emportent jamais les mâles. Il est à présumer qu'après la fécondation, le premier souci de la femelle qui fonde une nouvelle colonie est de placer sa chère cochenille sur une racine, afin de pouvoir au plus vite savourer le miellat. Ceci rappelle étroitement le comportement des reines d'*Atta* qui emportent dans leur sac infrabuccal, lorsqu'elles vont se faire féconder, un peu de la semence de leur précieux champignon.

*Fourmis, pucerons et agriculture.* D'une manière générale, les fourmis sont plutôt nuisibles à l'agriculture, à cause de leur manie d'élever des pucerons et des cochenilles.

Mais avant d'aller plus loin, faisons une exception pour les fourmis rousses. Elles aussi s'intéressent aux pucerons et nous avons vu avec quelle ardeur. Mais il se trouve qu'ici, *les pucerons fréquentés ne sont pas nuisibles.* On le comprendra mieux en faisant un retour sur les deux modes d'alimentation des pucerons. Les pucerons des fourmis rousses sucent le phloème, c'est-à-dire la sève élaborée qui circule dans les tubes criblés ; ils n'injectent pas ou presque pas de salive toxique dans les tissus végétaux. Les autres pucerons sont des suceurs de parenchyme ; c'est dans les cellules elles-mêmes qu'ils insèrent leur rostre ; et ils injectent presque continuellement dans les tissus une salive très toxique qui trouble gravement le métabolisme de la plante. D'autre part, les pucerons des fourmis rousses ne transmettent pas à la plante de maladies à virus, comme c'est malheureusement le cas fort souvent. Evidemment nous avons vu que le prélèvement de sève était très important. Mais un forestier allemand, Müller, a calculé que les prélèvements opérés par un nid de fourmis chaque année correspondaient à une perte de croissance du bois d'environ un mark par an, ce qui est insignifiant.

D'autre part, l'idée est venue à plus d'un biologiste d'utiliser les capacités prédatrices des fourmis pour débarrasser les cultures de leurs parasites. Ce qui n'a donné jusqu'ici de bons résultats que pour les fourmis rousses. Mais on a tenté d'utiliser diverses autres espèces contre un petit miride qui attaque le cacao à Java, contre les thrips nuisibles au cacao et aux agrumes au Brésil, contre les chenilles d'un sphingide qui s'attaque au café ; on a même essayé de lancer la vigoureuse fourmi *Prenolepis* contre d'autres fourmis, les *Atta* qui dévastent les vergers avec leur manie d'en arracher les feuilles pour nourrir leurs champignons. Mais, et dans tous les cas, toutes ces fourmis se sont occupées beaucoup plus de leurs chers pucerons et coccides que de faire le travail qu'elles étaient chargées d'accomplir. Or presque tout ce bétail familier est vecteur de maladies à virus ou à champignons qui abîment gravement les plantes-hôtes ou les tuent.

Si bien qu'on y a renoncé : un peu vite peut-être, à mon sens. On aurait pu tenter de fournir aux fourmis du sirop de sucre comme on le fait aux abeilles ; dans ce cas leur goût pour les pucerons et le miellat serait-il resté aussi vif ? Ou n'est-il pas possible de se défaire des pucerons par un traitement insecticide, en utilisant un « systémique » qui pénètre à l'intérieur de la plante et ne tue que les pucerons et non les fourmis ? Il suffirait peut-être d'un seul traitement, et les fourmis sans pucerons, mais gavées de sucre, accepteraient sans doute d'assurer la surveillance le reste de la saison...

*Ne peut-on utiliser les œcophylles ?*

Mais il y a peut-être de l'espoir en ce qui concerne les œcophylles. Déjà dès le XIIe siècle, les Chinois du Sud accrochaient aux citronniers dont se formaient les jeunes fruits des nids d'œcophylles pour les prémunir contre les parasites. Ils avaient remarqué, bien avant nous-mêmes, que les féroces tisseuses faisaient le vide devant elles, sur les arbres où elles vivaient. Elles attaquent pratiquement tout et même les fourmis migratrices, auxquelles pourtant rien ne résiste : pour ce faire, elles s'installent tout simplement en masse sur les bords de la colonne et saisissent toutes les ouvrières qui s'écartent tant soit peu. Les soldats ne paraissent pas s'apercevoir de ce que font les œcophylles et ne les attaquent jamais ; elles leur rendent la pareille.

Evidemment, là comme pour les autres fourmis dont je viens de parler, reste le problème du bétail des œcophylles, d'autant plus que personne n'est plus éclectique ; elles s'intéressent pratiquement à n'importe quel insecte capable de sécréter du miellat. Heureusement, ce bétail est *plus ou moins nuisible* suivant l'espèce végétale. Sur le café et le cacao par exemple, les ravages qu'il provoque sont considérables ; mais insignifiants par contre sur le manguier et le cocotier. Les Chinois du passé obviaient radicalement à cet inconvénient, car le climat de la Chine du Sud est trop rude en hiver pour permettre le maintien des fourmis et de leurs hôtes ; ainsi se trouve empêchée une multiplication excessive des parasites. En tout cas d'après Way, le rôle des œcophylles est fortement positif sur les cocotiers et elles s'opposent efficacement à un certain *Theraptus,* qui dévaste l'arbre dans certaines régions. La seule difficulté (rien n'est jamais simple en biologie) est la présence de certaines fourmis qui capturent les œcophylles ; mais il ne paraît pas impossible de les contrôler. Ainsi donc, pourvu qu'on procède auparavant à une étude soigneuse de leur bétail, on peut inscrire non seulement *Formica polyctena,* mais aussi les œcophylles au nombre des amies de l'homme...

*Les fourmis et la lutte biologique.* En tout cas, il est certain que les fourmis interfèrent souvent gravement avec les tentatives de lutte biologique. On introduit par exemple un parasite ou un prédateur nouveau dont l'efficacité a été vérifiée et qui est cultivé et lâché en masse. On a constaté son heureux effet dans un biotope et des conditions déterminées : et voilà qu'ailleurs son inefficacité est quasiment complète.

C'est que les fourmis sont intervenues. Par exemple la coccinelle *Cryptolaemus montrouzieri* est fort active contre diverses cochenilles des agrumes, et on est parvenu à la cultiver industriellement. Mais elle ne peut rien faire si la fourmi d'Argentine se trouve déjà là ; il faut d'abord détruire cette dernière, sans quoi elle annule complètement les efforts de la coccinelle. Malheureusement, cette dernière fourmi est elle-même très difficile à extirper, parce qu'elle forme des colonies polycaliques à nombreuses subdivisions qu'on ne peut atteindre à la fois. On connaît aussi des insectes peu ou pas nuisibles dans une contrée lorsque les fourmis ne s'y intéressent pas et qui le deviennent dans une autre dès que les fourmis les exploitent et empêchent leurs ennemis naturels de faire leur office.

## CHAPITRE IV

# COMMENT VIT LA CITÉ

*Les nids — Les soins au couvain — La fabrication des reines — La division du travail.*

*Les nids des fourmis.*

En général ils n'offrent rien de très remarquable quant aux matériaux et à la régularité du plan ; il n'en est pas de même quant à leurs dimensions, qui font d'eux, en dehors des termitières, les plus grands édifices construits par des insectes. Un très grand nombre sont creusés dans le sol ou dans des matériaux meubles ; et il faut remarquer que contrairement à beaucoup d'insectes fouisseurs qui enlèvent la terre avec leurs mandibules, *Formica fusca* creuse avec ses pattes de devant et en rejetant la terre comme le ferait un chien. Signalons à ce propos une superstition à laquelle les biologistes se sont cramponnés pendant des lustres, et à laquelle beaucoup adhèrent peut-être encore, comme l'huître à son rocher, celle des « organes spécialisés ». Ma jeunesse scientifique en a été bercée : on me citait les pattes fouisseuses de la courtilière, qui ressemblent beaucoup à celles de la taupe et dont elle se sert de la même façon ; les pattes ravisseuses de la mante religieuse, avec laquelle elle agrippe les proies, etc...

D'où l'on concluait que les animaux n'avaient pas besoin d'outils puisque la prévoyante nature les en avait pourvus dans la structure même de leur corps. Seulement c'est faux : en ce sens que le seul outil vraiment efficace et universel dont la nature se soit préoccupée, c'est l'instinct. Si les mécanismes instinctifs indispensables se trouvent constitués, ne vous inquiétez pas ! les insectes se débrouilleront très bien pour creuser sans pattes fouisseuses et pour saisir leurs proies sans pattes ravisseuses. D'ailleurs les insectes qui remuent le plus de terre, à savoir *Messor, Formica polytena* et *Atta* sont strictement dépourvus de pattes fouisseuses. De même, sans la moindre patte ravisseuse, il n'y a pas plus féroces chasseresses que les fourmis rousses : leur nombre et leurs instincts suppléent parfaitement à l'absence d'organes prétendument spécialisés.

Mais, en dehors des fourmis rousses (voir page 43), nous ne disposons pas d'études modernes et approfondies sur la construction du nid chez les fourmis. On peut y trouver pourtant, comme l'a montré Huber, matière à d'intéressantes observations. Par exemple, le *Lasius niger* fabrique un monticule de plusieurs étages de chambres et tunnels. Chaque étage n'a qu'une dizaine de millimètres de haut avec un plancher et un plafond d'un millimètre d'épaisseur seulement ; le plafond est étayé par des colonnettes et des murailles. Quand ces insectes veulent construire un étage de plus, ils apportent des boulettes de terre au-dessus de l'étage le plus élevé et en constituent des murs, des piliers, puis une voûte. *Formica fusca* aboutit à un plan assez voisin, mais par une méthode bien différente. Les fourmis commencent par placer au-dessus du dernier étage une masse de terre compacte, qu'elles creusent ensuite en tranchées ; plus tard, les masses de terre qui subsistent entre les

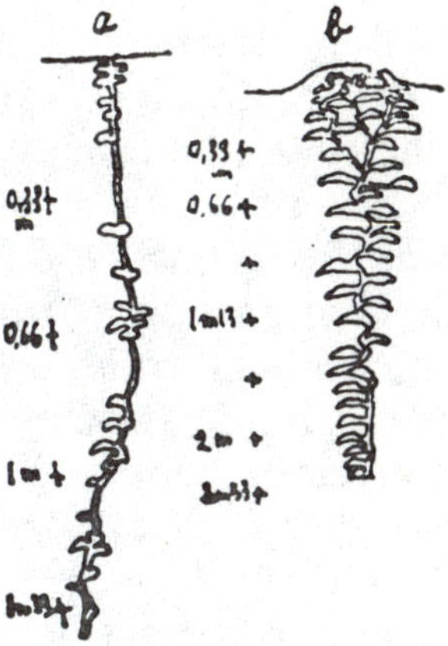


FIG. 22
Deux types de nids verticaux : a) *Prenolepis imparis* d'après Talbot, 1943) — b) *Pogonomymex badius* (d'après Wran, 1938).

tranchées seront exhaussées et pourvues d'un plafond. Comme le dit Sudd d'une manière imagée, « le nid de *Lasius* est constitué de murs et celui de *Fusca* de trous »...

Dans les nids du groupe *rufa-polyctena* (voir p. 59) formés d'un ensemble inextricable de chambres souterraines surmontées d'un dôme de branchages, on peut mettre en évidence de curieux phénomènes d'adaptation. Les Allemands en effet exportent de nombreux nids de fourmis rousses dans les Alpes italiennes, qui ne disposent pas d'assez de colonies pour assurer la protection de leurs forêts. Or les fourmis allemandes viennent de forêts de sapins et doivent construire leurs nouveaux dômes avec les aiguilles des pins et des mélèzes des Apennins. Elles ne s'y décident pas aussitôt, et franchissent au début de fort grandes distances pour retrouver les ramilles plus fines des sapins auxquelles elles sont habituées. Peu à peu, elles collectent quelques aiguilles de pin, mais se bornent à les placer à la base du dôme ; ce n'est que plus tard qu'elles les intégreront dans la masse. Pavan se demande si ces fourmis ont réellement adopté un nouveau matériau, ou si les jeunes issus du couvain né après la transplantation n'ont pas utilisé d'emblée les aiguilles de pin, tout simplement parce qu'ils n'en avaient jamais vu d'autres. C'est un petit fait, mais il n'est pas dépourvu d'importance, surtout si la première hypothèse est la bonne ; nous en pourrions conclure que si la *mémoire des fourmis est capable d'enregistrer les caractéristiques des matériaux habituels, leur comportement n'est pas aussi rigide* qu'on pourrait le croire, mais qu'il est susceptible de changement.

D'autres fourmis utilisent les *végétaux morts ou vivants*. Les premiers sont abondamment colonisés par une foule d'espèces, par exemple les fourmis rousses et les *Leptothorax*. A l'intérieur du dôme des fourmis rousses se trouve toujours une souche plus ou moins pourrie dont les fourmis utilisent toutes les cavités, non sans en pratiquer bien d'autres au cours des années. A la fin, la souche est réduite à une véritable dentelle de bois et la plupart des galeries s'ouvrent plusieurs fois les unes dans les autres. Les plus petites brindilles sont habitées par les petits *Leptothorax*. Les *Camponotus* utilisent les troncs d'arbre, en train de mourir ou morts, d'une manière bien différente. Elles excavent la partie molle des couches concentriques du bois en respectant la plus dure ; si bien qu'elles obtiennent pour finir une série d'immenses puits concentriques, dont *la hauteur peut atteindre dix mètres*, sans aucune cloison horizontale ; les larves sont accrochées çà et là sur les parois par des poils spéciaux.

Les *végétaux vivants* peuvent être habités par des *Colobopsis* dont les ouvrières major possèdent une tête très spéciale, énorme et aplatie. Ces grandes ouvrières ou soldats restent à l'intérieur du nid, et leur tête obstrue exactement la galerie d'accès : d'où l'on ne manque pas de s'étonner d'une adaptation aussi merveilleuse. Je veux bien m'étonner aussi, mais tout en faisant remarquer que dans le nid des fourmis rousses les entrées sont aussi très sévèrement gardées, bien que les ouvrières ne présentent, ni dans leur tête ni ailleurs, aucune particularité morphologique. Encore une fois ce qui protège l'entrée, ce n'est pas une adaptation spéciale, c'est le nombre des ouvrières et surtout leur instinct. On a tout de même beaucoup fabulé là-dessus, en imaginant un code de tapotements spéciaux sur la tête du « concierge », qui permettrait de se faire ouvrir. Ce n'est pas impossible ; mais d'autres espèces qui ont des habitudes similaires quant à l'ouvrière major qui garde l'entrée, mais, fait important, aucune adaptation morphologique du type *Colobopsis*, laissent leurs antennes à l'extérieur, ce qui leur permet de reconnaître aisément l'odeur des compagnons.

Un cas plus curieux est celui des *plantes myrmécophiles*, c'est-à-dire qui possèdent des logettes toutes aménagées, ou que les fourmis peuvent arranger à peu de frais, et qui sont toujours associées avec des fourmis de même espèce. Beaucoup de tiges de grand diamètre, mais dont la moëlle est friable, sont ainsi colonisées, non seulement d'ailleurs par les fourmis, mais par bien d'autres insectes. En tout cas, les plantes à fourmis ont généralement un aspect florissant, peut-être parce que les ouvrières les débarrassent de leurs parasites. Certains arbres, comme les *Cecropia* d'Amérique du Sud, sont souvent habités du haut en bas par les *Azteca muelleri* qui ont pris la place de la moëlle et qui semblent de plus se nourrir de petites excroissances, les *corps de Müller*, qui se

Fig. 23

Coupe de *Myrmecodia* de l'archipel Bismarck montrant les cavités du pseudobulbe où habitent les fourmis (d'après Dahl, in Wheeler).

trouvent à la base des feuilles. Une autre espèce, *Pseudomyrma,* se contente de loger dans les énormes épines des acacias d'Amérique du Sud, qui se gonflent comme des galles, bien qu'il ne semble pas que les fourmis y soient pour quelque chose. Une plante épiphyte de Java, *Myrmecodia,* possède un bulbe très renflé et creusé naturellement de nombreuses cavités ; c'est l'habitat favori d'*Iridomyrmex myrmecodiae* qui y dépose même ses excréments, et fournit sans doute ainsi un supplément d'azote à la plante. Certaines espèces n'hésitent même pas à coloniser des plantes entomophages comme les *Sarracenia* d'Amérique qui présentent des sortes de gourdes où les insectes qui s'y aventurent sont capturés et digérés. Il paraît que les fourmis qui s'y risquent n'échappent pas non plus à un sort fatal, sauf si elles ont choisi de vieilles gourdes plus ou moins sèches où elles peuvent prospérer, pendant que juste à côté les gourdes vertes et vivantes tuent des centaines de leurs congénères.

Des *nids de carton* sont fabriqués par certaines espèces, pas très nombreuses, de fourmis. Les *Azteca,* non contentes de la seule protection des plantes myrmécophiles, construisent à la place de la moëlle disparue un nid de carton mince. Dans nos régions, la fourmi cartonnière, c'est par excellence *Dendrolasius fuligiosus,* la fourmi noire des bois. L'édifice, très complexe, se constitue à partir de fibres de bois finement déchiquetées et mélangées de salive. Mais on n'a jamais pris la peine d'observer comment le *Dendrolasius* s'y prend. Passons de là aux grands nids arboricoles des *Crematogaster* africains, qui sont parmi les constructions les plus remarquables qu'édifient les fourmis. Ils sont constitués d'une multitude de logettes de carton et peuvent atteindre 1,75 m de haut sur

1,30 m de large. Le carton est parfois mélangé de matériaux terreux chez certaines espèces.

*Nids de soie.* Les nids des œcophylles ou fourmis fileuses sont répandus depuis le Queensland jusqu'à l'Afrique Orientale. Ils sont formés de feuilles rapprochées et assujetties par des fils de soie qui forment souvent des nappes très vastes. Il y a aussi des *Polyrachis* qui se servent au moins partiellement de soie pour renforcer leurs nids mais non pas avec le soin des œcophylles.

J'ai étudié ailleurs la manière dont celles-ci s'y prennent. Elle est particulièrement curieuse, car les ouvrières sont dépourvues de glandes à soie, et seules leurs larves en possèdent. Aussi s'en servent-elles comme d'une navette de tisserand : saisissant la larve dans leurs mandibules, elles touchent régulièrement les bords des feuilles en regard avec l'extrémité du canal séricigène, en y laissant à chaque fois un fil, et ce jusqu'à ce qu'une véritable toile soit constituée. C'est important parce qu'*il s'agit ni plus ni moins que de l'usage d'un outil,* et que les cas semblables sont très rares dans le monde animal. Important aussi parce qu'on admettait jadis que l'usage de l'outil constituait une preuve indubitable d'intelligence. Nous sommes devenus plus réservés, surtout depuis que nous nous sommes aperçus que la notion d'intelligence est difficile à définir et englobe toute une série de fonctions probablement très hétérogènes. D'autre part, il faut distinguer entre l'usage isolé, accidentel (probablement inné pour l'espèce) d'un outil, qui est utilisé par tout le monde sans perfectionnement ; et *l'emploi systématique d'une foule d'outils en perpétuelle évolution :* c'est cela seulement qui constituerait la preuve indubitable de l'intelligence mécanique. Or, chez les animaux, c'est le premier cas qui peut s'observer, à l'exclusion absolue du second. Les outils y sont très simples, employés toujours de la même façon, et encore sont-ils très rares : outre la navette des œcophylles, citons le caillou dont plusieurs hyménoptères se servent pour « damer » l'ouverture de leur terrier ; le fétu de paille avec laquelle le chimpanzé extrait les termites de leur trou ; l'épine dont le pinson des Galapagos se sert pour retirer les larves des fentes du bois ; le caillou que la loutre de mer empoigne pour casser les coquillages dont elle se nourrit ; le tampon qu'utilisent les oiseaux jardiniers pour se peindre la poitrine, et c'est à peu près tout ce qu'on a découvert, pour un nombre immense de familles et de comportements. Il semble donc bien que l'évolution ne se soit pas dirigée vers la construction des outils, l'homme excepté, évidemment.

Mais revenons aux œcophylles. Avant que la fileuse n'entre en action, des équipes d'ouvrières, en s'allongeant démesurément, en se grimpant les unes sur les autres, sont parvenues à atteindre le bord d'une feuille assez éloignée de celle à laquelle elles s'accrochent. Et aussitôt de longues chaînes de tractrices sont parvenues à la rapprocher. Là aussi, nous retrouvons un comportement typique de fourmi ou d'insecte social. Il serait bien naïf le profane qui admettrait une quelconque intelligence mise par les ouvrières dans leur travail. En réalité, lorsque la colonie est découverte, les ouvrières paraissent saisies d'un besoin de tirer, sur n'importe quoi. Nous avons déjà constaté cette incoordination foncière à propos du transport des proies chez les fourmis rousses par exemple. Cependant soulignons là aussi que *la tâche est finalement accomplie, vite et bien malgré le désordre désespérant des actes individuels.* Par exemple, si le nid se compose d'une seule feuille repliée, elle l'est toujours de manière à recouvrir le couvain et non pas

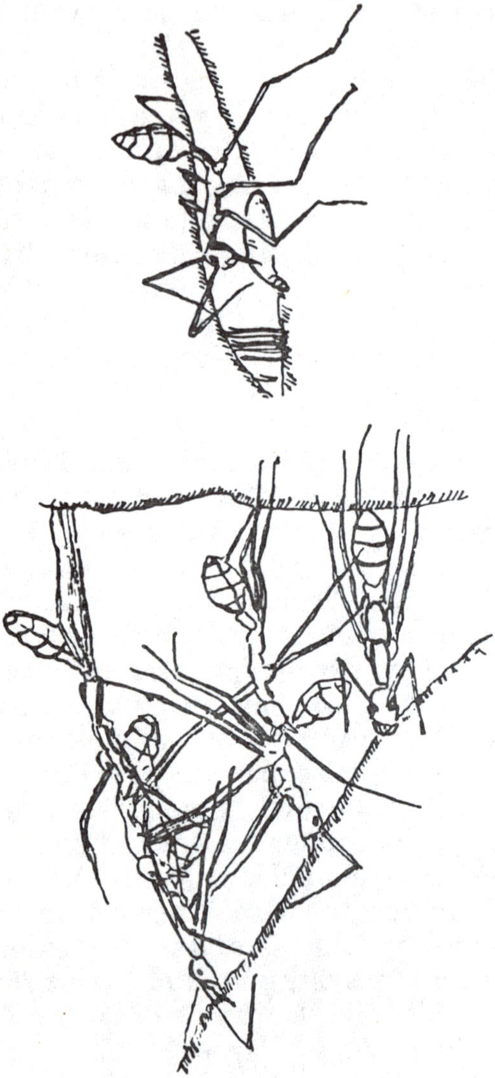

Fig. 24

Les œcophylles en train de rapprocher les bords de deux feuilles (à gauche). Une ouvrière utilise (à droite) une larve comme une navette pour poser des fils de soie (d'après Ledoux, 1949).

en sens opposé. Si bien que les tractions ne sont aléatoires qu'en apparence ; ou alors, leur « moyenne algébrique » n'est pas quelconque, mais orientée comme il le faut. Les œcophylles peuvent d'ailleurs utiliser toute espèce de feuilles, des plus minces aux plus larges (fig. 24).

*Les soins au couvain.*

Le propre de tous les insectes sociaux est de s'occuper de leurs petits en commun. A vrai dire ils ne sont pas les seuls parmi les insectes, où l'on trouve d'assez nombreux exemples de soins maternels. Chez les perce-oreilles et les courtillières par exemple, rien n'est plus curieux que de voir la mère s'occuper de ses œufs pendant des jours et des jours. En ce qui concerne le perce-oreilles, Lhoste a montré que la présence de la mère était indispensable à l'éclosion des œufs ; et si on l'enlève, ils ne tardent pas à se couvrir de moisissures. Sans doute la salive de la mère a-t-elle une action antibiotique, puisque des corps analogues sont couramment sécrétés parmi les insectes. Toutefois, ni forficule ni courtillière ne s'occupent des jeunes larves bien qu'elles ne manifestent aucune agressivité à leur égard.

Mais dans le cas des insectes sociaux, on ne peut pas dans la plupart des cas qualifier de *maternels* les soins donnés au couvain. En principe, dans certaines familles de fourmis les femelles ou reines s'occupent de leurs œufs dans la phase de fondation, quand la femelle est seule ; mais ce n'est pas général, et souvent la femelle doit se faire aider par des ouvrières de sa colonie ou d'une colonie étrangère... Quant aux ouvrières, elles ne sont nullement les mères des larves, mais tout au plus leurs sœurs ou demi-sœurs. Il arrive pourtant, comme nous l'avons vu, que les ouvrières de diverses espèces de fourmis puissent pondre des œufs susceptibles de développement, mais ils sont incorporés au couvain en général et ne sont pas soignés par leur mère.

D'ailleurs et contrairement à ce qu'on croit, les soins au couvain ne sont pas absolument généraux parmi les fourmis. Il y a des exceptions, par exemple chez les fourmis les plus primitives. Les *Myrmecia* par exemple ne lèchent pas leurs œufs, ni ne les maintiennent en amas. De même, les larves régurgitent très souvent par la bouche une gouttelette qui est avidement absorbée par les ouvrières ; mais cela ne se produit pas chez les ponérines archaïques. Il y a des nymphes nues chez diverses espèces, mais, chez les espèces à cocon comme nos fourmis rousses, les ouvrières aident les nymphes à déchirer la soie épaisse qui les empêche d'éclore. On ignore quel est le signal qui avertit les nourrices du moment où il convient d'ouvrir le cocon. Raignier a remarqué que si pour une raison ou une autre, les nymphes sont mortes, le cocon est pourtant déchiré de la même façon à la date habituelle de l'éclosion. Enfin, dans la famille primitive des ponérines, les nymphes se tirent d'affaire toutes seules.

On constate aussi un développement croissant des interactions sociales, non pas seulement en ce qui concerne les rapports adultes-larves, mais aussi quant aux rapports entre adultes. La trophallaxie ou échange de nourriture si répandue chez les fourmis supérieures, est peu développée chez les ponérines. De même on n'y voit pas cette activité encore énigmatique, quoique si commune chez les fourmis supérieures, le transport de certains adultes par d'autres.

*L'action des jeunes sur les adultes.*

D'autre part, et ceci chez tous les animaux jusqu'aux mammifères, les *soins aux jeunes ne sont jamais sans contrepartie,* en ce sens que les jeunes exercent une action très spéciale sur les adultes : l'œuf ou le poussin modifient profondément le comportement des oiseaux adultes; le jeune perturbe l'équilibre hormonal du mammifère qui le nourrit. Chez les fourmis également, le couvain est un facteur central du comportement de la fourmilière. Laissons de côté le rôle du couvain chez les fourmis chasseresses, qui règle tout le comportement de la colonie (page 101) ; mais même chez les autres espèces la cohésion sociale ne se maintient guère en l'absence de couvain ; ce sont surtout les larves dont les mouvements et les sollicitations alimentaires paraissent indispensables aux ouvrières ; ce qui n'est pas sans nous rappeler le cas des fourmis migratrices.

### *Comment les ouvrières fabriquent les reines.*

*Reines et ouvrières.* On retrouve chez les fourmis ce qu'on observe chez tous les insectes sociaux, à savoir une ou plusieurs reproductrices, improprement appelées reines, car elles ne dirigent rien du tout, et une masse souvent énorme (plusieurs millions) d'ouvrières qui ne sont ici que des femelles avortées. On ne trouve les deux sexes autour de la reine que chez les termites : on y distingue en effet des ouvrières et des ouvriers, tous les deux incapables de se reproduire, et dont les organes reproducteurs sont tellement réduits qu'il est difficile de les observer.

Il n'y a rien de bien particulier à dire sur l'ovaire de la reine de fourmis, qui se compose d'un nombre, plus ou moins considérable suivant les espèces, d'*ovarioles,* petits tubes où les œufs mûrissent progressivement d'avant en arrière.

Au cours du vol nuptial, une masse parfois énorme de sperme est emmagasinée par la reine qui s'accouple un grand nombre de fois ; le sperme restera vivant pendant les nombreuses années de ponte de la reine, une dizaine parfois, et restera capable de féconder de nombreux millions d'œufs.

Si l'on s'en rapporte aux fourmis rousses, les mieux étudiées et de beaucoup, on constate une curieuse différence entre les colonies *monogynes et polygynes*. Les reines des premières possèdent plusieurs centaines d'ovarioles, ce qui leur permet de pondre près de trois cents œufs par jour pendant cinq à six mois, de fin mars à septembre. Mais les reines des colonies polygynes n'ont que de 90 à 170 ovarioles et ne pondent qu'une dizaine d'œufs par jour ; *il est vrai qu'on peut trouver plus de* 5 000 reines dans une seule colonie, ce qui correspond à un taux d'accroissement formidable, de près de 9 millions de fourmis par saison. Comme les ouvrières vivent trois ans, il est clair que si tous ces œufs éclosaient réellement, nos bois seraient entièrement recouverts d'un tapis grouillant de fourmis. Mais un nombre important d'entre eux ne sont destinés qu'à nourrir les larves au premier stade. Cependant, dans les élevages expérimentaux de *polyctena*, où l'on peut facilement voir les œufs, j'ai souvent constaté qu'il y en avait assez pour emplir une cuiller à potage ; et j'entends bien « les œufs » et non pas les nymphes qu'on appelle communément « œufs » en France.

Chez l'ouvrière, l'ovaire atrophié présente en gros la même structure que chez la reine, mais ne comprend que de deux à six ovarioles ; les ouvrières major en ont plus que les minor. Ajoutons qu'en l'absence de reine, les ouvrières des espèces monogynes ou oligogynes peuvent pondre des œufs non fécondés qui donnent des mâles, alors que celles des espèces polygynes ne le peuvent pas ou du moins très rarement.

Toutes les ouvrières ne sont pas capables de pondre

des œufs, il faut pour cela que leurs ovarioles aient atteint un certain stade. A l'éclosion de l'adulte, ils sont à peine visibles, et ce n'est qu'entre le 11e et le 27e jour qu'ils atteignent leur développement maximum, avec présence d'œufs : mais normalement, ceux-ci ne sont pas pondus, mais se résorbent et tous leurs matériaux nutritifs repassent dans l'organisme de l'ouvrière ; il ne reste plus à leur place qu'un point jaune dans l'ovariole. Le processus de résorption est extrêmement variable suivant les ouvrières ; il peut demander des jours ou des mois...

Tout cela est extrêmement voisin, au nombre de jours près, de ce qui se passe chez l'abeille. De même également que chez les abeilles, les œufs fécondés donnent des femelles (reines ou ouvrières) et les non fécondés des mâles : c'est la *règle de Dzierzon,* bien connue chez les abeilles où cet auteur l'a découverte. Les phénomènes sont d'ailleurs plus complexes dans la ruche, puisque la reine jouit de l'extraordinaire propriété de pouvoir pondre à volonté des œufs d'ouvrières dans les petites cellules de cire et des œufs de mâle dans les plus grandes. Dans ce processus interviennent un appareil compliqué appelé la pompe à sperme, ainsi qu'une perception spéciale de la largeur de la cellule, qui ne peut se réaliser qu'à l'aide d'organes sensoriels tégumentaires. Chez les fourmis il n'en peut être tout à fait ainsi, puisqu'il n'y a pas de cellules. Mais toutefois la reine peut pondre des œufs de mâles à certains moments bien déterminés, par exemple au début de l'année pour les fourmis rousses. Il faut donc bien qu'elle exerce un certain contrôle sur l'insémination de ses œufs.

En tout cas, la règle de Dzierzon a été vérifiée chez trente espèces de fourmis, à l'exception peut-être de *Lasius*. Ici, les œufs pondus par les ouvrières, quoique non fécondés, peuvent donner des femelles, quoique cela soit fort rare. Otto soutient que cela peut se produire aussi chez *polyctena*, et même assez souvent. On a dit que chez une espèce d'abeille, *Apis capensis*, qui vit en Afrique du Sud, les œufs non fécondés peuvent aussi donner des femelles.

Mais dans le déterminisme du sexe intervient chez les fourmis rousses un facteur particulier qui tient aux caractères du nid. *Les grosses colonies, bien chauffées par le soleil, donnent surtout des femelles ; les moins fortes, à l'ombre, des mâles.* On peut d'ailleurs forcer les premières à fournir des mâles en les ombrageant artificiellement. La reine, au-dessous de 20°, pond des œufs non fécondés, et au-dessus des œufs fécondés ; et plus la température est basse (jusqu'à 15°) plus grand est le pourcentage des œufs non fécondés. Encore tout cela n'est-il vrai qu'au sortir de la période hivernale ; car en été la ponte continue entre 8° et 30° et il ne naît que des ouvrières.

### *Œufs de reines et œufs d'ouvrières ?*

Mais, de même d'ailleurs que chez les abeilles, on peut se demander pourquoi des œufs apparemment identiques donnent les uns des reines et les autres des ouvrières. Cela provient-il d'une propriété particulière de l'œuf ? autrement dit, est-il bâti dès la ponte pour donner une reine ? Ou bien au contraire, comme chez les abeilles, s'agit-il d'un œuf ordinaire qui évolue en larve destinée à devenir ouvrière, à moins qu'on ne lui administre une nourriture spéciale (la gelée royale chez les abeilles) ?

Chez les fourmis, la réponse à cette question n'est pas simple. Nous trouvons ici une plus grande laxité et une plus grande complication des mécanismes biologiques et sociaux ; et nous verrons plus d'un exemple de ce caractère particulier des fourmis. D'abord, les œufs d'été et d'hiver sont différents. Les seconds sont entourés de grosses cellules nourricières qui ne dégénèrent que tardivement, et l'œuf, long de 0,73 mm, pèse 0,059 mgr ; les œufs d'été au contraire n'ont que peu de cellules nourricières et qui dégénèrent rapidement, si bien que leur longueur atteint seulement 0,62 mm et leur poids 0,045 mgr. On observe de plus dans l'œuf une différenciation bien particulière qu'on appelle le « plasma polaire » (*Polplasma* des Allemands). Il forme à l'arrière de l'œuf d'hiver une masse de 6 500 millièmes de millimètre cube, très riche en acide ribonucléique ; mais chez l'œuf d'été elle n'en atteint que 800. Ainsi, l'œuf d'hiver serait prédéterminé à donner des reines ; cependant il ne s'agit pas d'une détermination « blastogénique », comme l'entendent d'habitude les généticiens, car elle ne correspond à aucune particularité des chromosomes, mais *seulement à des conditions particulières de la nutrition de la reine.* Et d'ailleurs, cette détermination n'est pas irréversible. Les facteurs nutritifs peuvent jouer, semble-t-il, *aussi bien après qu'avant la ponte :* si au premier printemps la nourriture est pauvre et inadéquate, les œufs d'hiver ne donneront que des ouvrières. Quant aux œufs d'été, ils peuvent survenir au moment où règne l'abondance et où les larves qui en proviennent sont abondamment nourries. Elles formeront dans ce cas des formes intermédiaires entre la reine et l'ouvrière.

*Une nourriture spéciale pour les reines.* Mais il nous faut encore compliquer ce schéma. Gösswald et Kloft ont montré que non seulement la quantité mais la qualité de la nourriture n'est pas la même chez les larves de reines et d'ouvrières. Les larves d'ouvrières reçoivent plutôt la régurgitation du jabot, alors que les nourrices administrent aux sexués le contenu des grosses glandes labiales qui s'étendent jusque dans le thorax. C'est à l'aide des radio-isotopes que Gösswald et Kloft s'en sont rendu compte, par la technique de l'autoradiographie. Je l'ai vue pratiquer dans un des services de notre centre nucléaire, et rien n'est plus curieux. Les produits radioactifs stockés par les différents organes sont capables d'impressionner la plaque photographique, et d'autant plus que le radio-isotope s'y trouve plus concentré. Lorsqu'un rat les a absorbés, il suffit de le geler tout entier à — 40° puis de le couper à la scie dans le sens de la longueur ; on obtient une section parfaitement nette et très fine de tout l'organisme, avec ses organes en place ; et il ne reste plus qu'à appliquer dessus une plaque photographique pour obtenir une autoradiographie. Or on peut faire de même avec un insecte.

Dans ces conditions Gösswald et Kloft ont remarqué que la nourriture était d'abord stockée dans le jabot des fourmis, et passait lentement dans l'intestin pour entrer enfin dans le métabolisme général. Elle se concentre spécialement dans les glandes labiales. Si alors, à une ouvrière qui n'a encore entreposé le radio-isotope que dans son jabot, on présente une autre ouvrière ou une larve, toutes les deux affamées, elle leur distribue le contenu de son jabot et elles partagent bientôt sa radioactivité. Mais si on la met en contact avec une larve de reine ou une reine adulte, elle les nourrit de la même façon : mais elles ne deviennent pas radioactives, parce que ce n'est pas le contenu du jabot qu'elles ont reçu, mais celui des glandes labiales.

Ces glandes labiales se développent beaucoup (ainsi que les autres glandes céphaliques, mais à un moindre degré) pendant la période printanière d'insolation, lorsque les fourmis montent à la surface du dôme se chauffer au soleil ; c'est justement à ce moment que débute l'élevage des reines. Mais au-dessus de

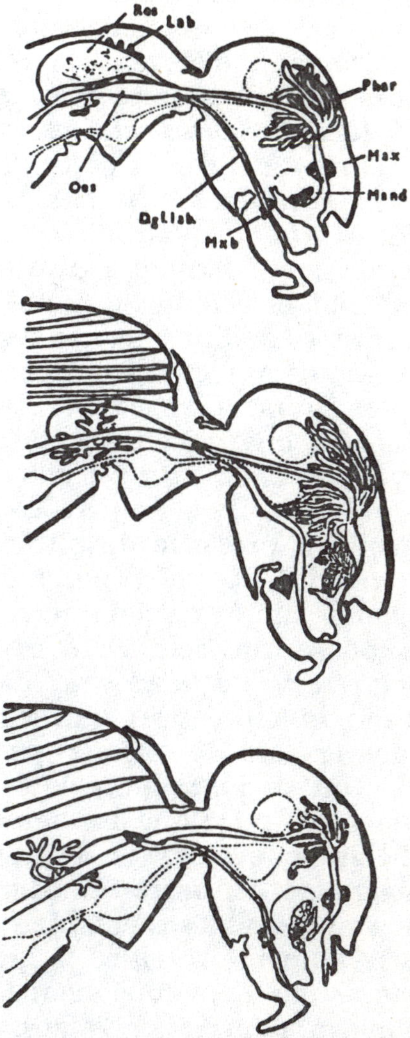


FIG. 25

**De haut en bas. Tête de *F. rufa* ouvrière, de reine et de mâle. Mand : glande mandibulaire ; Max : gl. maxillaire ; Phar. : glande pharyngienne ; Lab. : glande labiale et son réservoir Res ; Dgl lab. : canal des glandes labiales ; Mxb : glande de la base des maxilles ; Oes : œsophage (d'après Bausenwein).**

20°, l'activité des glandes labiales décroît rapidement en quelques semaines ; corrélativement, les ouvrières ne sont plus en état d'élever des reines. Toutefois, chez certaines fourmis rousses qui reprennent en été un second élevage de sexués, les glandes labiales manifestent alors un regain d'activité (fig. 25).

*La concurrence alimentaire.* Les larves de sexués exigent une si grande quantité de la sécrétion des glandes labiales qu'il n'est pas possible d'en obtenir l'élevage en colonies réduites à moins de trente individus, et encore à condition que la reine soit absente. En présence d'une reine, les exigences alimentaires sont bien plus grandes ; chez *Formica nigricans*, il faut au moins 600 ouvrières pour obtenir l'élevage du couvain royal ; et chez *rufa* ou *polyctena*, avec une seule reine présente, il en faut 3 500. On se demande alors comment en présence de plusieurs milliers de reines, les colonies de *polyctena* arrivent encore à fabriquer chaque année de nombreux sexués.

Gösswald pense que cela vient *de la retraite des reines loin du reste de la colonie*, dans les endroits les plus frais du nid, après qu'elles ont « pris le soleil » comme tout le monde pendant quelques jours. Et de fait si dans une colonie expérimentale on crée une zone refroidie, les reines viennent s'y blottir et l'élevage des larves de sexués commence aussitôt. Mais que se passe-t-il exactement ? Deux hypothèses sont possibles : ou bien il s'établit une indépendance alimentaire entre le groupe des reines et les ouvrières qui l'accompagnent (car il faut bien qu'on continue à nourrir les reines, puisqu'elles ne cessent pas de pondre) ; on pourrait sans doute vérifier cette indépendance à l'aide des radio-isotopes que l'on distribuerait au groupe des reines et qui ne devraient pas passer dans le reste de la colonie. Ou bien l'éloignement des reines affaiblit l'effet sur les ouvrières de leur odeur, qui aurait la propriété d'empêcher la procréation de nouveaux sexués. Cette influence de l'odeur de la reine est bien connue chez les abeilles, et plusieurs composantes en ont même été isolées chimiquement. Mais chez les fourmis les reines ne paraissent pas avoir une telle influence ; d'ailleurs elles n'attirent pas aussi énergiquement les ouvrières vers elles que le fait la reine abeille, et surtout pas chez les espèces polygynes, comme *Formica polyctena*. Bref, jusqu'à présent, l'influence de l'odeur de la reine des fourmis n'est pas clairement démontrée.

Ajoutons enfin, que, comme chez les abeilles, l'orientation des larves vers « l'avenir royal » ne peut se faire que jusqu'à un certain moment qui se termine 72 heures après l'éclosion de l'œuf (à 27°). Les mâles se développent dans des conditions comparables à celles des femelles, à partir des œufs d'hiver non fécondés.

*Combien de temps faut-il pour faire une fourmi ?* Cela dépend évidemment des espèces. Dans le cas des fourmis rousses il faut, à 23°-27°, treize jours pour que les œufs éclosent ; les larves se nymphosent huit jours après l'éclosion, et à 30°, les nymphes se transforment en insecte parfait quatorze à seize jours plus tard, soit 37 jours en tout.

Tout ce qui vient d'être dit s'applique aux fourmis rousses. Mais il semble qu'il s'agisse d'un schéma assez général. Chez *Myrmica*, qui a été particulièrement bien étudiée par Brian, la reine doit jouer aussi un rôle inhibiteur sur la procréation d'autres sexués mais il n'est pas beaucoup mieux élucidé que chez les fourmis rousses. Tout ce qu'on peut dire, c'est que la présence d'une reine réduit la taille des œufs dans les ovaires des ouvrières et agit sur la croissance des larves ; la seule odeur d'une reine morte n'a pas cette influence, sauf si on présente aux ouvrières des reines mortes à intervalles réguliers et rapprochés. Quant à séparer la reine des ouvrières par une paroi de toile métallique, afin d'étudier le mécanisme de son action, la perturbation causée est si grave qu'elle interdit toute conclusion. D'autre part, on voit apparaître dans les colonies orphelines depuis longtemps des ouvrières pondeuses très agressives et qui s'opposent absolument à l'introduction d'une nouvelle reine ; sauf toutefois si l'on donne à chacune trois larves à nourrir : alors elles ne pondent pas et leur comportement vis-à-vis d'une nouvelle reine est amical.

Quant à leurs possibilités d'évolution, il semble que les larves puissent évoluer dans le sens « reine » ou dans le sens « ouvrière » jusqu'à un certain moment du troisième stade, que Brian repère avec précision par le déplacement progressif du cerveau larvaire, qui recule peu à peu vers les segments thoraciques et qu'on peut facilement apercevoir par transparence. Tout dépend alors d'une série de facteurs : l'époque de l'année par exemple. Au printemps un fort pourcentage de ces larves, dont une partie ont subi d'ailleurs un arrêt de développement pendant tout l'hiver (diapause) ont de fortes chances de devenir reines. Les ouvrières agissent aussi sur le phénomène, et leur métabolisme n'est pas le même suivant la saison ; les ouvrières de printemps par exemple induisent un développement continu chez les larves, alors que les ouvrières d'automne provoquent la diapause chez presque toutes.

Mais chez les fourmis fileuses, les phénomènes ne se déroulent pas de la même façon. Comme Ledoux l'a montré, la reine et les ouvrières pondent tout aussi bien ; les œufs des ouvrières ne suivent pas la loi de Dzierzon qui s'applique chez les abeilles et suivant laquelle les œufs non fécondés donnent des mâles et les œufs fécondés des femelles ; c'est-à-dire que quoique non fécondés ils donnent néanmoins naissance à des femelles, reines ou ouvrières. Quant à la reine, ce n'est pas elle qui procrée les œufs qui donneront de futures reines ; elle ne fabrique que des ouvrières. Les mâles naissent dans les compartiments éloignés du nid principal, où la reine ne vient jamais, et à partir d'œufs d'ouvrières. On pourrait sans doute admettre alors que le rôle de la reine réside dans l'*inhibition de la procréation des mâles.* Les ouvrières sont d'ailleurs de deux tailles dans cette espèce, les minor se confinant dans le rôle de nourrices et les major dans celui de fourrageuses. Il semble s'agir ici d'une régulation alimentaire, car une reine isolée sans nourrices ne donne que des ouvrières minor ; alors que si elle dispose de nourrices dès le début, elle procrée à la fois des major et minor.

*La division du travail.*

C'est un trait essentiel des sociétés d'insectes, mais il est encore l'objet de maintes discussions.

Rappelons succinctement ce qui se passe chez les abeilles. Rösch, il y a bien des années, a d'abord émis une théorie assez bien tranchée, suivant laquelle la division du travail dépendait de l'âge des ouvrières : elles étaient d'abord nourrices, puis cirières, nettoyeuses, butineuses et enfin gardiennes. Puis Lindauer prouva que ces catégories n'étaient pas si nettes, et que certaines ouvrières en sautaient une ou davantage : une abeille peut fort bien se retrouver butineuse sans jamais avoir été cirière. En réalité, se sont les besoins de l'ensemble de la ruche qui règlent la répartition des différentes catégories sociales, et par des mécanismes que nous ne connaissons qu'imparfaitement. L'un d'eux consiste certainement dans l'échange continuel, bouche à bouche, des matériaux alimentaires : il met les ouvrières à même d'apprécier à tout moment la nature et l'abondance du contenu de l' « estomac social ».

Toute recherche relative à la division du travail suppose un marquage des sujets, qui deviennent ainsi individuellement reconnaissables. Cela ne présente aucune difficulté chez les abeilles et von Frisch a établi les principes d'un marquage à l'aide de taches colorées où tête, thorax et abdomen notent respectivement les unités, les dizaines et les centaines. En combinant les couleurs, on arrive alors à marquer plusieurs centaines d'ouvrières.

Cela est beaucoup plus difficile chez les fourmis rousses, notablement plus petites ; cependant Otto y est parvenu, en leur collant sur l'abdomen des lettres et des chiffres qui n'ont pas l'air de les gêner beaucoup. Certains autres sont allés jusqu'à leur passer autour du pétiole de petits bracelets métalliques !

*Service intérieur. Service extérieur.*

Les résultats sont assez compliqués. D'abord, on distingue trois catégories d'ouvrières : les *spécialistes stricts* qui se livrent à la même activité pendant des mois entiers (par exemple le trayage des pucerons) ; et, à l'opposé, des *instables* qui changent continuellement. Enfin, entre les deux, *un grand nombre d'ouvrières ne montrent qu'un degré restreint de spécialisation.* Mais toutes les fourmis ont tout de même un point commun, c'est que pendant la première période de leur vie elles restent au nid, et ne vont fourrager à l'extérieur que pendant la seconde et dernière période. Quant au moment précis de la transition de l'intérieur à l'extérieur, il est excessivement variable. Certains individus ne restent au nid que trois à quatre semaines ; d'autres ne l'ont pas encore quitté au bout d'une année entière. Si bien qu'au début de la période des éclosions (début juin) il y a des ouvrières qui feront partie du service extérieur la même année et d'autres qui attendront pour cela le deuxième été de leur vie.

Mais à l'extérieur du nid la spécialisation paraît parfois si lâche qu'il s'est rencontré des auteurs comme Œkland et Kiil pour soutenir qu'elle était quasiment inexistante. Ils procédaient en marquant, le long d'une piste de fourmis rousses, chaque ouvrière d'une couleur différente suivant la tâche à laquelle ils la trouvaient occupée ; transport des proies, des brindilles, soin des pucerons, etc. Mais ils constatèrent dès le lendemain la totale absence de corrélation des couleurs avec les tâches de la veille. Mais Otto reprend ces recherches en ne s'intéressant qu'aux secteurs limités et terminaux où il voit les fourmis occupées : par exemple le soin d'une colonie déterminée de pucerons sur un rameau ou encore un territoire de chasse très étroit que rien n'empêche d'approvisionner en chenilles par exemple. En marquant les ouvrières, il en trouve alors qui font preuve d'une constance remarquable, pendant plus d'un mois par exemple ; certaines ont fréquenté pendant 43 jours le même groupe de pucerons sis à quarante mètres du nid.

*L'énorme différence des réactions individuelles.*

Arrivé à ce point de ses recherches Otto met à jour une particularité du comportement des fourmis à laquelle j'attache pour ma part une grande importance ; et peu s'en faudrait que je ne soutienne que toute l'organisation sociale des fourmis repose sur elle : c'est l'énorme différence des réactions individuelles. Si par exemple Otto propose à une trayeuse de pucerons une proie vivante ou un cocon de sa propre espèce, elle ne s'en soucie aucunement ; et Dieu sait pourtant si un cocon constitue pour les ouvrières un stimulus puisant. On découvre encore mieux cette hétérogénéité des réactions en observant, comme Otto l'a fait encore, les fourmis qui s'attaquent à une proie ou qui sucent une assiette de sirop. Il présente par exemple une chenille à 160 ouvrières ; et il n'en trouve que 25 % qui combattent jusqu'à la tuer ; mais 33 % ne luttent pas jusqu'au bout ; 25 % n'attaquent même pas, et 17 % reculent comme si elles étaient effrayées. Sur 455 ouvrières qui suçaient du sirop 38 % l'abandonnèrent bien avant le remplissage complet de leur jabot. Et sur 1 527 fourmis auxquelles Otto présenta un cocon 25 seulement le transportèrent, alors qu'il venait de leur propre colonie. Signalons en passant que des cocons d'une colonie étrangère ne furent pris en charge que par dix ouvrières seulement. Certains auteurs ont soutenu que les cocons (et les jeunes qui viennent d'en éclore) sont acceptés indifféremment par toutes les colonies, parce qu'ils ne possèdent pas d'odeur sociale ; voilà sans doute la preuve du contraire : les ouvrières semblent bien les distinguer les uns des autres.

Insistons encore sur cette hétérogénéité fondamentale parce que je me réserve d'en tirer à la fin de ce livre des conclusions qui vous surprendront sans doute. Otto en voit bien l'importance d'ailleurs ; il raconte avoir observé un jour deux fourmis qui venaient d'éclore en même temps, côte à côte, dans la même colonie ; et il leur présenta un stimulus très puissant, une larve affamée ; l'une d'elles seulement s'en occupa et l'autre n'y prêta aucune attention.

L'influence de l'âge n'est donc pas ici essentielle ; or, on sait depuis bien longtemps que chez les abeilles la spécialisation des tâches dépend de l'âge, et que ce sont toujours par exemple les jeunes ouvrières qui s'occupent de nourrir les larves.

*Les ovaires, les glandes nourricières et la spécia-*

*lisation*. Rappelons tout de même un point précis, dans ce tableau assez flou de la division du travail : une certaine influence de l'âge sur le travail soit à l'intérieur, soit à l'extérieur. Quant à la taille, elle n'a guère de corrélation avec le type de tâche, bien que chez les fourmis rousses les ouvrières minor participent rarement au transport des proies, et préfèrent s'occuper des larves ; les plus petites (minima) restent toujours au nid. Toutefois, chez *Formica sanguinea*, étudiée par Dobrzanska, c'est le contraire : major s'occupe des larves et minor de la chasse.

Mais Otto a trouvé un trait précis quoique inattendu, qui se montre en corrélation exacte avec le type de service, intérieur ou extérieur : c'est le développement des ovaires et de certaines glandes. Nous avons déjà vu que les ovarioles des ouvrières manifestent un cycle particulier : elles commencent par se développer beaucoup, avec production d'œufs, pour se résorber ensuite. Mais la durée de ce cycle et de ses différentes phases n'est pas du tout la même suivant les individus. Très généralement, les fourmis du service intérieur ont de gros ovarioles avec des œufs et elles ne sortent pas du nid tant que la phase de résorption n'est pas achevée. Si par des artifices expérimentaux on provoque une accélération de cette dégénérescence, on avance également le moment où l'ouvrière ira travailler à l'extérieur. Or dans les conditions naturelles la dégénérescence commence au bout de quelques semaines ou au bout d'un an. On retrouve chez les abeilles ces rapports entre les ovaires et le comportement ; là aussi, les ovarioles des butineuses sont tout à fait régressés, sauf dans un cas, celui des ouvrières pondeuses ; en l'absence de la reine, les ovaires des ouvrières grossissent beaucoup et elles commencent à pondre des œufs non fécondés, qui donneront par conséquent des mâles ; et ceci ne les empêche pas de sortir. Mais dans la ruche normale, les ouvrières à gros ovaires sont les plus jeunes et elles restent au nid. Les glandes maxillaires, qui sont homologues des glandes pharingiennes nourricières des abeilles, sont assez nettement régressées chez les fourmis du service extérieur ; il en est de même pour les grosses glandes labiales, qui ne paraissent pleinement fonctionnelles que dans le service intérieur ; les autres glandes, mandibulaires et post-pharyngiennes ne montrent pas de différence. Evidemment tout ceci doit tenir à des particularités individuelles dans les régulations hormonales.

La science des hormones des insectes a fait au cours de ces dernières années des progrès foudroyants sur lesquels il ne m'est pas possible de m'étendre ici. Je rappelle toutefois qu'un groupe d'organes bien particuliers situés derrière le cerveau, les *corpora allata,* jouent dans la régulation hormonale un rôle particulièrement important. Or, chez nos fourmis rousses ils paraissent dans le même état chez toutes les ouvrières; mais cela peut tenir au peu de finesse de nos moyens d'investigation.

*Les seuils différents. d'activité.*

En bref, la division du travail n'est pas très réelle ; il y a bien des individus relativement peu nombreux voués à des tâches définies ; mais la plupart manifestent simplement en présence d'une foule de tâches, des seuils très différents du voisin. Otto cite par exemple l'attaque d'un ennemi qui abîme le dôme : naturellement les constructrices, dont le seuil individuel est très bas pour la manipulation des brindilles, vont aussitôt réparer le dommage ; mais le choc, et probablement aussi la déperdition de chaleur qui s'ensuit poussent à la construction une foule d'ouvrières de renfort qui seraient restées normalement insensibles à tous les stimuli liés aux brindilles du dôme. Ce qui nous impose déjà une première conclusion dont nous verrons plus loin tout ce qu'on peut tirer : pour que la société des fourmis fonctionne convenablement, *il faut qu'elle soit nombreuse* de manière à ce qu'il existe en face de chaque tâche un nombre raisonnable de chances pour que le seuil d'une certaine quantité d'ouvrières soit assez bas pour l'accomplir. Et ceci appelle un corollaire inattendu ; les *fourmilières qui montreront le psychisme le plus varié seront les plus nombreuses et inversement.* C'est bien ce qu'on observe dans la nature, où l'agriculture n'est apparue que chez les Atta au nid énorme ; et l'élevage du bétail que chez les fourmis rousses, sans doute les plus nombreuses de toutes les fourmis pour une même colonie (voir page 274).

Il convient d'insister sur cette variabilité des réactions (1).

*Le polyéthisme.* Ce qui est difficile à comprendre dans une colonie de fourmis ou de tout autre insecte social, c'est *la part jouée par les stimuli* extérieurs et par *la réaction de chacun.* Sudd en donne quelques exemples si évidents que personne n'a songé à les méditer ; par exemple, si le couvain est attractif pour les fourmis, ce qui est sûr, comment se fait-il

(1) Mais si la division du travail n'est plus bien stricte chez les fourmis rousses, il n'en est pas de même chez toutes les fourmis. Une vieille observation de Lubbock le montre bien. Il conserva dans un nid artificiel 200 ouvrières de *Formica fusca* pendant près d'un an ; et il n'y en eut jamais que neuf, toujours les mêmes, qui sortaient chercher de la nourriture dans le monde extérieur.

Soulignons enfin que le caractère fort lâche de la division du travail s'oppose à la *fidélité au lieu* qui ne se borne pas au même arbre par exemple, mais au même fragment du même rameau d'un certain arbre. Et cette fidélité se maintient d'une année sur l'autre.

que quelques-unes quittent pourtant le nid pour aller fourrager ? Et si les fourmis affamées partent en quête de provende, pourquoi toute la colonie ne les accompagne-t-elle pas ? Si des fourmis construisent un dôme de brindilles, pourquoi les bâtisseuses ne constituent-elles jamais qu'un faible pourcentage, alors que la majorité de leurs compagnes ne s'en mêle pas ? etc., etc... Tout le secret est que dans n'importe quelle colonie, il n'y a probablement pas deux individus susceptibles de réagir en même temps, de la même façon au même stimulus ; certains stimuli ne doivent même être perçus que par une petite minorité d'ouvrières.

Cela dit, on peut distinguer avec Sudd le *polyéthisme de caste* tout d'abord. Chez *Pheidole, Messor*, et bien d'autres espèces, on trouve des ouvrières minor et major (ces dernières improprement appelées soldats). Nous avons vu que les soldats ne sont pas plus agressifs que les autres ; leur rôle ne consiste pas du tout à défendre la colonie. De plus, très souvent, la différence de comportement entre ouvrières de différentes tailles n'est qu'une question de degré, et n'est guère facile à définir : souvent par exemple, mais pas toujours, les major ne vont pas fourrager, et les petites colonies ne fabriquent que des minor. Chez d'autres espèces les plus petits des minor (les minima) ne quittent jamais le nid et s'occupent du couvain. Il en est de même chez les bourdons, et lorsqu'on ouvre un nid de ces insectes il est surprenant d'y trouver des bourdons minuscules, au moins cinq fois plus petits que ceux du dehors, et qu'on ne voit jamais à l'extérieur. D'autre part, très souvent les major sont plus versatiles dans leurs tâches : Goetsch cite ainsi des Messor qui changèrent dix-neuf fois d'occupation en dix jours, alors que des minor n'en changèrent que deux fois ; on a retrouvé cette instabilité particulière chez *Formica polyctena* et *Pheidole.*

Le *polyéthisme suivant l'âge* est fort bien connu chez l'abeille, dont les jeunes sont nourrices et les vieilles butineuses et gardiennes. Il en est à peu près de même chez les fourmis ; les jeunes ouvrières restent au nid, s'occupent de la reine et du couvain et s'abstiennent de fourrager ; elles sont d'ailleurs très timides et s'enfuient au moindre stimulus inhabituel. Les vieilles ouvrières par contre, habituées aux risques du dehors, sont beaucoup plus enclines à l'examen des objets qui se trouvent sur leur chemin, et leur réaction habituelle à l'agression est l'attaque : n'oublions pas que les insectes sociaux sont les seuls à tenir tête à l'homme. Mais, phénomène passionnant et malheureusement bien mal étudié, *certains éléments du comportement apparaissent plus rapidement chez les jeunes lorsqu'elles sont avec les vieilles,* si bien que les anciens auteurs pensaient qu'elles profitaient des leçons des fourmis âgées. Ce serait trop beau ; et bien que je sois assez disposé à croire les fourmis capables de tout, je n'admettrais pas cela sans de bonnes preuves. En tout cas la présence des vieux accélère le développement ovarien des jeunes ; on sait (voir page 164) qu'il y a un cycle du développement ovarien suivant l'âge chez les fourmis comme chez les abeilles ; comme certains changements de comportement sont en corrélation avec l'état des ovaires, il est probable que les vieilles fourmis n'instruisent pas les jeunes à imiter leurs actes, mais accélèrent simplement leur maturation physiologique, ce qui entraîne une maturation plus rapide de leur comportement. (Otto, 1958.)

Là aussi, le polyéthisme suivant l'âge n'est pas strict, et ce n'est pas l'âge qui règle seul le travail des jeunes à l'intérieur de la colonie. Notons aussi qu'il n'y a pas de cour permanente autour de la reine, et les ouvrières qui l'accompagnent changent souvent (comme chez les abeilles d'ailleurs). On ne sait guère ce qui transforme une fourmi en spécialiste de telle ou telle tâche ; peut-être s'agit-il d'une disposition innée ; ou du fait qu'à une certaine période critique au premier âge la fourmi a dû assumer une tâche particulière qui s'est fixée dans son comportement. A l'extérieur aussi, certaines ouvrières sont beaucoup plus enclines à la chasse qu'à la collecte du miellat.

*La différence d'excitabilité* qui est à la base même du polyéthisme se voit bien en élevage dès qu'on heurte le nid par exemple : chez *Myrmica scabrinodis,* ce sont les ouvrières foncées, les plus âgées, qui commencent les premières à courir çà et là et les dernières à s'agiter sont les plus pâles (les plus jeunes). Chez *Formica fusca,* Wallis montre qu'un choc sur le nid ne fait sortir qu'un petit nombre d'ouvrières, toujours les mêmes, qui sont aussi les premières à aller chercher de la nourriture ; d'autres ne sortiront qu'en cas de perturbation beaucoup plus forte, mais accepteront volontiers de la nourriture des fourrageuses. Un troisième groupe enfin, non seulement ne sort pas, mais n'accepte que difficilement de la nourriture. Ce groupe se rattache aux nombreuses ouvrières qui ne font rien, sauf peut-être emmagasiner de la nourriture (voir page 200). Il est vrai que si la colonie est affamée, la proportion des ouvrières actives augmente fortement, et que la distribution de nourriture réduit par contre l'activité. Il semble donc que, comme chez les abeilles, ce soient les besoins de la colonie qui règlent la proportion des ouvrières occupées aux différentes tâches. Les ouvrières de *Formica polyctena* par exemple, commencent plus tôt à fourrager si les groupes sont formés uniquement de jeunes du même âge. Chez *Myrmica scabrinodis* dont la couleur permet un repérage précis de l'âge, les jeunes (clairs) prêtent plus d'attention au couvain lorsque des ouvrières plus âgées se trouvent avec elles.

Ceci nous amène au problème, non résolu, *de l'initiative* et *de l'imitation.* Bien entendu, je ne veux pas parler d'initiative consciente, au sens humain du terme, mais encore et toujours, de différences de réactivité. Il semble bien par exemple que lorsqu'une ouvrière commence à charrier des cocons, elle « attire l'attention » des voisines qui ne tardent pas à l' « imiter ». Mais si j'y mets des guillemets, c'est parce que je ne suis pas très sûr que ces termes soient bien à leur place ici. Quoiqu'il y ait pourtant une observation troublante, jamais refaite, hélas ! l'expérience de Chen.

*L'expérience de Chen.* En 1937, ce biologiste chinois observait des *Camponotus;* il ne tarda pas à constater que deux travaillent plus vite à creuser la terre qu'un seul, mais que l'avantage excède notablement le facteur deux. Des deux fourmis, l'une est souvent plus active que l'autre et le reste pendant les quelques jours que dure l'observation. De plus, une fourmi « paresseuse » creuse davantage quand on l'associe à une autre plus active. Et Sakagami, à une époque bien plus récente, a noté aussi que les groupes nombreux de *Formica fusca* ou *sanguinea* creusent plus vite que les petits groupes...

## CHAPITRE V

# LES TARES ET LES ENNEMIS DE LA CITÉ

*Les parasites et prédateurs — Les droguées — L'esclavagisme.*

### *Hôtes parasites.*

Une des particularités les plus ahurissantes des fourmis, qu'elles ne partagent (à ce degré-là) qu'avec les termites, est la présence à l'intérieur du nid d'une foule d'hôtes parasites qui les grugent ou même parfois dévorent le couvain et les ouvrières elles-mêmes. Cependant, elles les tolèrent parfaitement et même, comme nous le verrons plus loin, elles assistent au massacre d'un congénère sans réaction aucune ; il est vrai que la victime elle-même se laisse dévorer sans se débattre ni chercher à s'enfuir. Sans aller jusque là, certains hôtes sont seulement tolérés. Parmi eux, de nombreux acariens, des collembolles, de petites blattes comme celle qui hante les jardins à champignons des *Atta ;* ou des lépismes effrontés du genre *Atelura* qui ont le toupet de se glisser entre deux fourmis qui échangent de la nourriture et de happer au passage la gouttelette liquide. Il y a même un moustique qui en fait autant : il se poste au bord des pistes pleines d'ouvrières qui rentrent au nid gonflées de miellat et il leur en tire une gorgée en leur tapotant vigoureusement la tête. D'autres hôtes, plus nombreux, se bornent à lécher le corps des fourmis qui se laissent faire.

Dans les terriers des fourmis du désert, Bernard rencontre une foule de commensaux qui se sont arrangés pour découvrir chez les fourmis le seul point humide à des centaines de mètres à la ronde. Enfin, notons qu'une série d'hôtes aveugles, fragiles et très peu féconds paraissent ne pouvoir vivre que dans la fourmilière, comme le petit grillon *Myrmecophilus*, qui ne pond qu'un œuf par an... D'autres parasites se collent aux ouvrières et sucent leur sang, comme le tout petit coléoptère *Thorictus foreli*, qui se fixe à la base des antennes des *Cataglyphis*, perce leur tégument et se gorge de sang. Ou encore des vers *Mermis*, qui vivent à l'intérieur de leur hôte dont ils paraissent développer monstrueusement l'appétit ; de plus, la fourmi prend une forme intermédiaire entre un soldat et une ouvrière ordinaire. De ces hôtes, le nombre est incroyable, puisque Wasmann en énumérait déjà en 1894, 1 246 espèces comprenant 1 177 insectes, 160 arachnides et 9 crustacés. On en connaît maintenant plus de 3 000 espèces. Mais ce sont plus spécialement les étranges « myrmécophiles » qui ont passionné le célèbre jésuite allemand Wassmann, un des pères de la myrmécologie, illustre autant par l'étendue de ses connaissances que par son épouvantable caractère (si j'en juge du moins par le ton de ses controverses avec un autre myrmécologue non moins connu, Wheeler). Les abeilles, les frelons et même les araignées sociales (qui viennent d'être étudiées récemment) abritent aussi des hôtes bizarres (dans le cas des araignées par exemple, une mouche qui les dévore, par un juste retour des choses !) mais ils sont en nombre bien moindre que dans la fourmilière ou la termitière.

*Une étrange perversion.*

Pour bien comprendre ce qui se passe très souvent, écoutons plutôt Le Masne décrire comment un *Paussus*, petit coléoptère aux énormes antennes en massue, va s'y prendre pour faire aux fourmis tout le mal possible. Il s'introduit dans la fourmilière où tout le monde l'adopte sans difficulté, et les ouvrières paraissent prendre un vif plaisir à le lécher. Le *Paussus* semble dès le début fort à son aise, bien que sa démarche reste hésitante, et qu'il n'ait pas l'air de savoir ce qu'il cherche exactement. Il tâte différents objets de ses palpes et même parfois diverses parties du corps de la fourmi, comme le thorax où la tête, qu'il abandonne presque aussitôt. Il ne maintient sa prise que s'il a pu saisir le gastre ; alors commence une scène étonnante devant laquelle Le Masne (le plus calme, le plus scrupuleux, le plus vétilleux des myrmécologues et un des meilleurs aussi) ne peut cacher sa stupeur. Le *Paussus* ouvre de ses mandibules aiguës le ventre de la fourmi et commence à en dévorer lentement l'intérieur ; la fourmi, non seulement ne se défend pas, mais replie en partie ses pattes et prend une attitude « nymphale » comme dit Le Masne. Parfois elle pince légèrement les antennes du *Paussus ;* peut-être éprouve-t-elle je ne sais quelles affreuses délices au contact des sécrétions de son bourreau. D'autres fourmis peuvent survenir sur ces entrefaites et ne font aucune tentative pour délivrer leur congénère ; bien au contraire, certaines lèchent le *Paussus*. Le Masne ne l'a pas vu achever sa victime, qui peut vivre encore quelques jours.

Cette monstrueuse insensibilité est-elle réelle ou apparente ? Nous n'en saurons sans doute jamais rien, incapables que nous sommes de lire une émotion quelconque sur l'impassible masque de cuir des fourmis. Cependant de tels comportements ne sont pas sans exemple. La fourmi qui a perdu l'abdomen tout entier peut encore se comporter, pendant un certain temps du moins, de façon apparemment normale, et même rapporter au nid des charges de bois. D'autres observateurs ont vu une abeille aspirer du miel pendant qu'un philanthe (sorte de guêpe prédatrice) lui triturait l'abdomen. Et les victimes de la mante religieuse ne font pas le moindre effort pour s'écarter de leur bourreau, même s'il vient de tuer sous leurs yeux un de leurs congénères. J'ai d'ailleurs vu aussi bien une souris se promener paisiblement sur le dos d'une vipère qui allait la tuer l'instant d'après. L'appréhension du danger, même chez les mammifères, est un phénomène bizarre, irrégulier, qui ne se produit que dans certains cas : on voit par exemple souvent des antilopes boire ou paître non loin des lions, qui ne sont apparemment pas en humeur de chasse ; puis, soudain, à un signe imperceptible qui décèle le changement d'intention du fauve, tout le monde détale précipitamment. Si nous ne comprenons pas une antilope, comment comprendrions-nous une fourmi ?

Ajoutons que tout ceci n'épuise pas les mystères de la biologie des *Paussus :* par exemple, ils volent facilement et semblent pouvoir se rencontrer en certaines occasions dans des nids de fourmis, où l'on en trouve parfois plus de cent ; peut-être s'accouplent-ils alors ? On ne le sait, mais une pareille quantité de *Paussus* ne peuvent sûrement pas vivre en permanence dans le même nid sans tout massacrer.

Les phénomènes de l'adoption du parasite ne sont pas toujours aussi simples et Le Masne et Torossian l'ont bien vu à propos d'un autre coléoptère très différent du *Paussus,* l'*Amorphocephalus* (dont la tête est parfaitement conformée, quoi qu'en dise son nom !) Cet insecte s'introduit de préférence dans le nid des grosses fourmis *Camponotus*, dont le caractère n'est pas spécialement endurant : il y est d'ailleurs mal reçu et se fait houspiller d'importance. Sa défense consiste à n'esquisser aucun mouvement de défense ni de fuite, bref à ne pas bouger. Au bout de quelques heures les tiraillements se font moins violents et plus rares. De toute façon ils ne sont jamais si violents que l'*Amorphocephalus* y perde une patte ou la vie : ceci est assez digne d'être souligné, car les assaillantes ont pourtant l'air pleines de conviction. D'ailleurs, dit Le Masne, on peut vérifier leur agressivité en introduisant une fourmi étrangère dans le nid : l'attaque en est immédiate, violente, sans répit, et se termine par la mort et le dépecage.

Pourquoi le coléoptère échappe-t-il à un sort fatal ? Torossian pense qu'il est fortement cuirassé et que les mandibules des fourmis ne peuvent franchir ses défenses naturelles. Mais on voit très souvent les fourmis ramener dans leur nid des insectes aussi lourdement protégés, par exemple des charançons ; notons aussi qu'elles pourraient tout au moins lui couper pattes et antennes, ce qu'elles ne font pas. D'autre part, les proies sont généralement arrosées d'acide formique qui est un insecticide fort efficace ; peut-être l'*Amorphocephalus* y est-il résistant. De toute façon, il faut probablement chercher surtout les raisons de sa survie dans son immobilité car il est rare que les fourmis s'acharnent sur une proie totalement immobile. Au bout d'un certain temps toutefois, l'animal se remet à bouger et il n'est plus molesté ; peut-être a-t-il pris l'odeur de la fourmilière...

En tout cas, non seulement les fourmis le tolèrent à présent, mais encore il leur quémande de la nourriture et elles lui en distribuent. Mais, phénomène plus étonnant, découvert par Torossian, il *leur en donne*

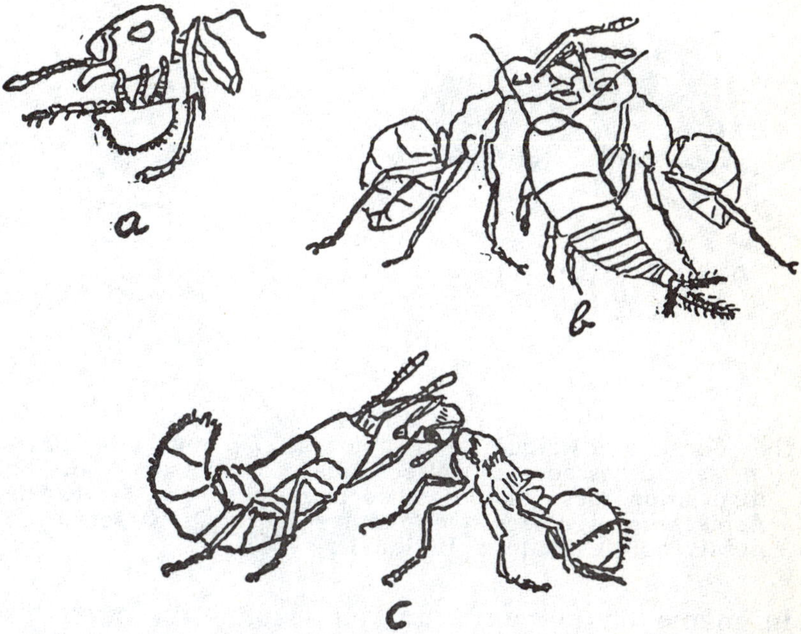


FIG. 26
Comment les hôtes parasites obtiennent de la nourriture : a) l'*Antennophorus* accroché au-dessous de la tête du *Lasius umbratus* et stimulant ses pièces buccales ; b) l'*Atelura* volant de la nourriture au cours d'un échange trophallactique ; c) l'*Atemeles* frappe de sa patte antérieure la tête d'une ouvrière pour obtenir une régurgitation (a et b d'après Janet) (c d'après Wheeler).

*aussi :* l'échange est à double sens, ce qui ne paraît pas très fréquent chez les myrmécophiles. Mais les choses ne vont aussi loin que chez son hôte normal, les gros *Camponotus,* les plus grandes fourmis de nos régions. Partout ailleurs, même chez les espèces de fourmis où on ne le trouve jamais, son introduction ne provoque qu'un houspillage passager, mais même après son acceptation définitive, il n'est jamais nourri. Il s'arrange d'ailleurs le cas échéant pour se procurer

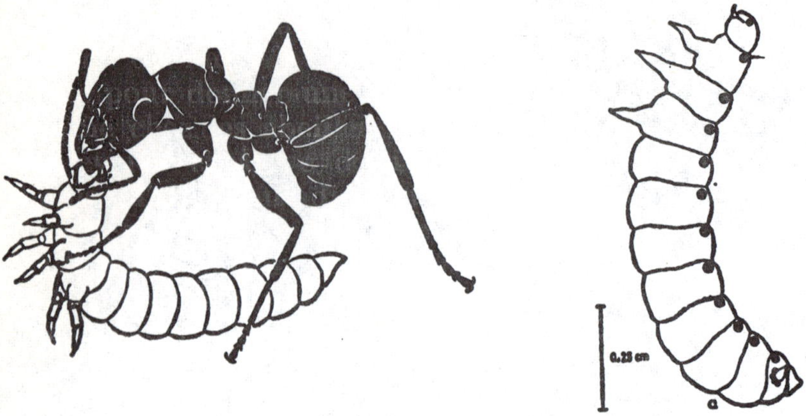

FIG. 27 - 28.
Une Formica distribue de la nourriture à une larve d'*Atemeles*. Au-dessous, à droite : phase 5, grossie. A droite, disposition des glandes attractives chez les larves de *Lomechusa* et d'*Atemeles* (glandes figurées sous forme de points noirs) (d'après Hölldobler, 1967).

lui-même de la nourriture en léchant du miel, les proies apportées par les fourmis, etc...

Un autre coléoptère, l'*Atemeles,* est adopté par les fourmis rousses et cela quasi immédiatement à cause des glandes spéciales de la larve dont l'odeur ou le goût est agréable aux ouvrières. La larve laissée seule dresse sa tête et fait mouvoir ses pièces buccales d'une manière assez analogue au comportement de quête d'une fourmi affamée qui demande de la nourriture à une compagne : c'est Hölldobler qui le dit, mais à mon humble avis l'analogie est plutôt lointaine ! En tout cas, cela marche parfaitement, puisque les fourmis nourrissent parfaitement les larves d'*Atemeles,* et même de préférence à leurs propres larves. La fourmi aborde d'ailleurs la larve d'*Atemeles* d'une manière très curieuse, en la « flairant » ou la léchant d'arrière en avant (voir figs 28 et 29). Quand elle arrive à la partie antérieure, la larve recourbe sa tête vers

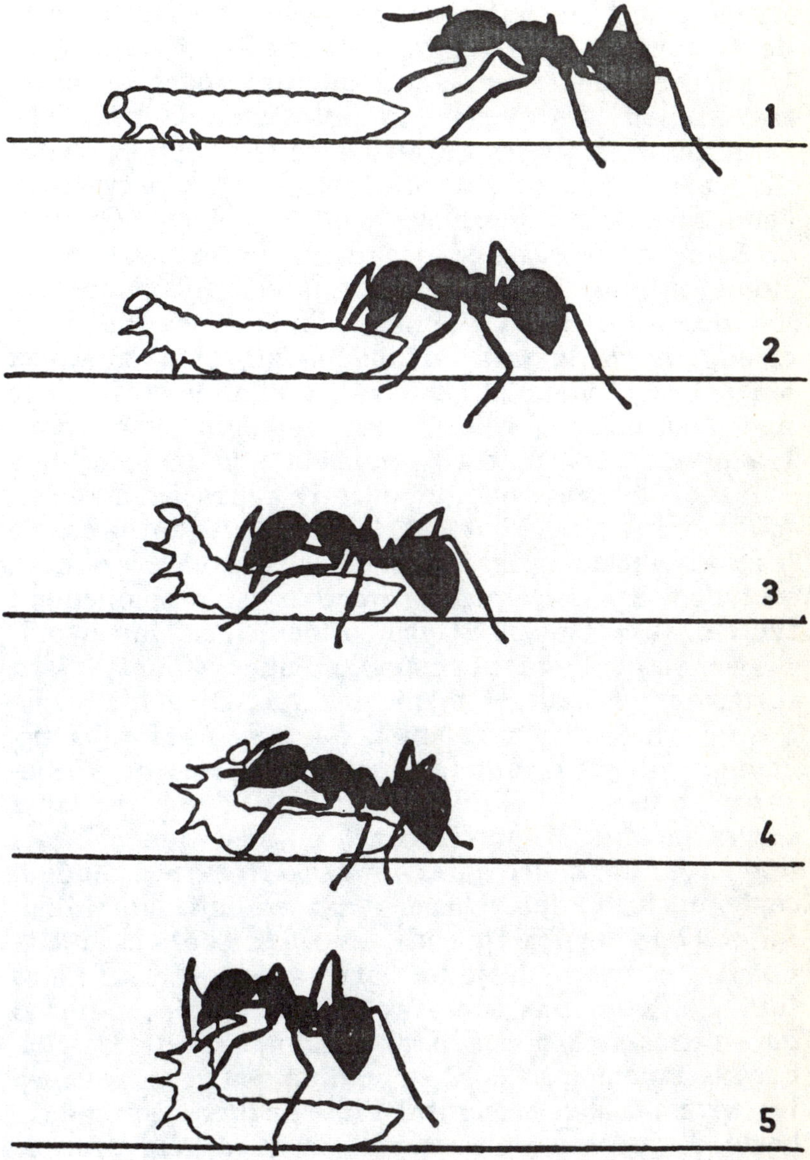


FIG. 28

l'arrière, met en contact ses pièces buccales avec celles de la fourmi et l'échange alimentaire commence.

La préférence maniaque que les fourmis manifestent pour l'*Atemeles* ne fait aucun bien à leur fourmilière. Mais les dégâts de cette adoption contre nature ne sont rien à côté d'une autre perversion, l'admission des loméchuses dans la colonie. Ce nom de *Lomechusa* serait celui d'une empoisonneuse de la Rome antique, et je lui ai toujours trouvé une consonance sinistre... L'animal lui-même est un petit coléoptère de la taille d'une fourmi, et d'un aspect assez insignifiant. Et pourtant, quand il entre dans une fourmilière, celle-ci est condamnée à mort. L'adoption est d'abord empreinte d'une certaine méfiance, mais dès qu'une fourmi s'approche, manifestant des intentions hostiles, la loméchuse lui présente les poils de son arrière-train, les « trichomes » dont la sécrétion est fortement attractive et probablement sucrée ; si cela ne suffit pas, la loméchuse va lui pulvériser en pleine face le contenu d'une glande spéciale, fortement répulsif et même toxique. De toute façon dès que la fourmi a commencé à flairer les doux trichomes, les jeux sont faits : les ouvrières ne s'occuperont plus qu'à les humer au lieu de soigner leurs larves comme il conviendrait, si bien que celles-ci donneront naissance à des adultes difformes ; pendant ce temps-là, la loméchuse pond ses œufs au milieu du couvain, et les fourmis les soigneront du mieux qu'elles peuvent ; la jeune larve à peine éclose ne se fera d'ailleurs pas faute de dévorer œufs et larves de fourmis à sa portée. L'abus du suc mortel des trichomes amène d'ailleurs au bout de peu de temps chez les fourmis divers signes d'intoxication, comme la perte d'équilibre. A partir de là la dégénérescence s'accélère mais les loméchuses ne s'en soucient guère : elles seront quittes, lorsque la colonie trop affaiblie sera proche de la mort, pour en sortir et chercher ailleurs d'autres victimes.

Puis-je souligner l'intérêt général de la « loméchusomanie » des fourmis, *en rappelant que c'est peut-être le seul cas connu de toxicomanie chez les animaux ?*

*Les fourmis commensales et parasites de fourmis.*

Les fourmis contractent parfois avec d'autres espèces les rapports les plus curieux, les plus paradoxaux, les plus hallucinants parfois.

Les myrmécologues ont remarqué depuis longtemps qu'on pouvait trouver plusieurs espèces de fourmis dans une même fourmilière. C'est le cas le plus simple, celui des nids dits « composés », par opposition aux nids simples. Il mérite que nous nous y arrêtions quelque peu, en faisant abstraction des termes extravagants dont des myrmécologues à l'imagination fertile ont décoré les différents types d'association (plésiobiose, leptobiose, xénobiose, et tutti quanti). On trouve par exemple des associations à trois termes (*Colobopsis truncata, Dolichoderus quadripunctata, Leptothorax tuberum unifasciatus*) dans les tiges creuses des ronces que Stäger a étudié de ce point de vue. Très souvent les nids de ces espèces communiquent entre eux ; ou tout au moins les entrées et sorties sont communes, ce qui implique l'absence de réactions agressives. Ici, on peut parler de *cohabitation.*

Il existe des cas où la cohabitation se nuance d'hostilité : c'est celui du minuscule *Solenopsis fugax,* qui établit sa colonie dans l'épaisseur des murailles des galeries d'espèces beaucoup plus volumineuses ; les rapports sont nettement hostiles, d'autant plus que *Solenopsis fugax* est très agressive et pille son hôte de son mieux, alors que celui-ci ne peut la poursuivre dans ses minuscules galeries. Dans un troisième cas enfin, l'association peut être plus complète, sans hostilité. Wheeler a trouvé par exemple un *Megalomyrmex* qui vit chez un *Sericomyrmex* éleveur de champignons ; les deux espèces peuvent même se lécher mutuellement et partagent le bénéfice des jardins à champignons ; mais ces derniers sont cultivés uniquement par *Sericomyrmex.*

*L'esclavagisme.*

Ce dernier cas fait le passage au développement suivant des associations de fourmis, qui suit une sorte de cruelle logique. Nous y trouvons d'abord l'*esclavagisme* ou faculté d'assujettir à son service des espèces étrangères qui rappelle si fâcheusement *Homo sapiens* et qui a rendu les fourmis célèbres, mais je ne dirais pas plus sympathiques. Un fait bizarre et difficile à expliquer, signalé par Stumper, est que l'esclavagisme ne se rencontre *que dans les régions tempérées et non dans les tropicales.* En Europe, deux genres surtout sont bien connus pour des habitudes de ce type : *Formica sanguinea* et *Polyergus rufescens.* La fourmi sanguine une fois fécondée, ne peut fonder seule une nouvelle fourmilière ; aussi s'enfonce-t-elle dans un nid de *Formica fusca,* pour rassembler autour d'elle toutes les nymphes qu'elle peut. Elle tue toutes les ouvrières qui cherchent à s'y opposer. D'ailleurs, phénomène étrange pour qui connaît l'extrême agressivité des fourmis, elles ne l'attaquent pas longtemps. Bientôt la reine *sanguinea,* restée seule derrière son rempart de nymphes, assiste à l'éclosion des premières ouvrières *fusca.* Elles commencent aussitôt à alimenter la reine *sanguinea* et à s'occuper de ses œufs, comme si c'était leur propre reine. Plus tard, non seulement les jeunes *sanguinea* continueront le rapt des nymphes étrangères, *mais elles iront en chercher dans d'autres fourmilières.*

On s'est demandé comment le « comportement de

rapt » avait bien pu apparaître chez *sanguinea*, dont la reine âgée est tout aussi timide que n'importe quelle reine fourmi ; or, c'est elle seule qui transmet les caractères héréditaires. Mais l'énigme provenait de ce qu'on n'avait observé que des reines âgées des *sanguinea*. En réalité, si l'on place une *jeune* reine de *sanguinea* en présence de cocons et de quelques ouvrières d'une espèce esclave, elle se montre d'une extrême agressivité, nous l'avons vu, et cherche sans relâche à dérober les cocons et à tuer les ouvrières. Mais dès que les premiers cocons volés, qu'elle a entassés dans un coin et qu'elle garde jalousement, commencent à éclore, son comportement change du tout au tout : elle devient fort timide et fuit la lumière. On voit donc que le comportement agressif est seulement masqué chez la reine adulte, mais qu'il existe bel et bien au début comme chez l'ouvrière.

Miss Fielde (une des très rares myrmécologues du sexe féminin) a montré que le cas des *sanguinea* qui s'approprient des nymphes étrangères n'est peut-être pas aussi aberrant qu'on pourrait le croire ; elle arriva en effet à faire vivre ensemble trois ou quatre espèces, comme *Stigmatomma pallipes, Formica subsericea, Aphaenogaster fulva* ; toutes se léchaient entre elles et se distribuaient de la nourriture, indifféremment les unes aux autres. Ces réunions sont possibles jusqu'à douze heures après l'éclosion ; il suffit donc de grouper des jeunes ; mais si l'on tarde au delà de la période critique, l'hostilité se développe rapidement.

A vrai dire, l'esclavage n'est pas obligatoire chez *sanguinea* ; elle doit fonder il est vrai une colonie avec l'aide de *fusca* ; mais ce stade une fois franchi, elle pourra très bien s'abstenir désormais de toute expédition esclavagiste. Tout autre est le cas de *Polyergus*, fourmi aux mandibules longues et acérées propres seulement à la guerre mais non pas au travail. *Polyergus* ne peut même pas se nourrir elle-même ; elle doit obligatoirement razzier périodiquement des nymphes de *fusca* pour que survive sa propre colonie. Ses expéditions guerrières se font d'ailleurs très méthodiquement, avec probablement l'envoi préalable d'éclaireuses. Ensuite tous les *Polyergus* quittent le nid, se ruent sur la fourmilière choisie et sortent peu de temps après en tenant une nymphe dans leurs mandibules. Les femelles fécondées de *Polyergus* se font aussi adopter par les colonies de *fusca*.

*Les « éclaireuses » et les « capitaines ».*

Mais selon Dobrzanski et Dobrzanska, il ne faut pas croire les assertions de Florel suivant lesquelles les expéditions des *Polyergus* suivraient les indications d' « éclaireuses » et seraient dirigées par des « capitaines ». C'est là une idée trop anthropomorphique. La réalité est plus bizarre, plus conforme à ce que nous soupçonnons déjà des fourmis, qui agissent comme des hommes, mais extérieurement seulement ; leurs méthodes sont en réalité tout à fait différentes. Quelques heures avant le raid sortent du nid des individus isolés qui courent à une certaine distance. Ce sont les prétendus éclaireurs, mais il est facile de constater que le flot des amazones ne s'engage pas dans la direction qu'ils ont suivie ; et lorsqu'on les enlève tous, le raid n'est nullement empêché. Mais, une heure avant le raid, sortent d'autres individus, particulièrement excités, que les Dobrzanski appellent les « activateurs ». Ils peuvent rentrer de temps en temps dans le nid, en y créant une agitation croissante ; jusqu'à ce que le flot des ouvrières sorte dans la direction où se trouve la masse des activeurs : *les enlever supprime le raid.* Mais ils ne sont pas en tête de la colonne, quoique se trouvant dans sa première partie ; les fourmis en tête changent constamment. La colonne paraît foncer au hasard, droit devant elle. Les ouvrières ne ramassent pas les nymphes qu'on jette devant elles, il faut qu'elles les trouvent elles-mêmes dans le nid.

*Les esclaves aident leurs maîtres à faire d'autres esclaves.*

Lorsque les esclavagistes ont dérobé des nymphes, comment se comportent les ouvrières qui en naissent par la suite ? On sait depuis longtemps qu'elles pourvoient aux besoins de leurs ravisseuses. Mais de très curieuses observations de Wilson (1965) montrent que la collaboration va plus loin. Il étudia des *Formica* esclavagistes qui ne sont guère regardantes sur la nature de leurs esclaves et s'adressent volontiers à plusieurs espèces. Or, les esclaves retiennent au moins quelques-uns de leurs caractères propres. Quand *Formica sanguinea* par exemple a capturé des nymphes de *Formica pratensis* les ouvrières qui en naissent ont tendance à fabriquer des nids qui rappellent ceux de leur propre espèce. Forel arriva même à faire adopter par *sanguinea* les nymphes d'une amazone *Polyergus ;* et une fois écloses, les jeunes *Polyergus* se refusèrent énergiquement à faire quoi que ce soit, comme c'est de tradition dans la famille.

Dans le chapitre des *modifications d'habitudes de l'esclave* au contact de son maître, citons le cas étrange du *Lasius umbratus,* fourmi exclusivement souterraine et qui ne s'intéresse qu'aux pucerons des racines. Or, *Dendrolasius* fait appel à lui pour fonder une nouvelle colonie, et alors *umbratus* accompagne les premières ouvrières de *fuliginosus* au sommet des arbres en pleine lumière ! (Verhagen, 1930).

*L'esclavage multiple.*

Wilson eut la bonne fortune de trouver aux Etats-Unis une fourmi (*F. wheeleri*) qui avait capturé *à la fois* des nymphes de deux espèces, *F. neorufibarbis* et *F. fusca,* au comportement bien différent. Et non contente de cela les *wheeleri,* au moment où Wilson les observait, étaient en train de voler les nymphes d'une autre espèce encore, *F. lasioïdes,* tout en pillant d'ailleurs à proximité un autre nid de *fusca.* Elles étaient accompagnées de nombreuses *neorufibarbis* esclaves et de quelques *fusca ;* c'étaient les *wheeleri* qui opéraient les captures et les transportaient, les *neorufibarbis* les aidant seulement à creuser de nouveaux accès dans le nid des assiégées. Normalement pourtant *neorufibarbis* ne fait jamais de raids ; il est très singulier qu'elle soit parvenue à une telle collaboration avec ses maîtres. Ceci va directement contre ce que je disais tout à l'heure à propos de la conservation du comportement des esclaves dans le nid de leurs maîtres, et suppose une grande adaptabilité du comportement chez *neorufibarbis,* et des possibilités d'évolution qu'on n'eût point soupçonnées sans ces circonstances particulières ; et elles seraient tout à fait absentes chez *fusca*... Celles-ci s'occupent uniquement à nourrir les larves de leurs maîtres et aussi à emmagasiner passivement de la nourriture dans leur gastre. On en trouve beaucoup dans le nid, immobiles, l'abdomen gonflé, dans l'attitude classique des « replètes » (du latin « *repleta* », remplie) prêtes à échanger avec le reste de la colonie ce qu'elles ont emmagasiné. Ainsi donc une seule colonie d'esclavagistes pourrait recruter plusieurs spécialistes à vocations différentes ? Cela va très loin, vraiment, et monte très haut, fort près de l'homme dans l'échelle évolutive ; quoique sur une échelle parallèle si j'ose dire, où les ressemblances apparentes cachent une profonde différence de mécanismes ; nous y reviendrons. Ce que j'aimerais savoir aussi, c'est si toutes les *wheeleri* sont capables de ce recrutement multiple ou si c'est le privilège de quelques innovatrices ? La question n'est pas si absurde qu'elle eût paru il y a quelques années ; on a trouvé de ces innovateurs chez les singes et les oiseaux par exemple ; mais chez les fourmis, personne jusqu'à présent n'a eu l'idée (ou le courage ?) de les rechercher.

*Comment l'esclavagisme a-t-il pu se développer ?*

Ici nous sommes réduits évidemment à des suppositions assez vagues. Gösswald, s'attaquant à ce problème, commence par tenter d'en établir une classification : distinguons par exemple entre les fondatrices parasites qui tuent ou ne tuent pas la reine de l'hôte. Le meurtre risque de se produire lorsque les ouvrières-hôtes peuvent se reproduire ou si le parasite est capable de se procurer des ouvrières de secours, par exemple en allant voler des nymphes comme chez *Polyergus*. Si ces deux possibilités sont exclues, alors il ne reste à la reine parasite d'autre possibilité que de laisser en vie la reine de l'hôte : c'est bien le cas de *Strongylognathus*, qui contracte une véritable alliance avec *Tetramorium* ; les deux reines cohabitent ensemble pendant fort longtemps.

La fondation par parasitisme présenterait, toujours suivant Gösswald, certains avantages pour les fourmis : elles éviteraient ainsi la perte énorme des reines, telle que sur cinq mille reines, c'est tout juste si une seule parvient à fonder une nouvelle colonie. Mais à vrai dire, je ne vois pas bien pourquoi les jeunes reines parasites éviteraient lors de leur vol de fécondation les centaines de mandibules, de becs et de crocs qui guettent au même moment les non parasites... Mais Gösswald avance une autre raison, peut-être un peu plus convaincante. Lors de la fécondation, une grande partie des œufs à peine pondus sont dévorés par la reine qui dans beaucoup de cas vit en circuit fermé et ne peut se procurer aucune nourriture. Lorsqu'au contraire elle se fait assister par les ouvrières de l'hôte, ses œufs parviennent en bien plus grand nombre jusqu'à l'éclosion. Avouons tout de même que pour recenser les avantages et les inconvénients du parasitisme, nous manquons de données suffisamment précises.

Quant aux particularités anatomiques et physiologiques qui prédisposeraient les femelles à devenir parasites, on ne peut rien avancer de certain. Wasmann a fait remarquer la petitesse de toutes les reines parasites. Mais parmi les colonies indépendantes, il en est plus d'une dont la femelle n'est pas plus grosse ; chez *Myrmica* par exemple, c'est à peine si elle dépasse la taille d'une ouvrière. On a allégué d'autre part l'influence des variations climatiques : Gœtsch et Käthner ont remarqué que dans les régions méridionales du Chili, plus froides, la fourmi *Camponotus chilensis* vit en parasite, alors que dans les zones nordiques plus chaudes elle mène une vie indépendante. Et Wasmann note que sous nos climats, toutes les formes parasites sont nordiques. Mais quant au rapport précis du froid et du parasitisme, on n'en peut rien dire encore.

### *Les parasites vrais.*

Puis viennent les *parasites vrais*. L'un des premiers, étudié par le grand Forel, fut *Strongylognatus* qui ne peut plus faire de rapts et vit uniquement aux crochets d'une fourmi très commune, *Tetramorium caespitum*. D'autres fourmis en font autant avec d'autres

FIG. 29
**Un mâle et deux femelles de *Teleutomyrmex* parasitant une femelle de *Tetramorium*. Une des femelles parasites est physogastre, c'est-à-dire que son abdomen est gonflé de réserves et d'œufs. A côté, une ouvrière de *Tetramorium* (d'après un dessin de Linsenmaier).**

espèces, mais la reine étrangère commence par tuer sa rivale (voir fig. 30) ou, comble de raffinement, semble *induire les ouvrières à tuer leur propre mère,* on ne sait trop par quel mécanisme. Les parasites vrais ne sont même plus capables d'une vie indépendante : comme le dit Stumper, on y voit apparaître « des caractères prononcés d'adaptation et de dégénérescence chez les femelles et les mâles ; atrophie des pièces buccales pour les deux ; forme « larvaire » aptère ou non du mâle ; hypertrophie adipeuse de l'abdomen de la femelle fécondée (physogastrie) avec sécrétion abondante d'exsudats cutanés dont les ouvrières de l'hôte sont très friandes. Et, ajoutons-le, disparition de la caste ouvrière : il n'y a plus que des sexués mâles et femelles, qui, comme chez *Teleutomyrmex* (voir fig. 29) vivent en permanence attachés au corps de la reine hôte.

*Les échanges alimentaires entre hôtes et parasites.*

On peut également à l'aide des radio-isotopes, mesurer les échanges entre les hôtes et leurs parasites. C'est ce qu'a fait Gösswald. Il faut par exemple distinguer de ce point de vue entre *sanguinea* et *Polyergus*, les deux « amazones » les plus connues. Leurs esclaves donnent davantage de nourriture au premier qu'au second, sans doute parce que *sanguinea* s'occupe de son propre couvain qu'elle nourrit de ses régurgitations ; ses besoins alimentaires sont donc plus grands que ceux de *Polyergus*, qui abandonne à ses esclaves jusqu'à la nourriture de sa progéniture. *Polyergus* ne prend jamais de lui-même la nourriture radioactive disposée dans une coupelle ; et on ne le voit jamais non plus en cours de trophallaxie. Les *sanguinea* par contre s'alimentent fort bien d'elles-mêmes et par ailleurs on sait qu'il en existe des colonies indépendantes, qui ne paraissent pas moins prospères que celles pourvues d'esclaves. Quant aux parasites très dégénérés, comme *Epimyrma* et *Anergates*, ils n'absorbent non plus aucune nourriture d'eux-mêmes. Les isotopes montrent aussi que les lo-

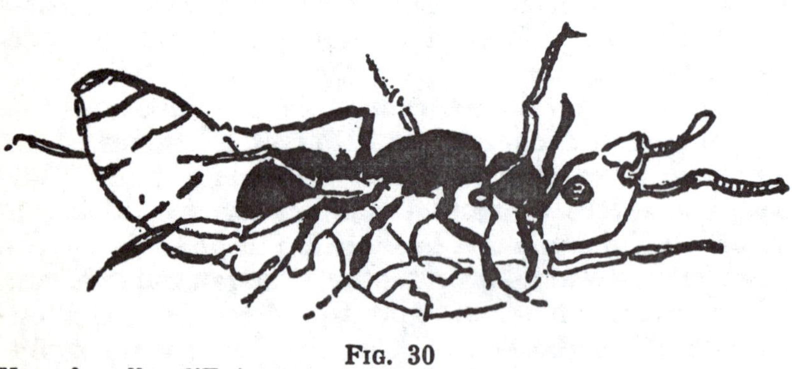

FIG. 30
Une femelle d'Epimyrma (en noir) en train d'égorger la reine de son hôte *Leptothorax nigriceps* (d'après Linsenmaier).

méchuses, soit à l'état larvaire, soit à l'état adulte, reçoivent de leur hôte abondance de nourriture : tout au moins de *sanguinea*, mais non pas de son esclave *Serviformica rufibarbis*. C'est que les loméchuses sont des *parasites spécifiques de sanguinea*. D'autre part les isotopes montrent qu'elles passent diverses substances aux *sanguinea*, qui les lèchent assidûment et qui absorbent ainsi des exsudats divers. De même, si une larve d'*Atemeles* radioactive est déposée au milieu de fourmis affamées, celles-ci deviennent radioactives en la léchant, et on peut constater que les substances actives s'échappent par les glandes dorsales de l'*Atemeles*. On peut d'ailleurs lessiver les larves par l'acétone et imprégner de l'extrait un morceau de papier filtre ; il sera transporté par les fourmis dans le couvain et choyé comme s'il s'agissait d'une larve véritable. Ici, les stimuli chimiques sont tellement forts qu'ils surpassent l'effet des stimuli tactiles ; car les organes du toucher doivent bien avertir les fourmis qu'il ne s'agit pas d'une larve... Mais rien n'y fait !

CHAPITRE VI

# LES LIENS SOCIAUX

*Les modes de communication. — L'alarme. — L'échange de nourriture.*

## *Les fourmis « se parlent-elles »*

Beaucoup d'auteurs se sont demandé quel était le procédé dont usent les fourmis pour donner l'alerte lorsqu'elles ont trouvé de la nourriture : car il existe chez elles des phénomènes de recrutement tout aussi évidents que chez les abeilles par exemple : mais ici point de danses, mais peut-être un message odorant comme chez les Mélipones. Chez les fourmis rousses de nos bois, la fourrageuse qui a trouvé de la nourriture s'en gorge d'abord, puis revient à la fourmilière et en offre à ses congénères, sans préambule ni palpations antennaires : elle se contente de leur présenter la gouttelette sur ses pièces buccales. Si la colonie est affamée les ouvrières s'assemblent en rosette autour de la distributrice et prennent à la fois leur part de la provende. Ensuite, ou bien elles distribuent à leur tour à d'autres une part de ce qu'elles ont reçu, ou elles partent aussitôt fourrager à leur tour. Il ne semble pas qu'il y ait ici indication de la distance ni de la direction comme chez les abeilles, mais seulement communication d'une excitation diffuse.

Une indication supplémentaire précieuse est ajoutée par le marquage odorant de *Solenopsis,* nous le verrons ; mais il n'y a rien de tel chez nos fourmis rousses, pour autant qu'on le sache. Elles rencontrent seulement en sortant le système des pistes, avec la foule de leurs congénères qui circulent comme les wagons d'une gare de triage.

Cela, c'est la théorie classique ; j'avoue avoir du mal à croire que les choses se passent aussi simplement. En effet toutes ces observations ont été faites au laboratoire dans des conditions somme toute très artificielles. Sur le terrain, on dispose de quelques renseignements supplémentaires qui éclairent le processus d'un jour assez différent. Nous y voyons 1) des pistes longues parfois d'une centaine de mètres et dont les ouvrières gardent la mémoire d'une année à l'autre, Wellenstein l'a prouvé 2) une spécialisation radicale des équipes d'exploration, chaque fourrageuse étant par exemple affectée à un arbre auquel elle reste fidèle des mois durant.

*Les éclaireuses* qui ouvrent de nouveaux terrains de chasse ou trouvent de nouveaux pucerons à exploiter, peuvent s'observer chez les fourmis comme chez les abeilles. Par exemple, avant toute découverte de la nourriture chez *Monomorium pharaonis* cinq fourrageuses seulement quittent le nid par minute et moins encore chez *Myrmica rubra.* Ce sont sans doute des ouvrières âgées, car elles sont plus foncées et présentent quelques signes de délabrement physique ; leur démarche est plus hésitante que celle des fourrageuses. Quand l'éclaireuse a trouvé de la nourriture, elle la rapporte elle-même, ou bien retourne au nid (en laissant une piste odorante parfois en ligne droite jusqu'à plus de deux mètres de distance ; puis se précipitant à l'intérieur, elle bouscule les autres ouvrières en les tapotant de ses antennes et de ses pattes.

Après quoi, un grand nombre sortent et parfois la reine avec elles, pour foncer vers la proie. Le nombre des recrues que peut faire une seule éclaireuse est très variable suivant les espèces : très peu chez *Monomorium,* près de cinquante chez *Myrmica* ; le résultat est bien meilleur si la colonie a déjà été excitée par une découverte précédente, même cinquante minutes auparavant.

On a prétendu que les éclaireuses recrutaient une quantité de fourrageuses proportionnelle à la taille de la proie, mais on n'en a pas de bonnes preuves. Il en est ainsi chez l'abeille et cela pourrait bien se produire chez la fourmi ; il n'y aurait en effet rien d'absurde à supposer que la découverte d'une proie volumineuse excite davantage l'éclaireuse et qu'elle bouscule avec plus d'ardeur, de retour au nid, les compagnes qui pourraient l'aider. Et l'on n'aurait même pas besoin de supposer un langage aussi différencié que chez l'abeille. Ce qui nous manque, ce sont des observations précises portant sur un nombre suffisant d'espèces de fourmis. En tout cas, chez *Pheidole crassinoda,* les recrues sont en nombre trois à quatre fois supérieur à ce qui serait suffisant pour remorquer la proie ; mais toutes celles dont les services sont inutiles ne tardent pas à s'en retourner au nid.

*Y a-t-il un « langage des antennes ? »*

Je n'ai jamais été convaincu du caractère vague des palpitations antennaires qu'affirmaient certains : et surtout pas depuis le travail récent et magistral de Montagner sur les guêpes, qui sont assez proches des fourmis par divers caractères morphologiques et physiologiques. Là aussi, nous constatons des palpitations antennaires *en apparence désordonnées,* renforcées par des tapotements de la patte antérieure. Mais Montagner les a enregistrées cinématographiquement, non sans peine d'ailleurs : et, après des centaines et des centaines d'observations, il a pu se convaincre que les tapotements n'étaient pas quelconques, mais codés ; c'est-à-dire que la guêpe « dominante » (celle qui pondra avant les autres, dévorera leurs œufs, exigera sans arrêt de la nourriture de ses congénères) fait reconnaîte son « statut social » par une certaine posture et un certain code de tapotements antennaires.

C'est une découverte très importante, d'autant plus que le code antennaire ne se limite peut-être pas à cela. Mais Montagner était favorisé du point de vue cinématographique par les couleurs des guêpes : jaunes, rouges et noires sur le fond blanc du guêpier. De plus les battements antennaires sont relativement lents. Tandis qu'avec les fourmis, hélas ! comment enregistrer quelque chose dans le grouillement fauve de milliers d'ouvrières hyperexcitées, sur le fond brunâtre de la fourmilière ? Enfin, espérons qu'un perfectionnement technique nous permettra un jour d'y parvenir...

De toute façon, le problème des modes de communication des fourmis entre elles ne peut recevoir, semble-t-il, que des solutions particulières, différentes pour chaque espèce. Il est depuis peu certain qu'une certaine quantité d'informations doit être transmise à l'aide des attouchements autennaires ; mais on n'en a que peu de descriptions précises chez les fourmis. Je vais en citer quelques-unes.

*Le mécanisme de l'échange de nourriture* a été étudié par Mrs. Wallis chez *Formica fusca.* Elle n'est pas arrivée à isoler des stimuli précis ou des systèmes de stimuli qui déclenchent l'échange de nourriture. Il y a pourtant certains gestes, toujours les mêmes, faciles à reconnaître au cours de toute opération de trophallaxie. D'ailleurs, les stimuli visuels ne sont pas uti-

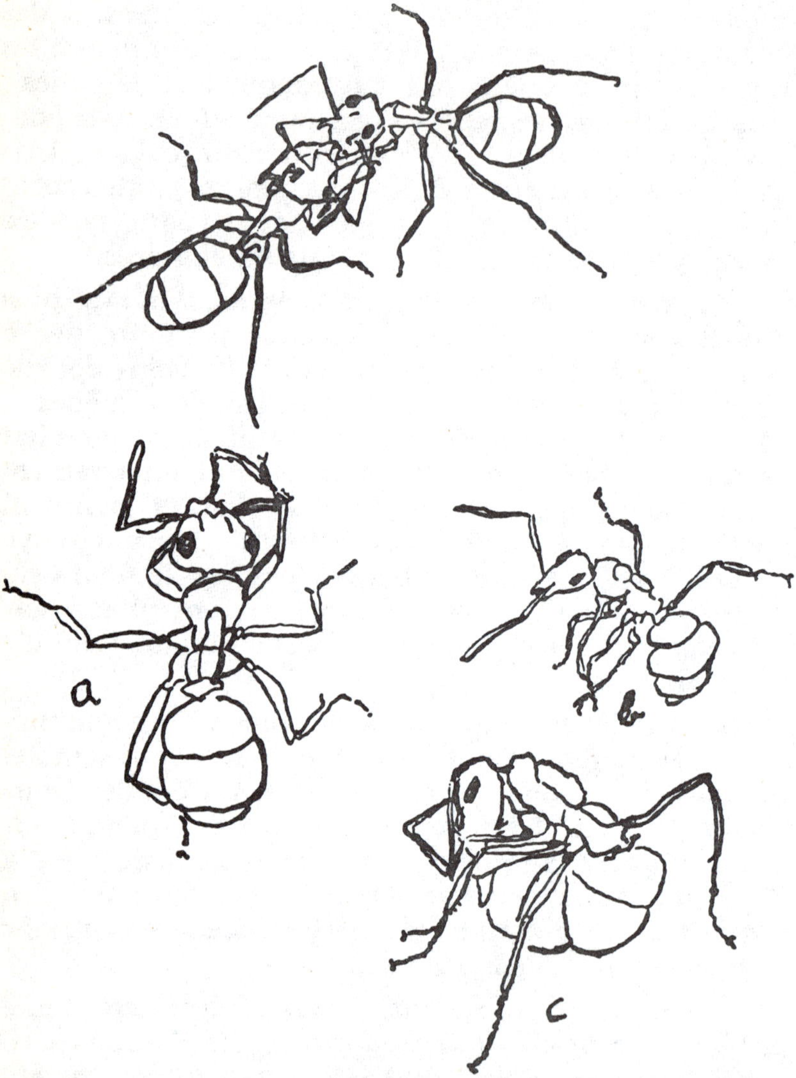


FIG. 31

**En haut, un acte fondamental de la vie sociale, la *trophallaxie* ou échange de nourriture entre deux ouvrières de *Formica fusca* A et B. En bas, les activités de nettoyage chez *Formica fusca :* a) nettoyage de l'antenne droite et de la patte antérieure gauche — b) nettoyage des autres pattes — c) nettoyage du gastre (d'après Wallis).**

lisés ; ce qui peut s'expliquer facilement puisque la majorité des activités des fourmis se déroulent dans l'obscurité la plus complète, au fond du nid. Ce qui entre en jeu, c'est plutôt un ensemble de palpations complexes avec les antennes ou la première paire de pattes.

Avant toute chose, la fourmi cherche à reconnaître si elle se trouve en présence d'une autre fourmi en touchant son corps. Puis il lui faut identifier la tête, ce qui se fait probablement au moment où elle rencontre les antennes du partenaire. Le tact ne doit pas être seul en cause ; il est plus que probable qu'une odeur entre en jeu : les antennes et leurs organites chimiosensibles doivent la percevoir et assurer l'orientation correcte par rapport à l'autre fourmi ; les mouvements palpatoires semblent accélérer la régurgitation, mais ils sont à peu près les mêmes chez l'accepteur et le donneur. Cependant, il semble que l'accepteur palpe plus souvent de ses antennes la tête du donneur ; il utilise souvent aussi sa patte antérieure. Le donneur fait beaucoup moins d'efforts pour s'orienter et se borne à palper « distraitement » la tête de l'accepteur.

Quant à ce qui détermine l'une ou l'autre fourmi à se conduire en accepteur ou en donneur, il semble que ce soit seulement la faim ; si l'on en croit Wallis, l'ouvrière la plus affamée sera acceptrice et solliciteuse. Il ne s'agit d'ailleurs pas tellement de faim individuelle, mais collective : dans une colonie affamée, les solliciteuses augmentent en nombre. Quant au donneur, c'est sans doute l'état de réplétion et de distension de son jabot par la nourriture qui le détermine à en offrir.

Wallis a essayé aussi de comparer deux espèces, *Formica fusca* et *sanguinea*, dont la première est l'esclave de la seconde, lorsqu'on les introduit dans une colonie étrangère. *Fusca* cherche alors à fuir et s'abandonne à des courses précipitées et irrégulières. *Sanguinea* au contraire palpe de ses antennes les fourmis qui se présentent et tente même de leur offrir de la nourriture. Ceci rappelle le comportement des gardiennes de la ruche ; ces vieilles ouvrières en station près de l'entrée surveillent les entrantes avec une vigilance pointilleuse. Si quelque étrangère se fourvoie, elle sera aussitôt examinée, immobilisée ou même piquée, en tout cas rejetée au dehors. Sauf toutefois si elle a le temps d'offrir de la nourriture aux gardiennes, en adoptant la posture particulière de rigueur chez les abeilles à cette occasion ; et il paraît que les gardiennes se laissent volontiers corrompre.

Mais on ne peut affirmer qu'il s'agisse aussi chez *sanguinea* d'une tentative de conciliation. En tout cas, les palpations antennaires ne désarment pas du tout les attaquantes de la colonie étrangère et la plupart du temps l'offrande de nourriture n'est pas acceptée.

*Autres phénomènes où interviennent les antennes.* Szlep et Jacoby viennent d'étudier un de ces phénomènes connu depuis longtemps sans qu'on sache l'interpréter. Il s'agit de tremblements longitudinaux, la tête se poussant en avant par saccades, pendant que tout le corps oscille et que les antennes frémissent. Chez *Myrmica, Tapinoma* et *Tetramorium*, il s'agit sûrement de « mouvements de recrutement » : c'est-à-dire d'une sorte de danse, comparable en somme à la danse en rond des abeilles (rappelons que cette danse, à la différence de la danse en huit, n'est pas directionnelle ; elle excite seulement les abeilles à sortir pour chercher de la nourriture). Le phénomène se produit chez les fourmis après la découverte de nourriture par une exploratrice ; son effet est de faire sortir du nid un certain nombre de fourrageuses parmi lesquelles très souvent l'exploratrice ne se trouve pas. Elles se répandent au hasard sur les pistes ; et il arrive qu'une partie ou même la totalité du groupe rebrousse chemin et rentre au nid, bien avant d'avoir atteint la provende. C'est un aspect bizarre du travail social des fourmis que nous discuterons à la fin de cet ouvrage. Souvent aussi la découvreuse distribue de la nourriture autour d'elle.

Citons aussi un type d'alarme primitif, mais qui paraît fort efficace et s'est développé chez les fourmis *Cardiocondyla*. C'est ce qu'on a appelé la « communication en tandem » (qui se rencontrerait aussi chez certains *Camponotus*). La fourmi qui a trouvé une proie rentre au nid à vide et très peu de temps après en ressort, avec derrière elle une congénère qui lui palpe l'abdomen de ses antennes ; ceci excite la découvreuse à se déplacer de quelques centimètres ; puis elle s'arrête sur place jusqu'à ce que l'autre l'ait rejointe et lui tâte à nouveau l'extrémité de l'abdomen. Il semble que ce procédé corresponde au début du marquage des pistes tels qu'on le trouve pleinement constitué chez *Dendrolasius* ou *Solenopsis* par exemple.

### *Les préférences dans l'échange de nourriture.*

L'échange de nourriture a été étudié par Gösswald et Kloft à l'aide des radio-isotopes. Une fourmi nourrie de sucre marqué le partage *directement* avec huit à dix autres tout au plus. Mais celles-ci vont le redistribuer à leur tour, si bien qu'à 25°, température normale du nid, le contenu du jabot d'une ouvrière radioactive peut se communiquer à quatre-vingts autres. Mais l'échange paraît très irrégulier : par exemple, une ouvrière qui vient de distribuer de la nourriture pourra en solliciter quelques instants après de celle-là même à qui elle vient d'en donner ! Ce sont d'abord les major, puis les minor et enfin les minima qui prennent part à l'échange. Lorsqu'ils veulent se nourrir, les jeunes s'adressent plutôt aux vieilles ouvrières qu'à d'autres jeunes. Et si l'on ne groupe que des jeunes leur ovaire cesse de se développer même s'ils reçoivent de la nourriture en abondance. Le développement normal exige donc l'échange de nourriture avec les ouvrières âgées, qui doivent disposer de certaines substances que les jeunes ne possèdent pas encore. C'est un phénomène très curieux, inexpliqué jusqu'ici et qui ne paraît pas se rencontrer chez les abeilles : on peut en effet y former de petites sociétés composées uniquement de jeunes et leur développement paraît entièrement normal.

Des stimuli comme l'odeur de la reine ou du nid comptent énormément dans l'échange trophallactique. Lorsqu'on affame pendant quarante-huit heures deux groupes de fourmis, dont un seul peut recevoir à travers une toile métallique l'odeur du nid et s'en imprégner, les ouvrières nourriront de préférence ce dernier groupe lorsqu'on opérera la réunion avec le reste de la colonie. Mais si un des groupes a été conservé en présence d'une reine morte, c'est lui qui sera nourri avant celui qui possède l'odeur du nid. Ceci intervient normalement dans la distribution de la nourriture. Les fourrageuses dégorgent le contenu de leur jabot non pas directement dans celui des reines, mais dans celui des animaux du service intérieur ; celles-ci partageront à leur tour avec celles qui sont de plus en plus proches de la reine ; mais à la fin celle-ci ne reçoit plus que le contenu des glandes nourricières.

### *Les grosses paresseuses*

On trouve une énorme quantité de grosses ouvrières qui ne font absolument rien pendant toute la vie, sauf prendre part à l'échange de nourriture, pour lequel les ouvrières les préfèrent, dit-on, à toutes les autres. En tout cas, on ne les voit jamais occupées à quoi que ce soit ; peut-être constituent-elles un maillon essentiel dans la digestion sociale ou l'entreposition de la nourriture.

Mais Schneider ne croit pas que les grosses ouvrières jouissent à ce propos d'aucun privilège. D'après lui, c'est seulement l'intensité de la demande qui règle la distribution de nourriture et sa longueur. Les ouvrières les plus affamées demandent seulement l'échange avec plus d'insistance. Il arrive d'ailleurs, nous l'avons vu, dans des groupes plus ou moins gavés, qu'on assiste à des « échanges doubles » deux fourmis se demandant réciproquement de la nourriture et en dégorgeant en même temps...

*La ségrégation alimentaire.*

Certains auteurs, dont Gœtsch, ont observé chez *Lasius flavus* l'existence de « groupes alimentaires » tout à fait séparés qui ne paraissent rien échanger entre eux. Si par exemple, on mélange à la nourriture d'une fourmi du bleu trypan, et qu'on donne à une autre un insecticide à action lente, on constate que toutes celles qui meurent n'ont pas de bleu trypan dans le jabot et inversement. Les distributions du contenu du jabot se sont donc faites, non pas à toutes les congénères, mais seulement à l'intérieur d'un groupe clos. Goetsch a d'ailleurs retrouvé ces groupes clos chez d'autres espèces ; mais Otto a prouvé que les *Formica*, elles, échangeaient de la nourriture avec toutes les ouvrières indistinctement.

*La corruption de fonctionnaires.*

Un autre rôle essentiel de l'échange de nourriture

est de désarmer une hostilité plus ou moins prononcée ; par exemple quand on introduit un groupe de fourmis étrangères dans une fourmilière, un grand nombre des intruses ouvrent leurs pièces buccales et produisent une goutte de régurgitation ; et ceci même si elles sont beaucoup plus affamées que les légitimes occupantes. Lorsque la goutte est acceptée, c'est signe qu'elles vont l'être aussi. Ceci est bien connu, nous l'avons vu, chez les abeilles (voir page 198).

Zahn ajoute que l'échange trophallactique a un autre effet important, celui d'égaliser la teneur en eau, liquide que les fourmis perdent facilement. On constate en tout cas l'augmentation considérable de ces échanges dès que la température s'élève.

### *L'échange à double sens.*

Ajoutons enfin que l'échange se pratique entre différents stades ou castes, dans les deux sens : non pas seulement des nourrices aux larves, mais *des larves aux nourrices ;* Gösswald l'a prouvé en présentant des larves radioactives à des nourrices qui ne l'étaient pas : elles le deviennent alors dans une proportion faible, mais mesurable. D'autre part les reines émettent par leurs glandes thoraciques certaines substances que les ouvrières lèchent avidement, et on le constate également par la méthode des isotopes. Maschwitz a montré que chez les fourmis, les larves jouent alors le rôle de réserves azotées ; sans nourriture les ouvrières vivent plus longtemps à côté de leurs larves.

### *Les langages chimiques.*

Chez *Solenopsis saevissima,* Wilson ne distingue pas moins de sept modes de communication par voie olfactive : l'*odeur du nid*, dont l'action ne se manifeste pas spécialement tant que justement elle n'est pas troublée par l'introduction d'un facteur étranger ; l'*odeur du corps*, que l'on peut extraire chimiquement et qui provoque alors, soit ce que les Anglo-saxons désignent par un mot difficilement traduisible, le *clustering* ou rassemblement en une sorte d'essaim, soit les soins de nettoyage ; le *produit de la glande de Dufour*, qui est attractif et sert à marquer la piste, ou encore à attirer les congénères au cours d'un combat ; enfin, l'*émission d'une substance sécrétée au niveau de la tête* et qui est à la source de *l'alarme*, vive agitation que manifestent alors les ouvrières ; et d'autres substances encore d'un rôle plus mal défini.

Le *marquage des pistes* se fait par un mécanisme spécial et son rôle est bien particulier. La glande de Dufour émet d'abord une sécrétion incolore qui coule le long de l'aiguillon ; la fourmi touche du bout de cet organe la piste le long de son trajet, à intervalles réguliers, comme si elle la marquait « en pointillé ». La trace est invisible, mais elle agit fortement sur le comportement des fourmis, et les induit à la suivre. C'est tout : aucune autre information ne passe ni sur la quantité de nourriture, ni même sur sa direction précise. En effet la fourmi qui a trouvé une proie sort automatiquement son aiguillon pour marquer la piste au cours de son voyage de retour ; mais ce retour lui-même peut être bien irrégulier et même décrire plusieurs boucles. Cependant ce procédé en apparence si grossier a de curieuses conséquences, comme Wilson l'a découvert ; et je vais y insister, pour montrer que la coordination des actes chez les fourmis ressemble souvent à ce que l'on observe chez l'homme, mais s'effectue en réalité par des moyens non humains.

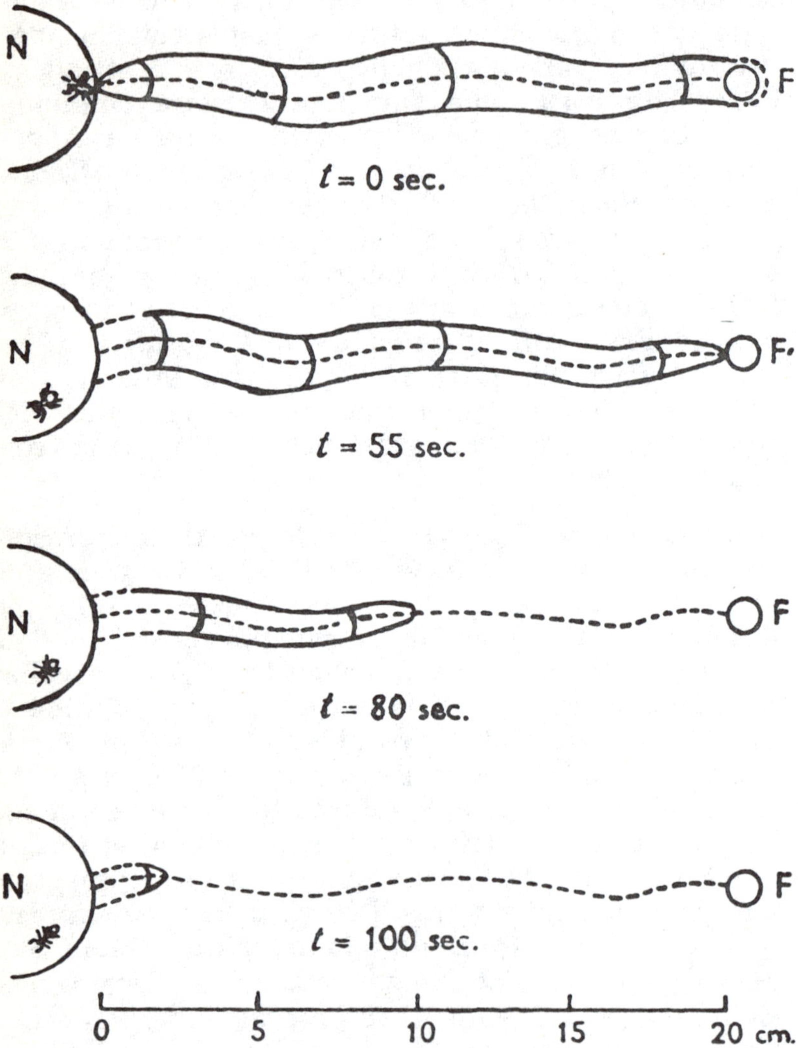


FIG. 32

**La piste odorante que les *Solenopsis* laissent de la nourriture (F) au nid (N). Elle a la forme d'une bande de 40 cm de long sur 2 cm de large. En dehors d'elle, l'odeur est trop faible pour attirer une ouvrière (d'après Wilson et Bossert, 1963).**

On remarque d'abord que plus la proie est volumineuse, plus les fourmis qui s'y attellent sont nombreuses. On pourrait donc à première vue admettre que comme chez les abeilles, les fourmis se passent de l'une à l'autre une information sur la richesse de la provende. En réalité, lorsque les fourmis déposent leur pointillé odorant, il s'évapore au bout de quelques minutes. Si la proie est de peu d'importance, et si peu de fourmis s'y rendent, il ne faut qu'un temps assez bref pour que le marquage de la piste disparaisse, ce qui arrête l'arrivée de nouvelles travailleuses. D'autre part, lorsque la proie est recouverte d'un grouillant manteau de fourmis, les nouvelles arrivantes ne peuvent plus y accéder : elles s'en retournent alors sans marquer la piste ; donc le nombre de fourmis au travail dépend ainsi de la taille de la proie, sans qu'un échange d'information de fourmi à fourmi soit logiquement nécessaire. L'odeur de marquage est spécifique d'une espèce donnée de *Solenopsis.*

Evidemment ces traces qui s'évaporent si vite ne paraissent pas susceptibles à première vue de guider les ouvrières sur de longues distances, supérieures à deux ou trois mètres. Le fait est pourtant que les fourmis exploitent couramment des proies à des distances de cet ordre. Wilson tente de l'expliquer d'une manière à mon avis embarrassée et peu convaincante, par une certaine tendance qu'ont les *Solenopsis* à dépasser les traces et à foncer au delà dans la même direction.

D'autre part, les *Solenopsis* explorent l'environnement comme le font tous les animaux, et on peut constater qu'elles marquent les zones inexplorées au voisinage du nid, même sans aucune proie, ce qui ne se comprend guère. Toujours est-il que selon les calculs de Wilson, bien que le mécanisme de ce passage d'information soit fort différent de la danse des abeilles, son efficacité n'est guère moindre, si on la mesure en unités d'information (*bits*).

Wilson a montré enfin que c'est bien la glande de Dufour et non pas la glande à venin qui est responsable du marquage : en utilisant des broyats de chacun de ces deux organes, seul celui du premier suscite la constitution de pistes aisément suivies par les fourmis de feu.

*Les substances d'alarme.*

Tous les apiculteurs savent qu'il ne fait pas bon écraser une abeille lorsqu'on manipule la ruche : on augmente ainsi considérablement ses chances d'être piqué. Tout le monde croyait d'ailleurs jusqu'en 1964 que la substance d'alarme était le venin lui-même. Mais Maschwitz a eu la patience d'isoler chacune des glandes que l'on trouve autour de l'aiguillon : glande de Dufour, glande de Kochevnikof et glandes du fourreau de l'aiguillon (nouvellement découvertes). Il a constaté que le venin lui-même n'avait pas d'effet. La substance d'alarme est une sécrétion huileuse spéciale exsudée entre les plaques pileuses proches de l'aiguillon ; mais ces plaques n'ont aucune structure glandulaire ; et d'autre part, les glandes écrasées et présentées aux abeilles n'ont pas d'effet. Bref si l'on sait maintenant où est émise la substance d'alarme, on ne sait encore d'où elle vient.

Chez les fourmis, le problème est bien plus compliqué à cause de la variété des espèces et des comportements. D'abord, qu'entend-on exactement par réaction d'alarme chez les fourmis ? En tout cas rarement, comme chez les autres insectes, une réaction de fuite, mais la plupart du temps une ruée vers la zone où s'est produite l'émission de certaines substances, suivie d'attaque immédiate. Maschwitz fait à ce sujet une réflexion profonde : étant donnée la présence du couvain et de la reine dont l'existence doit être à tout prix préservée, la fuite n'aurait pas de sens biologique, pas plus pour les fourmis que pour les autres insectes sociaux. *C'est l'attaque qui en a un.* Et c'est sans doute pourquoi seuls de tous les insectes et probablement de tous les animaux, les insectes sociaux ne fuient pas devant l'homme. Ce n'est que si l'alarme se déclenche à l'extérieur, par exemple près d'une proie que les ouvrières sont en train de dévorer, que se produit la fuite vers le nid. Encore cela n'arrive-t-il que chez des espèces timides, comme *Lasius* ou *Tapinoma.* Il en est de bien plus belliqueuses, comme la fourmi rousse de nos bois, *Formica polyctena* ou *rufa.* Celles-là ne fuient jamais mais projettent sur le trouble-fête de l'acide formique à haute concentration, en essayant de le mordre. Cette tactique peut être fort efficace : j'ai déjà parlé d'une énorme fourmilière qu'un de mes assistants et moi-même nous mîmes en tête de taquiner (à des fins scientifiques bien entendu) sur les pentes du Haut Koenigsbourg. Sa hauteur dépassait la nôtre et je pense que son volume excédait fortement le mètre cube. Il nous fallut reculer car en quelques secondes les fourmis nous couvrirent d'une armée furieuse, en nous asphyxiant à moitié par leurs projections d'acide formique. L'excitation au combat peut alors être telle que les fourmis se mordent même les unes les autres : Maschwitz l'a vu, en enduisant malicieusement une proie d'un concentré de substances d'alarme. Normalement d'ailleurs, lorsque les fourmis essaient de neutraliser une proie qui se débat, elles l'arrosent d'acide formique, ce qui attire immédiatement d'autres ouvrières qui leur prêtent main-forte.

Mais que sont au juste ces substances d'alarme ? Leur nature chimique et leur organe d'origine sont très variables. Je viens de parler de l'acide formique, le produit bien connu des fourmis rousses, dont on l'extrayait jadis industriellement. Il pose à lui tout seul plus d'un problème physiologique : sait-on qu'il est emmagasiné dans une vésicule dont le volume atteint le cinquième de celui de l'abdomen, et qu'il s'y trouve à la concentration fabuleuse de 50 % (je dis bien pour cent et non pour mille). Comment ne brûle-t-il pas irrémédiablement les organes qui le sécrètent et l'entreposent ? Les anciens croyaient qu'il s'agissait de vinaigre, et l'acide acétique joue d'ailleurs lui aussi le rôle de substance d'alarme pour les fourmis rousses, avec toutefois une efficacité bien moindre que l'acide formique. Toutefois une solution d'acide formique pur est moins excitante que le mélange issu de la glande à venin des fourmis ; et l'on sait depuis peu de temps que le petit tube des glandes de Dufour, annexées à la glande à venin, renforcent très nettement l'action de l'acide formique. En plus une autre substance, dont le rôle n'est pas bien défini, jouerait aussi suivant Maschwitz dans le déclenchement de l'alarme ; elle vient des glandes mandibulaires, à l'autre extrémité du corps par conséquent.

Il en est de même chez les fourmis à aiguillon, comme les fourmis rouges (*Myrmica*). Mais chez certaines familles comme les *Dolichodérines*, la glande à venin est atrophiée et c'est une *glande anale spéciale* qui la remplace dans la production des substances d'alarme.

Les reines aussi, au moins chez quelques espèces, produisent des substances d'alarme ; pourtant elles ne participent pas aux combats, mais se bornent à fuir. Les sexués mâles par contre, ne sécrètent rien de tel, autant qu'on le sache du moins.

Ajoutons que ces substances ne *sont pas rigoureuse-*

*ment spécifiques* ; elles peuvent très bien agir par exemple sur plusieurs espèces d'un même genre et même de différents genres. Wilson et Pavan ont montré que sur trois espèces différentes, les substances des glandes anales ont le même effet, alors que pour l'homme elles dégagent des odeurs bien différentes. Mais dans deux cas au moins les chimistes en ont pourtant isolé des corps identiques.

Il faut remarquer aussi que les petites colonies de fourmis primitives, les *Ponera*, qui comptent tout au plus cent individus, n'ont pas de substances d'alarme. C'est sans doute parce qu'une perturbation peut être ressentie au même moment par tous les individus, sans qu'il soit besoin pour cela de la transmission d'une information chimique.

*Le territoire chez les fourmis.*

La plupart des animaux sauvages, et même les animaux domestiques, surveillent activement un espace plus ou moins grand autour de leur nid ou de leur gîte : c'est *leur territoire*. La notion de territoire est inséparable de celle de hiérarchie, et ces deux notions ont révolutionné depuis vingt ans la science du comportement animal. Jadis en effet, on avait tendance à croire à l'existence de hordes inorganisées, et se déplaçant au hasard : c'était ainsi qu'on se figurait l' « état sauvage ». Or, rien n'est plus faux. Personne ne recherche comme il le veut sa nourriture dans un espace vital sans limites ; au contraire, les frontières sont fort étroites et bien connues, et de plus chacun a une idée fort précise de sa position sociale, dominant ou dominé. D'ailleurs même un *leader*, ou comme on dit, un animal alpha, court les plus grands dangers d'être dominé et sévèrement battu en dehors de son territoire propre ou du territoire de la horde.

Les fourmis ne font pas exception, mais elles ajoutent au tableau les inévitables complications de leur comportement social. Brian en a observé ainsi plusieurs espèces dans les prairies d'Ecosse ; il a remarqué que non seulement le nid, mais les étables à pucerons (ces forteresses de terre que certains *Lasius* élèvent autour de leurs aphidiens familiers) font partie du territoire et sont énergiquement défendus. Lorsqu'on offre aux fourmis une coupelle de sirop de sucre, il semble bien que le légitime possesseur soit le premier occupant, et surtout s'il est capable d'amener rapidement à la provende une troupe nombreuse de ses congénères ; cette possibilité de recrutement rapide ne se rencontre pas chez toutes les espèces de fourmis. Le comportement de *fusca* par exemple, change tout à fait suivant qu'elle se trouve à l'intérieur ou à l'extérieur de son territoire. Dans le premier cas, elle attaquera sans hésiter des *Myrmica* plus fortes qu'elle si elles se risquent à l'approcher ; mais dans le second elle fuira aussitôt devant les agressives *Myrmica.* Mais souvent, il n'y a pas de combat, à cause d'habitudes différentes ; par exemple, *fusca* a tendance à s'occuper des pucerons au sommet des plantes, alors que *Myrmica* se confine à leur base ; et dans ces conditions la même plante pourra être exploitée pacifiquement par les deux espèces.

Brian et Talbot ont remarqué que les territoires prospectés par les différentes colonies d'une même espèce s'imbriquent les uns dans les autres comme les pièces d'un puzzle ; mais d'autres territoires peuvent empiéter notablement sur eux, pourvu qu'ils appartiennent à d'autres espèces. Quant aux limites du territoire, elles sont étonnamment variables ; de 2,33 mètres carrés chez *Myrmica,* à 5 000 chez *Formica nigricans,* un hectare et plus chez F. *polyctena* et plusieurs hectares chez *Myrmecia gulosa.*

Mais *il semble qu'une portion minime seulement de ce territoire soit assidûment prospectée,* seulement la portion étroitement confinée aux bords des chemins que suivent les fourmis. Elles ne paraissent pas en effet flairer la nourriture à plus de quelques millimètres et les mouvements de la proie ne les intéressent qu'à une dizaine de centimètres. D'autre part, comme nous le verrons, les pistes perdent régulièrement des ouvrières qui s'en vont fourrager de part et d'autre, et cette déperdition atteint 1,5 % des ouvrières par mètre. Ce qui s'équilibre par des retours vers la piste, à la même cadence, de fourrageuses heureuses ou malheureuses dans leurs recherches. Il semble d'ailleurs que les chasseresses soient bien moins fidèles à leurs pistes que les collectrices de nectar, ce qui se comprend.

Ajoutons en passant que la distance à laquelle les fourmis peuvent aller exploiter une source de nourriture et donc étendre leur territoire n'a aucun rapport avec la taille ou l'espèce. *Fusca* peut aller jusqu'à deux mètres cinquante alors que *Myrmica* ne s'éloigne pas de plus d'un mètre de son nid. Par contre le minuscule *Leptothorax,* bien plus petit que les deux espèces précédentes, va facilement jusqu'à trois mètres. Quant aux fourmis rousses, elles ne reculent pas devant des voyages de plus de cent mètres, et si l'on en croit Gœtsch, les *Atta* champignonnistes iraient encore plus loin.

### *Une sorte de jeu ?*

Parfois le combat entre un propriétaire légitime et des intruses n'est pas très acharné ; cela dépend de l'espèce. Mais il arrive que la fourmi vaincue ou « intimidée » soit saisie par le pétiole et transportée ainsi dans le nid de son vainqueur, où elle court grand risque d'être dépecée. A l'opposé, nous avons la très curieuse observation de Brian sur des *Myrmica* élevées au laboratoire : quand il leur présente une étrangère de leur propre espèce, elle est bel et bien saisie par le pétiole, ce qui provoque son immobilisation réflexe, puis transportée, non pas dans le nid, mais dans le « cimetière », ou dépôt d'ordures du monde extérieur, où très rapidement elle reprend ses sens et décampe sans plus tarder. Brian n'hésite pas à évoquer ici « une curieuse méthode pour réduire la mortalité en convertissant la bataille en une sorte de jeu ». Ceci est en effet très frappant car on sait par ailleurs que l'activité de transport des cadavres est déclenchée chez les fourmis par certains stimuli chimiques liés à un début de décomposition des tissus. Cela ne peut se produire dans le cas cité par Brian. On ne saurait comprendre clairement ce fait étrange sans répéter l'expérience. S'il s'agit vraiment d'une sorte de jeu, signalons que jusqu'à présent c'était vérité reçue que les insectes ne jouaient pas. De vieux auteurs ont toutefois signalé des comportements quasiment ludiques — et chez les fourmis précisément...

*Les incidents de frontière.*

De toute façon à l'intérieur d'une même espèce et dans la nature, une sorte d'entente paraît se faire entre les fourmis. Brian a observé ainsi cinq ou six nids de *Myrmica rubra* faisant bon ménage dans la même souche pourrie ; les fourrageuses de chaque nid allaient dans des directions tout à fait différentes. A l'autre extrémité du comportement agressif se trouvent les œcophylles arboricoles dont chaque nid occupe un arbuste et ne tolère rien d'autre dessus. Pourtant une autre fourmi, *Anoplo-*

*lepis*, ne se laisse pas intimider ; elle n'habite d'ailleurs pas l'arbre lui-même, mais seulement un souterrain à sa base ; lorsqu'une des féroces tisserandes passe à sa portée, elle la saisit tout bonnement et va la dépecer dans son nid. Ceci est d'autant plus singulier que l'*Anoplolepis* n'est pas spécialement belliqueux et tolère bien d'autres fourmis sur son territoire, par ailleurs fort large. Sans doute simplement les autres fourmis ne le menacent-elles point alors que les œcophylles le font d'emblée.

Enfin, Wheeler a remarqué depuis longtemps des visites pacifiques de nid à nid, avec pistes interconnectées. Talbot a même trouvé dans un nid et s'affairant à la construction, des ouvrières qu'il avait marquées dans un autre nid.

Evidemment le cas n'a rien d'extraordinaire dans les colonies polycaliques puisqu'elles proviennent toutes d'une même colonie-mère, avec laquelle elles échangent pendant fort longtemps couvain, reines et substances alimentaires. Cependant, Scherba dit avoir constaté des visites dans un nid de *Formica opaciventris*, qui n'était sûrement pas polycalique d'origine. Le sens de ces visites est bien obscur.

### *Les fourmis comme usine chimique.*

Nous l'avons déjà vu à plusieurs reprises, les fourmis sécrètent les substances les plus bizarres et les plus caustiques, qui empêchent leurs ennemis de les approcher de trop près et leur assurent le plus souvent l'avantage dans les combats. A ce point de vue, l'acide formique de notre fourmi des bois est une arme des plus efficaces.

Mais, depuis peu, les chimistes se sont énormément intéressés aux insectes, à cause justement de la présence dans leurs sécrétions de corps abracadabrants

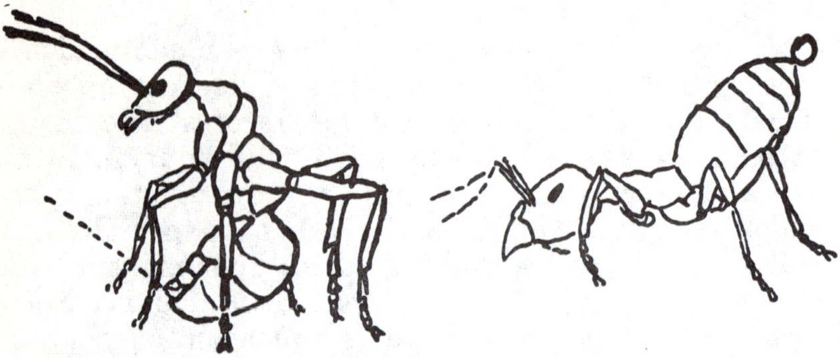

FIG. 33
A gauche, ouvrière de *Formica* projetant du venin ; à droite, ouvrière de *Lasius niger* en état d'alarme : à l'extrémité de l'abdomen apparaît une gouttelette de venin (d'après Maschwitz, 1964).

dont on ne parvient pas clairement à expliquer comment ils ne rongent pas la substance vivante au fur et à mesure de leur production. Je sais bien que notre propre estomac sécrète de l'acide chlorhydrique sans en être affecté, et que l'on sait à peu près pourquoi... Mais tout de même l'acide chlorhydrique n'y est pas à l'état quasiment pur, à 100 % de concentration ; il y est relativement dilué. Tandis que la chenille de *Dicranura vinula* fabrique pour se nymphoser un cocon indéchirable, car elle en tanne la soie en sécrétant en même temps du formol à forte concentration ; pour l'éclosion, elle ouvre ce cocon avec quelques gouttes de soude caustique à 3 % qu'une glande spéciale lui fournit fort opportunément. Plus remarquables encore sont les brachines, tout petits coléoptères qu'on appelle bombardiers, à cause de la détonation qu'ils font entendre quand on les saisit. On vient d'en élucider le mécanisme, il est des plus fous : une de leurs glandes fabrique d'abord de l'eau oxygénée à forte concentration, liquide effroyable dans lequel les tissus biologiques fondent comme sucre dans l'eau ; et une autre glande y mêle une peroxydase qui provoque la désintégration explosive de l'eau oxygénée. C'est à peu de chose près un des mécanismes imaginés pour la propulsion des fusées interplanétaires. D'autres insectes sécrètent des produits brûlants assez voisins du phénol ordinaire.

Nos fourmis rousses sont bien placées dans cette pharmacie corrosive, puisque je l'ai déjà dit, leur acide formique est à la concentration d'au moins 40 %. Mais elles ne sont pas les seules pharmaciennes de la famille. Il faut distinguer ici entre trois classes de corps, les *venins*, les *attractifs* et les *répulsifs*. Mais en ce qui concerne les premiers et les derniers, il faut pour comprendre leur répartition, revenir quelque peu sur la classification des fourmis. En ce qui concerne les venins, par exemple, on peut s'attendre à les voir injectés à l'aide d'un aiguillon. Mais cet organe n'existe pas dans toutes les familles : on le rencontre chez les plus primitives, comme les ponérines et les myrmécines qui s'en vont chasser isolément et sont strictement carnivores. Les fourmis migratrices ou dorylines sont pourvues d'un aiguillon, mais chassent en groupe. Les myrmicines, plus évolués encore piquent leurs proies, mais leur régime n'est plus exclusivement carnivore. Enfin les formes plus avancées, dolichodérines et formicines, ne se servent plus de l'aiguillon, mais le remplacent avantageusement par divers dispositifs, dont la projection d'acide formique n'est pas le moins efficace ; et c'est chez elles que le comportement s'est compliqué au maximum.

Or, les venins, répulsifs ou attractifs, sont tous émis par un système de glandes qui reste fondamentalement le même à travers toute la famille des fourmis ; mais ce qui est intéressant, c'est la « modulation de la sécrétion » en quelque sorte, telle ou telle glande prenant le dessus suivant l'espèce, alors que les autres ne fonctionnent plus ou guère. On 1) des glandes mandibulaires qui sont logées à la base trouve ainsi chez toutes les fourmis (voir page 22) : des mandibules et qui émettent généralement une substance d'alarme, éveillant l'attention ou l'agressivité des autres ouvrières ; 2) des glandes maxillaires associées aux pièces buccales ; leur fonction n'est pas bien connue ; 3) des glandes pharyngiennes, impliquées dans la digestion et qui s'ouvrent dans le pharynx ; 4) des glandes labiales situées dans le prothorax, qui produisent une sorte de salive.

De toutes ces glandes, les mandibulaires nous intéressent ici plus particulièrement ; mais elles ne sont pas les seules à sécréter des substances actives sur le comportement. Il y en a d'autres, réparties sur tout le corps ; par exemple, des glandes métasternales, qui s'ouvrent sur le métathorax ; on a dit qu'elles produisaient « l'odeur du nid » mais ce concept est très obscur, et il vaut mieux convenir que nous en ignorons le rôle. Les glandes à venin sont formées de deux filaments flottant dans la cavité générale et qui s'ouvrent dans une vésicule à la base de l'aiguillon. A côté d'elles se trouve la glande de Dufour, simple tube impair qui se rattache à l'appareil vénénifique ; on pensait jadis qu'elle servait à lubrifier l'aiguillon, mais son rôle est plus complexe et, au moins dans un cas (celui de la fourmi de feu) c'est elle qui sécrète l'odeur de marquage des pistes. Des glandes abdominales dorsales s'ouvrent aussi sur les sixième et septième segment abdominal. On a voulu les comparer aux glandes de Nassanof des abeilles, qui attirent si fortement les ouvrières ; mais il faut convenir que nous ignorons à quoi elles servent chez les fourmis.

Enfin des glandes anales spéciales n'apparaissent que chez les groupes les plus évolués et manquent tout à fait chez les primitifs.

D'ailleurs ce n'est que chez les familles les plus primitives que l'appareil vénénifique ou vulnérant garde la structure classique, (glande à venin + glande de Dufour). Mais dès que le régime n'est plus exclusivement carnivore et que les fourmis commencent à s'intéresser au miellat des pucerons, la glande de Dufour se développe beaucoup et commence à marquer les pistes. Chez une autre famille, celle des dolichodérides, glande à venin et glande de Dufour sont tout à fait éclipsées par les glandes anales qui n'ont plus rien de commun avec l'appareil vulnérant ; elles servent uniquement à l'alarme et à la défense, et c'est une autre glande qui marquera les pistes, la glande de Pavan, à l'extrémité de l'abdomen. Enfin, chez les formicines, tout est changé derechef mais d'une autre façon encore : il n'y a plus d'aiguillon, mais une poche à venin énorme (occupant un cinquième de l'abdomen) remplie d'acide formique à haute concentration ; la glande de Dufour subsiste et doit jouer un rôle dans la reconnaissance mutuelle ; on n'a pas découvert de glande anale.

Quant à la composition chimique des venins, le plus anciennement connu est celui des fourmis rousses qui constituaient jadis la seule source industrielle d'acide formique. On le confondait jadis, nous l'avons vu, avec le vinaigre; la distillation permettait d'en obtenir à partir des fourmis une quantité tout à fait appréciable, et c'est pourquoi sans doute c'est le plus ancien venin d'insecte chimiquement étudié : on en trouve mention dans les *Philosophical Transactions* dès 1671... Ce corps est fortement insecticide et toxique pour les fourmis rousses elles-mêmes. Quant aux venins injectables, liés à la présence d'un aiguillon fonctionnel, on dispose de moins de données sur eux, à cause de la rareté de la matière première. Cavill et Robertson ont voulu s'en procurer à partir de l'énorme fourmi australienne *Myrmecia* qui atteint deux centimètres de long et dont l'agilité est grande, et le caractère intraitable. Non sans nombreuses et douloureuses piqûres ils essayèrent de les exciter à l'aide de chocs électriques, ce qui chez les abeilles constitue une méthode industrielle d'obtention du venin : les insectes piquent alors le substrat, constitué de plusieurs couches de cellulose qu'il suffit d'essorer. Mais les *Myrmecia* ne se laissèrent pas convaincre d'en faire autant, et il fallut disséquer une par une plusieurs centaines de glandes à venin. C'est un venin dit protidique, c'est-à-dire contenant des substances de la famille des protéines, ce qui n'est pas le cas de tous les venins. Il semble toutefois que les venins de fourmis soient généralement de ce type, bien que celui de *Myrmecia* soit le seul qui ait été étudié à fond. Le venin de *Myrmecia*, comme celui des abeilles, contient de l'histamine ; on y trouve aussi de l'hyaluronidase, qui facilite la diffusion des substances toxiques dans les tissus de l'hôte. Une de celle-ci n'est autre qu'une protéine hémolytique qui ressemble assez à la mélittine du venin d'abeilles, alors que l'hyaluronidase rappelle les phospholipases du venin du même insecte. On peut donc conclure sans exagération que le venin de *Myrmecia* est très voisin de celui de l'abeille. On connaît tout de même un venin apparemment très différent, celui de la fourmi de feu, qui contient une amine hémolytique jouissant en plus de propriétés insecticides; mais on n'en sait rien de plus, à part le caractère douloureux de son injection et le fait qu'elle s'accompagne souvent de nécrose des tissus.

Il n'est pas toujours facile d'opérer la distinction

entre les venins et les *substances répulsives* : l'acide formique, par exemple, participe sûrement des deux catégories. On admet que la principale différence est que le répulsif est pulvérisé sur l'assaillant, et non pas injecté. Un autre bon exemple en est l'iridomyrmécine, isolée par Pavan chez la fourmi d'Argentine *Iridomyrmex humilis* : c'est la première substance issue des fourmis dont l'analyse complète et la synthèse aient été réussies. Je ne veux pas infliger aux lecteurs un cours de chimie, mais qu'il me suffise de dire que l'iridomyrmécine n'a rien de commun avec l'acide formique. Ce sont les glandes anales de la fourmi d'Argentine qui la produisent. Bien d'autres produits aux noms bizarres et sonores, un hexénal, une heptanone, une tridécanone, une iridolactone, des terpènes et terpénoïdes ont été reconnus chez les fourmis : le tout grâce à un instrument miraculeux, le chromatographe à argon, qui ingère une trace de substance à une extrémité et restitue à l'autre une courbe superbe donnant sa nature chimique et ses proportions éventuelles dans le mélange. Les signaux d'alarme, émis par les glandes mandibulaires, contiennent de la dendrolasine, du citral, du citronellal, etc. ; tous corps fortement aromatiques. Les substances marqueuses de piste ne sont pas connues du point de vue chimique.

Ajoutons qu'à l'intérieur d'une même espèce les différentes castes peuvent sécréter des substances fortement odorantes, mais très différentes. On dit que les sexués des fourmis cadavres sentent la rose alors que les ouvrières dégagent un fumet d'excréments absolument insupportable. Il y a une espèce de *Pheidole* chez laquelle les soldats ont une odeur infecte alors que les ouvrières ne sécrètent qu'un marqueur de piste qui ne blesse nullement l'odorat. Chez certains *Lasius*, les mâles produisent un mélange de terpènes et d'une base indolique, qu'ils lâchent pendant le vol nuptial. Il est bien probable qu'il sert soit à attirer directement les femelles soit à tracer dans l'air des chemins odorants le long desquelles celles-ci viendront voler. Chaque espèce de *Lasius* produit un mélange différent dont on a analysé exactement les proportions.

CHAPITRE VII

# LE CERVEAU ET LE SENS DES FOURMIS

## *Peuvent-elles apprendre ?*

### *Le cerveau des fourmis.*

On ne sait pas grand-chose, autant dire rien sur le cerveau des fourmis. En gros, il ne paraît pas différer tellement de celui des autres hyménoptères ; mais nous avons si peu de recherches expérimentales, en ce domaine, tout au plus quelques études anatomiques ! Il faut dire que les interventions chirurgicales par exemple, sont très difficiles chez les fourmis à cause de leur petite taille d'abord, et aussi à cause de leur vie sociale : tout individu blessé, ou dont le comportement est anormal, court grand risque d'être sacrifié. *Le volume total* du cerveau ne nous renseignera pas tellement : on sait qu'il a certains rapports avec le développement du psychisme — ou plutôt non pas le volume brut, mais le *rapport du poids du cerveau à celui du corps,* car le cerveau de l'éléphant est plus gros que celui de l'homme. Or, chez les fourmis rousses par exemple, il est à peu près le même chez les trois castes ; mais leur taille ne diffère pas beaucoup. Chez des espèces à polymorphisme très net, comme *Pheidole instabilis* (voir la figure 34) on constate que malgré l'énorme

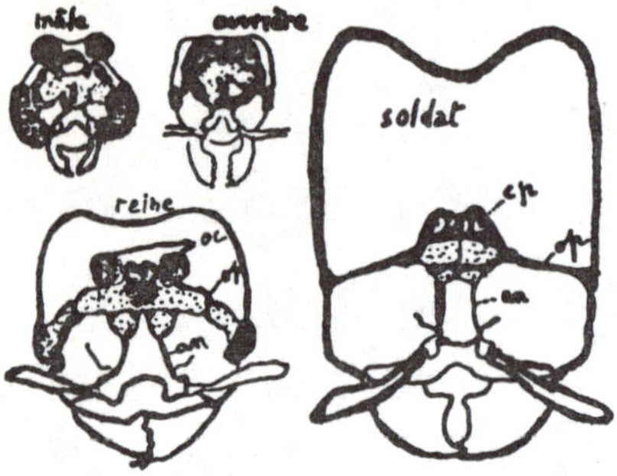


FIG. 34
Têtes des castes de *Pheidole instabilis* (ocelles représentés sous forme de disques noirs) pour montrer la taille relative du cerveau. Dessins à la même échelle (d'après Wheeler).

différence de taille, le volume du cerveau est à peu près le même partout, ce qui signifie qu'il est, par rapport au poids du corps, *bien plus volumineux chez l'ouvrière.* Or, c'est elle dont le comportement est de beaucoup le plus complexe. L'avantage de l'ouvrière est encore plus net si l'on ne tient pas compte des lobes optiques, qui sont seulement en rapport avec le développement des yeux, très réduits chez l'ouvrière.

*Où se trouve le « siège de l'intelligence » ?*

On a voulu attacher une importance particulière aux *corps pédonculés,* ces nodules en forme de champignon (les Anglais les appellent *mushroom bodies,* corps-champignons) propres aux insectes. Forel remarquait déjà que leur volume chez les fourmis ne dépend pas du tout de celui des yeux et des muscles ; ils sont toujours petits chez les mâles, très gros chez les ouvrières, intermédiaires chez les reines, d'où Forel concluait que les corps pédonculés constitueraient le « grand cerveau » des fourmis. Mais Wheeler observe que si les corps pédonculés sont effectivement très développés chez quelques espèces de fourmis, il n'en est pas de même chez toutes, loin de là. De plus ce ne sont pas les ouvrières major qui les possèdent à leur maximum de développement, ce sont les moyennes ; chez les grandes, ils ne sont souvent pas plus gros que ceux des reines. Toutefois, et ceci va dans le sens de Forel, les instincts les plus étonnants ne se rencontrent très souvent pas chez les grosses ouvrières, mais chez les petites et moyennes.

*Les sens des fourmis.*

On a fait depuis un certain temps, des progrès considérables dans l'étude des sens des insectes en général. Tout vient en réalité des immortelles recherches de von Frisch. Ce savant allemand est un type de génie expérimental comparable à Pasteur et à Ampère. Vous vous souvenez peut-être que jadis en classe, on nous expliquait les expériences de Pasteur ; et comment à l'aide de quelques ballons, d'un peu d'ouate et de quelques litres de bouillon il avait prouvé l'inexistence de la génération spontanée et l'existence des microbes ; nous étions bien trop jeunes, hélas ! pour y comprendre grand-chose. Car suivant les méthodes absurdes d'un enseignement maniaque de l'abstraction, on réserve les beautés de la science expérimentale à des blancs-becs de dix ans dont c'est le cadet des soucis ; mais en revanche on ne perd pas une occasion de les bourrer de tout un fatras de mathématiques dont 70 % ne se serviront jamais. C'est une superstition qui remonte aux Grecs pour le moins : seules les mathématiques, dans leur détachement forcené du réel, paraissent capables de former l'esprit des jeunes, alors que le raisonnement sur une expérience n'a pas, paraît-il, la même valeur pédagogique.

Pardonnez cette sortie ; mais quand depuis quarante ans on entend sans cesse dire et qu'on voit faire les mêmes sottises, il y a de quoi devenir nerveux. Parlons plutôt d'Ampère, un autre cas illustre, qui entend un jour parler de l'expérience d'Œrstedt sur l'aiguille aimantée que dévie le courant électrique. Il s'enferme huit jours dans sa chambre et à l'aide de quelques fils de cuivre, d'un aimant et de deux ou trois piles, il monte sur sa table les expériences d'une admirable simplicité qui fondent la science moderne de l'électricité ; le meuble est resté célèbre, c'est la *table d'Ampère*, qui doit se trouver encore avec ses bricolages admirables, au Conservatoire des Arts et Métiers.

Eh bien, von Frisch est de cette lignée-là. Ce petit homme très sourd et silencieux n'a qu'un seul amour, les abeilles et depuis quarante années il les étudie : il n'a pas besoin d'un attirail bien compliqué (et cela d'ailleurs, c'est la marque des plus grands : on admire toujours à la fois l'élégance de leurs démonstrations et la simplicité de leurs moyens). Une ruche, quelques morceaux de bois et un chronomètre lui suffisent. Et l'on en voit sortir, non seulement la magnifique découverte du langage des abeilles — que j'ai racontée ailleurs — mais aussi, et cela est bien moins connu, l'étude la plus complète qui soit sur leurs sens : vue, odorat, goût, toucher, sens de l'équilibre. Les méthodes sont toujours les mêmes, qu'il s'agisse d'abeilles ou de n'importe quel insecte ; elles méritent que nous nous y attardions un peu. Voyons d'abord comment sont constitués les yeux.

*Les yeux et la vision des fourmis.* Les yeux sont très inégalement développés mais bien plus petits, dans l'immense majorité des cas, que chez les guêpes ou les abeilles. Seules quelques tribus primitives (*Myrmecia*) ont de gros yeux ; par contre de nombreuses espèces sont aveugles ou ne possèdent que des yeux extrêmement réduits : par exemple la fourmi voleuse *Solenopsis fugax*, qui creuse ses galeries dans l'épaisseur des cloisons du nid des fourmis rousses. Les fourmis, mais plus généralement les sexués, possèdent en plus des yeux composés à nombreux éléments ou ommatidies, des yeux simples, ou *ocelles*, à très petit nombre d'éléments, situés en général au-dessus des yeux composés. Ils n'existent que rarement chez les ouvrières. On a dit qu'ils étaient utilisés surtout pour la vision nocturne, parce que chez *Aphaenogaster gemellata*, fourmi africaine nocturne, les ocelles sont énormes ; ils sont petits au contraire chez *Aphaenogaster testaceopilosa* et *A. debilis* qui sont diurnes. Toutefois un exemple ne suffit pas à entraîner la conviction. Le problème de l'utilisation des ocelles chez les insectes en général et non pas seulement chez les fourmis est d'ailleurs un des plus embrouillés qui soient. Mais revenons à la physiologie.

Pour la vision des couleurs par exemple : comment savoir si un insecte les voit ou non ? Il ne suffit pas du tout, comme le supposaient les anciens, d'observer une abeille butiner une fleur dessinée sur une tapisserie, pour en déduire qu'elle en distingue la couleur : c'est la forme qui peut l'intéresser, ou un certain contraste avec la teinte générale du fond, qui existerait même si le sujet voyait l'univers comme une photographie en noir. Von Frisch a songé alors à présenter une table recouverte de carreaux de tous les gris possible disposés au hasard ; et parmi eux un seul carreau bleu, si c'est la couleur bleue qu'on veut étudier. On appâte les sujets en leur versant quelques gouttes de sirop de sucre sur le panneau bleu ; puis, quand ils ont pris l'habitude d'y venir butiner, on enlève le sirop et on déplace au hasard le bleu parmi la gamme des gris. Si alors les sujets voient le monde comme une photo en noir, ils vont immanquablement confondre le bleu avec un gris de la même luminosité ; mais s'ils voient les couleurs en tant que couleurs la transposition ne les égarera pas ; c'est bien ce dernier cas que l'on peut observer chez les abeilles.

*Chez les fourmis,* l'observation est moins commode et la méthode des carreaux gris donne des résultats incertains ; on a préféré se servir de la méthode du réflexe optocinétique. C'est une réaction assez curieuse et propre aux invertébrés. Chez les animaux supérieurs, l'homme y compris, elle est loin d'être aussi nette : lorsqu'on enferme les sujets sur une plateforme fixe au centre d'un cylindre tournant rayé de bandes verticales, ils ont tendance ou bien à se déplacer sur place dans le sens des bandes quand on fait tourner le cylindre, ou parfois à se déplacer dans la direction opposée. Il est clair par conséquent que ce même dispositif peut servir à étudier l'*acuité visuelle* par exemple, en diminuant progressivement la largeur des bandes, il y a un moment où le sujet ne bouge plus en face du cylindre tournant : c'est qu'il ne voit plus rien. On peut tout aussi bien tracer sur le cylindre des bandes de tous les gris possibles avec en alternance une bande de la couleur étudiée ; s'ils voient le monde comme une photo en noir, il y aura bien un gris qu'ils ne pourront distinguer de la couleur en question, et ils ne réagiront plus alors aux mouvements du cylindre. Moller Racke l'a fait ; mais sur une seule fourmi *Lasius niger,* qui paraît bien ne pas distinguer les bandes colorées des bandes grises. D'où plusieurs auteurs ont conclu, hâtivement à mon avis, que « les » fourmis ne voyaient pas les couleurs. Ce n'est pas certain pour deux raisons : d'abord la vision des couleurs est très répandue chez les insectes et *Lasius* pourrait bien être une simple exception. Ensuite, il peut exister des différences très grandes entre des espèces par ailleurs assez voisines. Chez les mammifères par exemple, la vision des couleurs n'est pas très répandue, sauf chez les primates et l'homme ; mais si le rat et la souris ne les voient pas, l'écureuil les distingue, quoiqu'il soit proche du rat dans l'échelle zoologique. Disons tout de même que la fourmi n'a pas besoin des couleurs, semble-t-il, alors qu'elles sont fort utiles à l'abeille pour reconnaître les fleurs.

*La vision des formes.*

Nous sommes mieux renseignés sur la vision des formes et l'acuité visuelle. C'est encore une fois à l'école allemande que nous devons ces travaux. Jander et Voss s'adressent aux fourmis rousses. Au milieu d'une enceinte plate et uniforme, ils déposent quelques nymphes, et les fourmis doivent les ramener dans un nid humide et obscur situé à la périphérie, et signalé par un panneau porteur de divers dessins. On dispose bien entendu tout autour de l'enceinte, des séries de panneaux porteurs de dessins plus ou moins analogues. Il s'agit donc pour la fourmi de trouver le signal correct ; ou plus exactement de le retrouver, une fois qu'elle a repéré par hasard une première fois son nid. On constate d'abord qu'il y a bel et bien repérage, mais il est troublé par des préférences innées, qui introduisent des erreurs supplémentaires. Par exemple les *fourmis préfèrent très nettement les bandes verticales aux horizontales* et les figures les moins divisées et les moins compliquées aux autres. Ce dernier point est curieux car il semble unique parmi les insectes : la préférence opposée, c'est-à-dire pour les figures les plus compliquées et les plus divisées, y paraît tout à fait générale. On ne comprend donc pas à première vue pourquoi les fourmis agissent à l'inverse. On peut toutefois, en prolongeant l'apprentissage, les entraîner à surmonter leur préférence pour les figures les moins divisées et leur faire choisir les plus compliquées ; c'est là un autre point qui les distingue des abeilles. Celles-ci en effet préfèrent, et de loin, les figures *les plus divisées et aucun apprentissage ne peut leur faire surmonter cette préférence.* Mais par contre la préférence pour les bandes verticales ne peut être changée par l'apprentissage chez la fourmi ; il restera toujours assez mauvais si le « bon » signal est un panneau porteur de bandes horizontales. Et c'est tout le contraire chez l'abeille : elle préfère elle aussi les bandes verticales aux horizontales, mais on peut l'entraîner à inverser sa préférence. Quant à vous expliquer la raison de ces préférences innées et de leur persistance inégale, j'en serais incapable...

Mais on peut aller plus loin, comme l'a fait Voss avec une ingéniosité et un souci du détail bien allemands. Restons dans le domaine de ces bandes verticales que les fourmis rousses aiment tant. Elles perdent rapidement leur pouvoir si elles sont inclinées de plus de 10° par rapport à la verticale ; d'autre part il faut qu'elles soient suffisamment hautes ; si elles leur apparaissent sous un angle de moins de 26° au-dessus de l'horizon, elles ne les intéressent plus guère. D'autre part il faut que les deux moitiés supérieure et inférieure d'une bande soient en contiguïté exacte, sinon l'attractivité s'effondre littéralement.

Comment l'interpréter ? Nous l'ignorons. Evidemment, on a supposé que cette prédilection pour les bandes verticales était due au fait que les arbres et leur tronc intéressent vivement les fourmis rousses, puisqu'elles y trouvent leurs chers pucerons. Mais

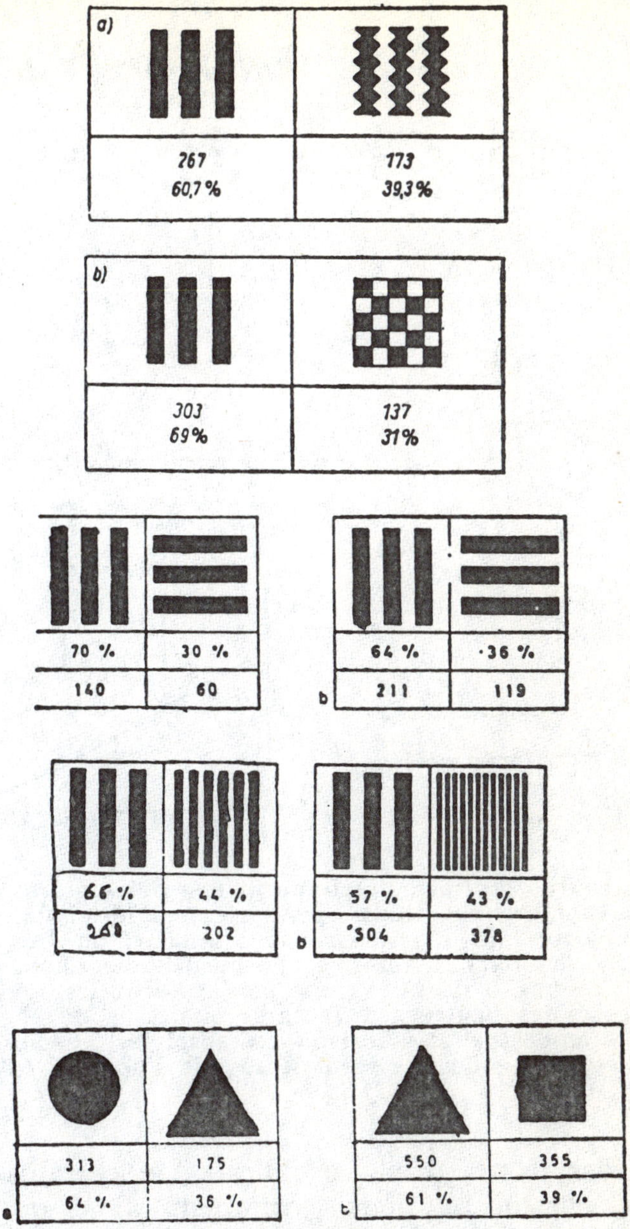


FIG. 35

**Les préférences des fourmis pour certaines figures (exprimées en % des choix ; chiffre supérieur : nombre de fourmis en expérience). On constate dans les deux figures du haut la préférence pour les contours simples (inverse des abeilles). Dans les deux du milieu la forte préférence pour les lignes verticales simples ; dans la rangée du bas, les possibilités de distinction du cercle du triangle et du carré qui n'existent pas chez l'abeille (d'après Voss).**

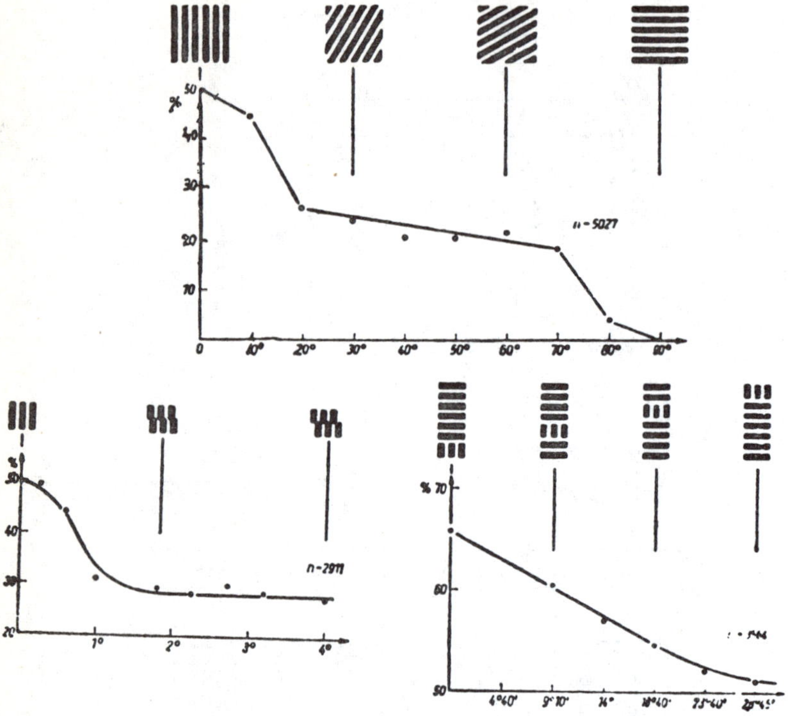

FIG. 36

Dans la courbe du haut, l'inclinaison des stries noires diminue le nombre des choix spontanés ; en abscisses, angle d'inclinaison des stries. En bas à gauche, un très léger décalage des bandes diminue énormément les choix spontanés. En bas, à droite : trois bandes verticales sont présentées à des hauteurs différentes au-dessus de l'horizon (angles au-dessus de l'horizon en abscisses). Seules sont choisies les bandes juste au-dessus de l'horizon (d'après Voss).

il y a des troncs d'arbres obliques, et certains présentent des bifurcations ; comment donc de très légères altérations de la bande verticale suffisent-elles pour que les fourmis s'en désintéressent ?

D'autre part, malgré leurs préférences, les fourmis distinguent bien tout de même les bandes horizontales des verticales, mais *non point des bandes inclinées de pente opposée ;* il est curieux de noter que cette dernière discrimination est très difficile à acquérir dans le règne animal, et chez des animaux aussi éloignés des fourmis que les rats ou les pieuvres.

Vowles a répété les expériences de Voss et Jander avec un dispositif légèrement différent : un appareil en forme de T, dont les insectes devaient trouver la sortie, située dans l'une des branches du T ; un signal était disposé juste au-dessus de cette sortie. Les résultats sont les mêmes ; avec une remarque assez singulière toutefois, c'est qu'il *existe entre les différentes fourmilières des possibilités d'apprentissage tout à fait inégales* et des comportements très dissemblables.

On peut mesurer l'*acuité visuelle* des fourmis en calculant l'angle d'ouverture de leurs éléments visuels ou ommatidies. Mais lorsqu'on opère des mesures directes en diminuant l'épaisseur des bandes du panneau signalisateur, on s'aperçoit qu'elle est de 34' c'est-à-dire bien plus fine que l'anatomie ne permet de le supposer. On est parvenu à l'expliquer, non pas chez la fourmi spécialement, mais chez divers autres insectes. Mais il n'est pas facile de l'exposer car il faudrait faire appel à des notions assez élaborées de cybernétique. Qu'il me suffise de dire que certaines dispositions physiologiques, telles que le câblage nerveux de chaque ommatidie, ont pour effet d'augmenter fortement le contraste des figures par rapport au fond et augmentent ainsi la finesse et la puissance de la vision. En un mot, on peut conclure que les fourmis, quoique fort myopes comme tous les insectes, y voient somme toute assez bien.

*L'orientation.*

Cela se manifeste notamment dans *leurs capacités*

*d'orientation en plein champ.* Il est certain qu'elles se guident d'après le soleil, en gardant en mémoire ses déplacements, comme les abeilles. On peut le prouver en refaisant justement toutes les expériences que l'on a faites sur les abeilles et qu'il serait fastidieux de détailler ici. En particulier si l'on présente à une *Myrmica* l'image du soleil dans un miroir, on la trouble complètement. Mais cette fourmi est placée relativement bas dans l'échelle du psychisme des fourmis. Et la même expérience ne réussit pas ou mal avec les fourmis rousses. C'est que comme les abeilles, les fourmis *ne consultent pas le soleil seul* pour retrouver leur chemin ; s'il est caché, elles peuvent comme leurs voisines mellifères, retrouver son emplacement en consultant les pans de ciel bleu qui restent apparents. Car *elles distinguent,* toujours comme les abeilles, *la lumière polarisée de la lumière ordinaire.* Et chaque partie du ciel bleu offre un aspect spécial vu en lumière polarisée, suivant son emplacement par rapport au soleil ; partant du premier, on peut donc arriver au second. Ajoutons d'ailleurs que si l'on fait suivre aux fourmis un certain chemin en lumière ordinaire, et qu'on recouvre une partie du trajet d'un polaroïd (matière plastique qui polarise la lumière) les fourmis sont désorientées dès qu'on fait tourner le polaroïd. Comme les abeilles encore, les fourmis peuvent même distinguer le soleil par temps entièrement couvert, pourvu que les nuages ne soient pas trop nombreux. Les abeilles dans ce cas se servent de l'image du soleil dans l'ultra-violet lointain, qui arrive à percer les nuages ; von Frisch a pu le démontrer contre l'opposition de plus d'un physicien qui ne l'admettait pas. Les fourmis semblent aussi se guider sur la zone plus claire que forme le soleil dans les nuages blancs ; et Jander a montré d'ailleurs au laboratoire qu'elles s'orientent aussi bien d'après une plage de lumière diffuse que d'après une source ponctuelle.

Enfin les *fourmis utilisent,* toujours comme les abeilles, les *repères terrestres :* ce gros pin, ce rocher, ce buisson... Elles peuvent calculer (*einkalkulieren* comme dit Jander) leur parcours, à la fois d'après un panneau noir et le soleil ou l'image de polarisation du ciel bleu ; se dire par exemple (façon de parler) « nous devons passer entre le panneau et le soleil jusqu'à cinq heures, mais toujours devant le panneau après, quoique le soleil ne soit plus à la même place ». Et si alors on déplace le panneau, on provoque une grosse perturbation.

En effet tous les animaux, et ils sont nombreux depuis les insectes jusqu'aux poissons, qui « calculent » leur route d'après le soleil, doivent très évidemment *tenir compte des déplacements de l'astre :* ce qui suppose un *sens du temps* très précis et un mécanisme d'intégration centrale très compliqué. Tout ceci est abondamment démontré chez l'abeille, comme l'a écrit un des plus brillants élèves de von Frisch, Renner. Une fourmi (ou une abeille) peut par exemple, après un emprisonnement momentané dans une boîte obscure, reprendre sa route en tenant compte du déplacement du soleil pendant ce temps. Mais cela ne s'observe guère ou pas du tout chez les fourmis qui sortent d'hivernage. *Il faut très probablement que cette méthode de compensation soit réapprise après l'hivernage,* les fourmis ne possédant à l'état inné que la possibilité de l'exécuter.

De même le guidage d'après les repères terrestres suppose *une mémoire, qui chez les fourmis paraît étonnamment fidèle pour un insecte.* Elles n'ont rien oublié après une semaine ; non seulement un repère isolé, mais aussi des combinaisons complexes de repères. Je l'ai vu moi-même au cours d'expériences sur l'apprentissage du labyrinthe (voir page 253). Et si l'on en croit Wellenstein, les possibilités de la mémoire des ouvrières iraient encore beaucoup plus loin : après marquage à la peinture de bon nombre d'ouvrières en automne, il en retrouva au printemps suivant qui suivaient les mêmes pistes que l'année précédente. S'il en est ainsi, les fourmis sont les champions de mémoire du monde des insectes et de loin !

Ajoutons enfin qu'il existe une autre réaction à la lumière qui se rattache à l'orientation : c'est ce qu'on appelle la *phototaxie,* c'est-à-dire le fait de se diriger vers la lumière (phototaxie positive) ou en sens inverse (phototaxie négative). Or les fourmis rousses sont photopositives lorsqu'elles vont fourrager et photonégatives lorsqu'elles reviennent vers le nid.

*Le sens de l'équilibre.* Nous disposons derrière l'oreille d'un appareil curieux formé de trois canaux semi-circulaires correspondant en gros aux trois dimensions que nous reconnaissons à l'espace. Le principe du fonctionnement de ces organes et d'une quantité d'autres similaires que l'on retrouve dans la série animale, est toujours le même : dans un liquide flottent de petites particules minérales qui ont à peu près la même densité ; le moindre déplacement de la tête ou du corps les affecte avec un certain retard par suite de leur inertie, et ils viennent heurter des cils sensoriels placés tout autour de la cavité où ils se trouvent. Le système nerveux central est alors renseigné, suivant l'emplacement des cils qui ont été affectés, sur le sens du mouvement qu'ont exécuté le corps ou la tête.

Mais les insectes ne possèdent rien de pareil. Pourtant il est hors de doute qu'ils savent maintenir leur équilibre et parfois retomber sur leurs pattes avec autant d'agilité que des chats. Et l'on se demandait bien comment ils s'y prenaient, jusqu'à ce que le célèbre professeur Lindauer, grand spécialiste des abeilles — et élève de von Frisch, certains disent même son émule — découvrît la clef du mystère : les abeilles portent aux articulations du pétiole, du cou, des pattes, etc., des zones pileuses spéciales placées très près du segment de membre immédiatement contigu : aussi arrivent-elles à le frôler dès qu'il bouge tant soit peu. Elles expédient aussitôt un message sensoriel qui est intégré dans les calculatrices centrales et combiné s'il y a lieu avec les messages des autres plaques pileuses. Un ordre est alors expédié au système moteur qui peut aboutir à une rectification de la position du corps.

On a découvert depuis ces organes de l'équilibre chez d'autres insectes, et Markl notamment les a vus chez les fourmis rousses. Il a bloqué un certain nombre de ces organes en recouvrant de cire les zones pileuses, et a pu ainsi constater lesquelles étaient les plus importantes ; on y trouve en effet une sorte de hiérarchie. Dans le maintien de l'équilibre interviennent ainsi par ordre d'importance les récepteurs du cou, ceux du pétiole, des antennes et des coxas ; ceux du gastre ne jouent pas un très grand rôle et une fourmi sans abdomen peut arriver à maintenir son équilibre. Les plaques pileuses ont d'ailleurs une autre fonction que le maintien de l'équilibre ; elles renseignent également le système nerveux sur la position du corps dans le plan horizontal. Ce n'est que lorsqu'elles envoient toutes à peu près en même temps un message dans le même sens au système nerveux central qu'il est interprété comme une indication relative à la pesanteur et non pas à la position du corps.

*La combinaison des indications visuelles et gravitationnelles. La « géoménotaxie »*. Mais la possibilité de « recalculer » les données sensorielles va plus loin encore et l' « ordinateur central » peut combiner les indications de deux sens différents, la vue et la sensibilité à la pesanteur. Ici, il me faut entrer dans un peu plus de détails et me reporter comme toujours, à l'insecte le mieux étudié de tous, l'abeille.

Une des découvertes essentielles de von Frisch a été, tout le monde le sait maintenant, la danse des abeilles. Or, de retour à la ruche, la butineuse qui a trouvé une nouvelle provende exécute une danse en forme de 8 aplati ; l'angle que fait l'axe du huit avec la verticale (autrement dit avec la direction de la pesanteur) est égal à un autre angle, celui que feraient deux lignes, l'une tirée de la ruche au soleil, et l'autre de la ruche à la source alimentaire nouvellement découverte. Autrement dit, il s'agit d'une transposition de deux données empruntées au sens de la vue (direction du soleil, direction de la provende) dans de nouvelles coordonnées qui prennent pour référence la direction de la pesanteur. Et l'on peut saisir aisément la progression de la transformation, en inclinant peu à peu jusqu'à l'horizontale le rayon vertical sur lequel danse l'abeille ; alors l'axe du 8 cesse de se référer à la pesanteur pour finalement indiquer directement la direction de la provende comme une aiguille de boussole. Si par contre on redresse le rayon on voit la référence à la pesanteur réapparaître et s'imposer tout à fait quand le rayon est redevenu vertical (1).

Evidemment une pareille opération (qui doit être, bien entendu, complètement automatique) dépasse de beaucoup ce qu'on croyait savoir des possibilités du système nerveux des insectes. On s'est naturellement demandé si seule l'abeille possédait ces étranges

(1) Voir chez le même éditeur, « les Sociétés Animales » du même auteur.

facultés et si d'autres insectes n'en pouvaient faire autant ; et plus spécialement les insectes sociaux, dont le degré de psychisme est le plus voisin de celui des abeilles. Et on a trouvé que les fourmis y parvenaient plus ou moins. Le mécanisme n'est pas aussi parfait que chez les abeilles, pour une bonne raison sans doute, c'est qu'elles n'en ont pas besoin. Leur système de repérage et d'alerte, lorsqu'une fourrageuse a trouvé quelque chose d'intéressant, paraît tout autre ; dans beaucoup de cas d'ailleurs, on ne le comprend pas très bien. Markl fait arriver les fourmis au centre d'un disque vertical et les dresse dans une certaine direction par rapport à une source lumineuse dont les rayons sont parallèles au disque ; elles y retrouvent leur nid, par exemple. Puis il éteint la lumière et il recherche si la fourmi, grâce à ses repères empruntés à la pesanteur pourra conserver sa direction. Les ouvrières y parviennent en effet, mais avec des déviations (des « erreurs ») caractéristiques. Par exemple, si l'angle entre la verticale et la direction du but est situé entre 0° et 90°, elles tendent à dévier vers le haut ; si l'angle dépasse 96° c'est plutôt vers le bas qu'elles dévient. (Ceci rappelle d'ailleurs certaines « erreurs » que l'on rencontre aussi chez les abeilles au cours de transpositions semblables.) D'autre part, ces erreurs doivent provenir d'un défaut ou d'une particularité des calculatrices centrales, car Markl a prouvé que le blocage de plusieurs plaques pileuses sensibles à la pesanteur n'y changeait rien. L'inclinaison du disque sur la verticale, et la surcharge du gastre avec de petites masses métalliques n'ont pas non plus d'action sur ces erreurs.

*Les sens chimiques.* On n'a pas beaucoup de renseignements sur l'odorat et l'olfaction chez les fourmis. Tout au plus un vieux travail de Schmidt nous apprend-il que la sensibilité aux différents sucres varie suivant les espèces de fourmis. Les espèces carnivores, comme *Myrmica,* ne s'intéressent qu'à sept sucres, alors que celles dont le régime est plus varié et qui sucent le miellat en acceptent une douzaine. L'organe gustatif paraît localisé dans les antennes et il ne semble pas qu'il en existe un autre dans les tarses comme chez l'abeille (tout au moins chez *Myrmica*). Le sucre « le plus sucré » c'est-à-dire celui que les fourmis reconnaissent encore comme sucré à la dilution la plus forte, paraît être le saccharose (c'est d'ailleurs le cas chez tous les insectes). Certains sucres complexes, comme le mélézitose et le raffinose qu'on peut rencontrer dans les miellats, paraissent aussi très sucrés. Mais tout ceci est fort ancien et ces travaux devraient être repris sur davantage d'espèces. Des recherches plus récentes portent sur les stimuli chimiques qui déterminent les fourmis à transporter les cadavres de leurs congénères : ils sont liés à des produits de décomposition des tissus organiques. Vowles, enfin, arrive à faire de la microchirurgie sur le cerveau des fourmis ; le conditionnement à une odeur, très rapide, est annulé par des sections en des points précis du cerveau.

*L'audition.* On ne sait si les fourmis entendent quoi que ce soit et ce point n'est pas non plus éclairci chez les abeilles. Les exemples de sensibilité aux sons que l'on a cru relever çà et là viennent peut-être d'une *sensibilité aux vibrations,* qui est extrêmement développée chez les insectes. Certaines sauterelles, par ailleurs tout à fait sourdes, réagissent aux sons parce qu'elles perçoivent les vibrations que ceux-ci impriment par résonance au substrat.

Quant à *l'émission de sons,* elle est fort connue chez les abeilles et les fourmis. Ces deux insectes émettent continuellement non seulement un bourdonnement de tonalités variées, comme l'abeille, mais surtout des volées d'ultra-sons. Dès 1874, Landois trouve à la base de l'abdomen d'une *Ponera* un organe producteur de son, et Lubbock très peu d'années après (1877) en décrit l'analogue chez *Lasius flavus.* Ces organes présents dans une grande quantité de familles se composent sous leur forme la plus simple de rangées de stries très fines, parallèles et transverses, étendues sur une petite zone à la base et en haut du premier segment du gastre ; elle est recouverte par une portion en surplomb du segment précédent, dont le bord est taillé en biseau de sorte qu'il peut se frotter contre les stries. L'émission de sons par les fourmis n'a pas fait l'objet d'un grand nombre d'études. Raignier fait remarquer qu'ils ne sont pas tous émis dans la bande des ultra-sons, et qu'il est possible d'entendre parfois une légère stridulation chez les donérines et dolichodérines. Les *Megaponera* stridulent de concert lorsqu'on leur a enlevé le congénère qui les guide et qu'elles rebroussent chemin vers le nid, ou encore lorsqu'une expédition est sur le point de partir. On dit que les enfants du Nigéria le savent bien, et prétendent même qu'en donnant des coups de sifflet ils peuvent rendre folles les fourmis (il est vrai que la stridulation de ces énormes fourmis ressemble assez à un sifflement). Chez *Myrmica schenki* les ouvrières stridulent aussi lorsqu'elles sont attaquées par une autre espèce. Ceci provoque l'excitation des congénères qui se trouvent à proximité immédiate, mais elles ne se dirigent nullement vers leur congénère pour le secourir : ce serait agir comme les hommes ! simplement l'excitation générale multiplie les courses au hasard et *donc les chances de rencontrer l'agresseur.* Nachtwey a décrit chez un grand nombre d'espèces de fourmis une extrême variété d'appareils stridulateurs (qu'il appelle « phonateurs ») très compliqués, avec chambre de résonnance, tiges vibrantes, etc., qui atteignent ou même dépassent tout ce qu'on connaît de ce genre chez les insectes. Mais il n'en a exécuté qu'une simple étude anatomique et descriptive ; c'est-à-dire qu'on n'a pas la moindre idée des sons émis.

Chez tous les insectes stridulants, la possession d'organes émetteurs d'un son ne va pas sans la présence d'organes auditifs susceptibles de les percevoir. Les fourmis ne font pas exception ; *leurs « oreilles » se trouvent dans les tibias antérieurs* et ressemblent beaucoup à ceux des grillons. Chez *Camponotus*, l'organe en question contient 18 à 20 fibres sensorielles, et réagit par des influx aux vibrations du sol de cent à trois mille cycles par seconde.

*Mais ces signaux sont-ils perçus ?* Ne constitueraient-ils point simplement un bruit de fond sans signification pour le comportement ? Il est bien difficile de le savoir. Toutefois, des recherches très récentes nous ont appris quelque chose là-dessus. Markl, étudiant les fourmis champignonnistes *Atta*, s'est aperçu que les ouvrières stridulent quand elles se trouvent enfermées dans un vase dont elles ne peuvent sortir. Une grande partie du son est inaudible pour l'homme puisqu'il va de vingt à plus de cent kilocycles. Evidemment chez *Atta*, il existe une difficulté particulière à mettre en évidence l'influence de la stridulation, car ces fourmis possèdent un moyen d'alarme supplémentaire, une glande mandibulaire qui émet une substance d'alarme spéciale, contenant un corps hautement aromatique, le citral. Markl échappe à cette difficulté en coupant tout simplement la tête des *Atta*, ce qui ne les empêche pas de striduler. Admirable vitalité des insectes ! Mais le son n'attire les fourmis *que s'il leur est transmis par le sol* (ce qui montre bien qu'il doit s'agir en réalité d'une sensibilité aux vibrations) et il provoque chez elles une réaction singulière, le creusement du sol, là où la transmission est maximum. Ce sont uniquement les ouvrières minima qui creusent. La reine peut striduler aussi et bien plus fort, puisqu'elle est infiniment plus grosse ; cela pourrait la préserver mieux que les autres des suites d'un éboulement accidentel. Qui sait aussi si cette stridulation n'a pas un rôle normal de guidage des ouvrières lorsqu'elles creusent les galeries compliquées du nid ?

Chez une autre champignonniste, *Pogonomyrmex,* il y a possibilité de transmission de messages plus compliqués, à cause de la structure complexe de la stridulation. Là aussi, elle est produite par le frottement de la zone médio-dorsale du gastre contre un système de stries situé sur le post-pétiole ; et c'est l'élévation et l'abaissement successifs du gastre qui produisent la stridulation. Sa fréquence est moindre que chez *Atta,* ce qui lui permet de se transmettre plus loin, bien que son intensité soit moins grande ; c'est également le substrat qui transmet le son. Mais la fourmi peut faire varier trois facteurs : l'intensité globale (plus forte quand le gastre s'élève, moindre quand il s'abaisse) l'intensité pendant la phase d'élévation, qui peut varier à part ; et enfin chaque stridulation se subdivise en émissions successives séparées par des pauses de longueur variable, gouvernées par les mouvements du gastre. Il y a donc ici un véhicule possible pour un passage d'informations, mais il n'est pas démontré que les fourmis les utilisent effectivement.

*Le sens du temps.* Les abeilles ont été dressées très facilement par Renner et d'autres à venir chercher du sirop de sucre en un lieu déterminé et à une heure fixée. Cela se comprend d'ailleurs puisqu'elles butinent le nectar des fleurs et leur pollen, qui ne sont très souvent produits qu'à heure fixe et en un laps de temps assez bref. Il n'en est pas de même chez les fourmis. Le miellat des pucerons est sécrété dès qu'ils se sentent stimulés par les ouvrières et à n'importe quelle heure. Quant à la chasse, elle ne cesse ni jour ni nuit pourvu que la température soit suffisante. Il n'y a donc pas de raison apparente pour que les fourmis possèdent un « sens du temps ». Et les expériences modernes montrent en effet qu'on n'est jamais parvenu jusqu'à présent à dresser les fourmis à venir chercher leur provende à une heure déterminée. Leur sens du temps se manifeste autrement.

*Rythmes d'activité.* Il y a des fourmis diurnes et d'autres strictement nocturnes ; parmi ces dernières se trouvent d'après Bernard, cinquante-quatre des cinquante-huit espèces du Sahara ; cela s'explique par la chaleur insupportable du désert au ras du sol, pendant le jour. Et cependant, on y connaît des espèces qui se déplacent en plein jour comme *Catalyphis bombycina* et la fameuse fourmi-réservoir, *Myrmecocystus.* Certaines de ces fourmis sont si bien recouvertes de poils argentés qu'on les dirait en aluminium ! Evidemment, il est possible que ce dispositif réfléchisse une grande partie des radiations incidentes. Mais il reste qu'en vertu des lois du microclimat dégagées par les bioclimatologistes, la chaleur au niveau du sol est bien plus élevée qu'au niveau du visage humain, où sont placés d'habitude nos abris météorologiques. Au niveau du sol par un jour d'été au Sahara, on relève des températures qui dépassent 70° : on se demande donc comment un insecte peut se déplacer dans ces conditions sans mourir de chaleur. Il y a là un curieux problème physiologique qui ne me paraît pas avoir été étudié.

Par ailleurs, d'autres fourmis de nos climats, comme nos fourmis rousses, qui sortent de jour, marquent une pause au milieu de la journée lorsque la température est trop élevée ; mais elles sortent couramment fourrager au cours des nuits chaudes. Ce qui pose toute une série de problèmes. J'ai montré en effet qu'elles ramenaient de leurs expéditions nocturnes autant de gibier pratiquement que dans la journée. Or, elles sont réputées chasser à vue : il faut donc bien que la nuit elles utilisent d'autres sens. (voir page 78).

Chez beaucoup d'insectes, le rythme d'activité, soit diurne, soit nocturne, dépend d'une « horloge interne » réglée par le métabolisme. On le prouve en les enfermant dans une enceinte sous lumière ou obscurité constante ; et, dans ces conditions, l'activité reprend néanmoins à l'heure habituelle. Tout au moins, c'est ce qui arrive chez *Veromessor andrei*, mais non chez *Formica polyctena* dont le rythme (d'ailleurs fort incertain) disparaît aussitôt.

Néanmoins, lorsqu'on enferme les ouvrières dans une boîte obscure, elles se dirigent sans erreur vers leur nid dès la remise en liberté : or, on est certain qu'elles se guident d'après le soleil. Il faut donc qu'elles tiennent compte de ses déplacements, comme les abeilles dans les mêmes conditions. Cela implique tout de même un certain sens du temps, mais qui ne serait utilisé que pour l'orientation et non pour la recherche de la nourriture. Dobrzanski remarque d'ailleurs que les aliments des fourmis se trouvent en permanence dans la nature, et non pas comme le nectar des abeilles à certaines heures seulement.

### *Les fourmis peuvent-elles apprendre ?*

Malgré le nombre énorme de naturalistes qui se sont intéressés aux fourmis, on ne compte pas tellement de recherches *expérimentales* sur leur comportement.

Je crois que leur contemplation subjugue tellement l'observateur qu'il n'en conçoit même plus le désir d'intervenir. Et cependant, nous l'avons déjà vu, nous allons le voir et nous le verrons encore, l'expérience est la mère de la science : elle seule permet d'interpréter une observation et de vérifier si les conclusions qu'on en tire sont les bonnes.

Lorsqu'on voit les *Formica* accomplir tant et tant d'actes adaptés à leur fin (en gros, pas en détail) on se pose naturellement la même question qu'à propos d'un animal supérieur, un mammifère par exemple : tout cela, savaient-elles le faire d'emblée dès leur naissance ou a-t-il fallu qu'elles l'apprennent ? La question d'ailleurs est peut-être posée mal à propos ; elle implique sans doute, comme nous le verrons plus loin, une erreur subtile qui réside dans l'assimilation plus ou moins lointaine d'une fourmi à un mammifère. Toujours est-il qu'on a cherché à la résoudre de diverses façons, et le biologiste américain Schneirla a été un des premiers à instituer dans ce but toute une série d'expériences.

Il s'est servi d'un appareil cher aux psychologues expérimentaux, le labyrinthe. Mais pour faire comprendre le choix et l'utilité de cet instrument, je dois me permettre une digression.

*Le rat blanc dans le labyrinthe.* C'est le rat blanc, ce souffre-douleur habituel des laboratoires, qu'on a commencé voilà bien des lustres à placer dans un labyrinthe pour étudier son comportement. Au début la forme du labyrinthe était quelconque, mais très compliquée. L'un des premiers « labyrinthologues » Small, prit même pour modèle le labyrinthe de verdure de Hampton Court, en Angleterre. On plaçait les rats affamés à une extrémité et il n'existait pour eux aucune autre possibilité de manger que de franchir tout l'appareil jusqu'à sa chambre terminale.

Le plus fort, c'est qu'ils y parviennent, et aussi bien, sinon mieux que l'homme : j'entends bien l'homme empêché de se servir de moyens proprement humains, comme le fil d'Ariane ou le dressage d'une carte. (Les sujets humains ont alors les yeux bandés et doivent suivre avec un stylet les méandres d'un petit labyrinthe). Il est facile de comprendre que cet appareil peut se transformer en une sorte de microscope que l'on braquera sur tel ou tel aspect du comportement. L'un de ceux-ci par exemple a été d'abord confondu avec l'intelligence, mais la réalité est bien plus complexe : c'est la possibilité d'apprendre des labyrinthes de plus en plus compliqués ; on a cru pouvoir dresser ainsi une échelle du psychisme. On trouve évidemment de ce point de vue de très grosses différences entre les espèces et même les individus, mais elles sont d'une interprétation difficile.

Si, après que les sujets ont atteint un certain *score*, comme disent les Anglo-Saxons, on les laisse au repos pour ne reprendre qu'au bout d'un certain temps, c'est alors *la mémoire* que l'on étudie. Mais le labyrinthe étant appris, on peut en faire apprendre un autre semblable ou différent : on s'intéresse alors aux possibilités de transfert ou de *généralisation d'une solution*. Il est possible aussi d'ouvrir un raccourci qui permet d'éviter un parcours inutile ; on constate si le comportement manifeste assez de flexibilité pour adapter cette nouvelle solution à un problème déjà connu. D'autres chercheurs ont modifié l'éclairement, l'orientation, la couleur des parois du labyrinthe, ou l'ont placé à l'obscurité ; ou bien se sont intéressés au sujet lui-même en détruisant un ou plusieurs de ses organes des sens : c'est alors les mécanismes d'orientation que l'on étudie. On conçoit que la technique ait suscité un tel enthousiasme que plus de huit mille travaux aient été publiés sur le rat dans le labyrinthe. C'est beaucoup trop d'ailleurs. Car il faut s'intéresser non pas à l'instrument mais au problème et ne pas considérer le labyrinthe comme une fin en soi ; aucun procédé ne permet de résoudre tous les problèmes et celui-ci n'est pas sans défaut. Mais ce n'est pas ici le lieu d'en discuter plus à fond.

Schneirla a donc conçu l'idée de comparer le comportement des fourmis dans le labyrinthe à celui des rats ; il a utilisé un appareil dont la taille avait été adaptée soit à la fourmi, soit au rat. Les fourmis (*Formica lugubris,* espèce assez voisine de *polyctena*) étaient introduites une par une, ce qui constitue, nous le verrons plus loin, un défaut peut-être grave dans l'organisation des expériences.

On constate tout d'abord que les deux animaux, rat et fourmi, arrivent à la maîtrise du labyrinthe, mais le premier bien plus vite que la seconde : le rat n'a besoin que d'une quinzaine d'essais et la fourmi de plus de trente. Mais de plus la fourmi passe par toute une série de stades qui sont « télescopés » chez le rat. Dans une phase de début, elle court au hasard dans le labyrinthe et cela jusqu'au huitième essai à peu près. Elle parcourt ensuite tous les culs de sacs avec une régularité désespérante ; peu à peu, on la voit s'arrêter à peu près en leur milieu ; puis elle ne va plus que jusqu'au tiers ; puis s'arrête peu après l'entrée. Dans le fond, le comportement des fourmis ressemble assez à celui des « machines à parcourir le labyrinthe », naïfs robots que l'on construisait vers les années trente, avant l'ère de la cybernétique. Munis d'une cellule photoélectrique et d'une consigne très simple à base d'essais et d'erreurs (chaque succès augmentant les chances d'entrer dans le même cul de sac, chaque « erreur » les diminuant) les robots apprenaient un labyrinthe élémentaire et servaient au théoricien à démontrer le bien-fondé de la théorie et la validité de ce modèle du comportement du rat.

L'ironie de la situation, c'est que justement le rat ne se comporte pas du tout comme cela ! Il a fallu pour ne pas le voir que les théoriciens soient complètement possédés par le désir enragé d'avoir raison contre les faits, ce fléau des sciences expérimentales. Mais... c'est la fourmi qui ressemble au robot ; le rat, lui, saute tous les stades et apprend le labyrinthe si vite que celui-ci est sans doute trop simple pour lui. Au lieu de raccourcir graduellement leurs parcours dans les culs de sac, les rats se contentent la plupart du temps d'une hésitation si brève qu'on a peine à la déceler. Il est certain que dès les premiers parcours ils ont « intégré » la situation en un ensemble cohérent et qu'ils comprennent la situation presque dès le début de l'essai.

Or, c'est justement cette *intégration de la situation dans son ensemble qui paraît des plus difficiles pour la fourmi.* Vers le quinzième essai lorsque lentement, péniblement, bon nombre des culs de sacs ont été éliminés et qu'il ne s'agit plus que de retenir l'ensemble, de l'organiser, alors apparaissent des signes diffus d'excitation, comme des voltes sur place, très rapides, des arrêts suivis de brusques galopades. Il arrive même que l'apprentissage d'un cul de sac amène temporairement une recrudescence d'erreurs dans le cul de sac précédent, qui paraissait parfaitement appris, mais la catastrophe survient quand on force les fourmis à retourner depuis le but final jusqu'au point de départ, afin de commencer un nouveau parcours : c'est ce que les rats font très bien et cette « réversion » n'a pas l'air de les troubler. Quant aux fourmis, hélas ! on a l'impression que ce sont des sujets neufs, « naïfs » comme disent les Américains, qui apprennent à partir de zéro un labyrinthe tout à fait inconnu.

Il existe tout de même un cas où la fourmi montre quelque avantage. Lorsqu'après une série de tours dans un sens, les sujets doivent en faire un dans un autre sens, les fourmis apprennent l'inversion ni mieux ni plus mal que d'habitude ; alors que les rats, surtout si l'on fait alterner le tour inverse avec d'autres tours dans le sens « facile » (c'est-à-dire dans le même sens que les précédents) montrent peu à peu des signes de conflit aigu : ils sautent sur place, se heurtent violemment contre les parois jusqu'à se faire saigner le nez ; et même plus tard, le traumatisme dû à l'alternance imposée des solutions devient si fort qu'ils s'arrêtent « comme bloqués » dit Schneirla « devant un obstacle invisible ». Devant cette épreuve le robot-fourmi, nous l'avons vu, résiste mieux, bien qu'il présente tout de même une petite perturbation : il aspire à chaque essai un peu moins du sirop de sucre qu'on lui donne comme récompense au point d'arrivée.

Tout ceci rappelle de très près le comportement de bien d'autres insectes dans des circonstances analogues. Je me souviens par exemple de m'être livré avec plusieurs élèves à l'étude intensive des *Blattella* (le cafard des cuisines) sur le labyrinthe. Nous étions alors une poignée de chercheurs sans un sou de crédits ; outre le fait que nous aimions les insectes et voulions les étudier, un facteur essentiel du choix d'un sujet était le fait qu'il ne coûtait pas cher ! Combien d'années avons-nous gaspillées ainsi ! Et pourtant, à la réflexion, il me semble que le mot gaspiller est trop fort, car l'intérêt d'une recherche n'est nullement lié à l'importance des crédits qu'elle exige. Cela est vrai en biologie et même en physique. J'ai entendu plus d'un physicien déplorer que les cyclotrons de plusieurs milliards tuent la physique d'une certaine manière ; alors qu'il est toujours possible, avec fort peu d'outillage, de renouveler cette science, comme le fit Ampère sur un coin de table, il n'y a pas si longtemps...

Quant à nous, enfermés au fond d'une cave obscure et insonore avec nos cafards dans deux ou trois flacons, notre labyrinthe formé de quelques morceaux de métal et notre carnet de notes, nous nous aperçûmes qu'il nous était tout de même possible de travailler et même de soulever de singuliers problèmes biologiques ; la force de l'imagination et du « débrouillage » peut venir à bout de tout, c'est une leçon amère, mais bien utile tout de même. Ne regrettons pas de l'avoir apprise. Après des mois et des années, après des répétitions infinies (certaines expériences exigèrent quatorze mille essais successifs) quelques conclusions se firent jour peu à peu. L'une d'elles était justement ce caractère raide et automatique du comportement de l'insecte, les améliorations qui ne s'opèrent que pas à pas, et les possibilités réduites d'adaptation aux problèmes. Puis après bien des réflexions, je me demandai si mes élèves et moimême nous n'avions pas suivi une fausse piste, ou tout au moins si nous n'avions pas mis la charrue avant les bœufs. Un de mes chercheurs venait en effet de dégager les lois essentielles de l'*activité exploratrice* chez les blattes ; cette activité énigmatique et omniprésente chez tous les animaux, substrat essentiel de tous les autres actes et notamment du comportement au labyrinthe.

Je ne puis pas m'étendre là-dessus, mais qu'il suffise au lecteur de savoir que lorsqu'un animal a suffisamment bu et mangé, lorsque son appétit sexuel est au repos, au lieu de ne rien faire ou de s'endormir comme l'aurait voulu l'ancienne psychologie, *il explore sans arrêt les environs jusqu'à ce que tous les détails en soient gravés dans sa mémoire.* C'est une véritable « faim de sensations » nouvelles qui le possède. De proche en proche cette notion d'activité exploratrice a forcé la psychologie animale à reconsidérer tous ses fondements.

Nous nous étions donc aperçus que beaucoup des particularités que nous avions observées n'étaient peut-être pas dues à l'apprentissage, mais seulement à l'évolution de l'activité exploratrice dans le temps. Et de plus chaque type de labyrinthe induit un type nouveau d'activité exploratrice.

Cela peut paraître décourageant, car la recherche paraît souvent ainsi « avancer à reculons ». Mais il n'y a pas de quoi s'affecter : cela signifie simplement que les notions sur lesquelles s'appuyaient les expériences n'avaient pas été suffisamment approfondies. De telles aventures sont courantes dans des sciences aussi jeunes que la psychologie animale. Et nous avons vu dans le cours de ce livre — qui n'est qu'à moitié consacré aux fourmis, mais pour l'autre moitié à vous exposer comment nous travaillons dans les sciences — nous avons vu plusieurs exemples de ces retours en arrière.

Nous avions tout de même poussé nos recherches sur la Blatte bien plus loin que celles de Schneirla, et c'est pourquoi en relisant les travaux du biologiste américain, je ne pouvais me défendre d'un certain malaise. Si l'étude d'un insecte à biologie relativement simple comme un cafard ouvre déjà tant de chausses-trapes sous les pas de l'expérimentateur que doit-il en être des fourmis !

Enonçons d'abord quelques préceptes de bon sens. Le premier c'est qu'il faut étudier un animal le plus possible dans son milieu naturel sans quoi on peut déclencher une série de perturbations dont on ignore l'étendue. Les anciens expérimentateurs n'étaient pas si regardants ; nous sommes devenus plus critiques. Lorsque par exemple le fameux Lœb montra qu'une chenille de *Porthesia* placée dans un tube de verre se dirige vers les rayons du soleil dont la chaleur va la tuer, il croit mettre en évidence le caractère forcé, automatique et inadaptif du « tropisme ». Mais dans la nature, cette chenille ne va nullement vers le soleil, et quand les rayons de l'astre l'importunent trop vigoureusement, elle se met tout bonnement à l'ombre... Voilà qui est bien fâcheux, mais on peut aisément l'expliquer : la chenille est habituée à un certain substrat, la feuille, et on l'introduit dans un tube de verre, milieu fort étranger pour elle ; par-dessus le marché, si d'aventure elle voulait fuir le soleil, elle ne le peut qu'en marche arrière, ce que les chenilles ne font pas facilement ; mais le tube est trop étroit pour lui permettre de se retourner. Si bien que finalement on n'obtient pas de démonstration de quoi que ce soit d'autre qu'un phénomène pathologique...

Dans le cas des fourmis de Schneirla, la situation à mon avis est bien pire. Nous avions le droit, dans le cas des blattes, de nourrir quelque optimisme quant au milieu, car nous travaillions dans la cave même où de fort nombreux cafards, qui s'étaient échappés des flacons d'élevage, avaient fait souche, désastreusement ; le milieu pouvait donc être considéré comme trop naturel, hélas ! Mais les fourmis sont des insectes sociaux ; elles ne se promènent guère seules et leurs congénères ne sont jamais loin mais le plus souvent à leur contact quasi immédiat ; elles échangent sans cesse entre elles, nous venons de le voir, une foule de stimuli dont sont tissées les relations sociales. Or voilà que Schneirla les introduit tout d'abord dans un nid expérimental, où le nombre d'ouvrières est très réduit, fort éloigné des conditions naturelles, et qu'il ne les laisse sortir qu'une par une sur le labyrinthe. D'autre part, les fourmis ne quittent pas le nid au hasard, elles ont une tâche : soit ramasser des brindilles, ou collecter les excréments sucrés des pucerons ou encore aller à la chasse ; elles ont comme on dit, une « motivation » spéciale ; or, ici l'expérimentateur « récompense » l'ouvrière qui a réussi le parcours par un peu de viande ou de sucre, sans se demander si c'était bien cela qu'elle cherchait : ne serait-ce pas là une des causes de la médiocrité assez générale de l'apprentissage chez les fourmis ? Qu'arrive-t-il si on offre de la viande à une ouvrière qui recherchait du sucre ? Personne ne le sait exactement. D'autre part, l'exploration du milieu — dont on sait peu de chose chez les fourmis sauf qu'elle est singulièrement soigneuse et précise — a-t-elle été accomplie par les ouvrières d'une manière suffisante ? Comme pour la blatte, *assistons-nous au déroulement d'un apprentissage ou à l'accomplissement d'une exploration ?*

D'autre part, comment se fait-il que les ouvrières mettent si longtemps à apprendre un labyrinthe somme toute très simple, comparé à l'inextricable dédale de la fourmilière ? Le moins qu'on puisse dire, c'est que dans leur milieu naturel, les ouvrières ne montrent pas trace de ces hésitations que décrit Schneirla ; elles manifestent au contraire beaucoup d'assurance et paraissent toujours « savoir ce qu'elles ont à faire » même si à notre point de vue, elles le font en dépit du bon sens, mais c'est une autre histoire.

Je crois que pour régler le problème, il faut sortir de l'enceinte du laboratoire, et surtout ne pas copier trop strictement les expériences réalisées sur le rat blanc ; sur des fourmis non perturbées, ou perturbées le moins possible, nous avons des chances de piéger les véritables réactions au labyrinthe.

Je possède près de ma maison de campagne un maigre bois d'Ile de France, mais rempli de fourmis et d'oiseaux. C'est mon laboratoire de plein air où je puis disposer sans crainte de dérangement, toutes sortes d'appareils et d'expériences. Je me suis donc assis au bord d'un sentier en pente que les fourmis suivent fidèlement depuis sept ans et je me suis demandé comment on pourrait mettre en évidence un apprentissage collectif. Il faudrait évidemment que les mêmes fourmis passent plusieurs fois sur la même piste, plusieurs heures et peut-être même plusieurs jours de suite. Or, ici, nous sommes favorisés par notre objet même ; car d'anciennes observations de Wellenstein et Otto nous apprennent que les fourmis rousses sont au plus haut point « fidèles au lieu » (*Ortstreue*) c'est-à-dire qu'elles suivent la même piste plusieurs mois et même plusieurs années de suite.

Je m'occupai d'abord de canaliser les ouvrières à l'aide d'une substance magique que l'industrie met heureusement dans les mains du myrmécologue : je veux parler du mazout. Les fourmis rousses en ont horreur, et à l'aide de coton de verre ou de carton imbibé de cette substance, on les fait aller pratiquement où on veut. De plus, la substance répulsive n'est pas le mazout dans son ensemble, mais un certain corps non volatil qui s'y trouve mélangé ; et, en plein air, sous le soleil le plus ardent, alors que ni coton ni carton ne sentent plus le mazout (tout au mois pour l'odorat humain) ils restent tout aussi répulsifs pour les fourmis.

Je les force donc à passer à flots pressés dans la zone où je vais placer le labyrinthe, et comble de luxe, je les sépare même en ouvrières montantes et descendantes, à l'aide d'un complexe de barrages que les dessins feront mieux comprendre que de longues explications (voir fig. 37). J'ai employé des labyrinthes

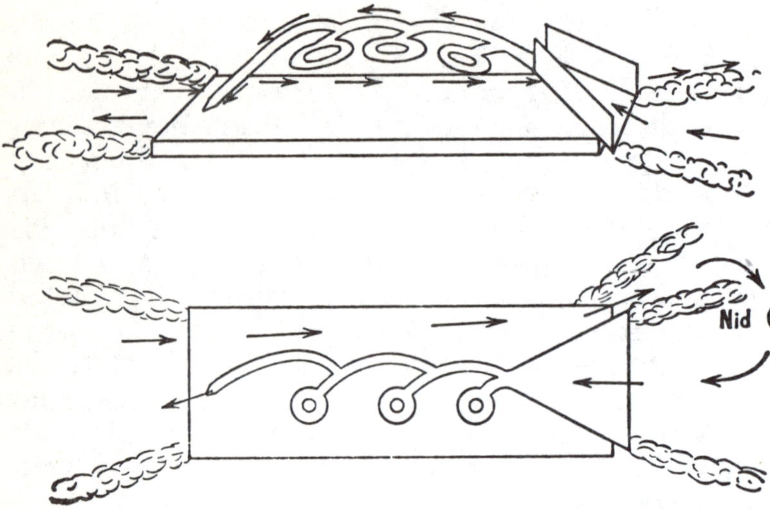


FIG. 37
Labyrinthe « à boucles » pour *Formica polyctena* (d'après Chauvin). Vue latérale en haut ; vu en dessus dans la figure du bas. De part et d'autre les bourrelets de coton de verre imbibés de mazout.

très simples (fig. 38) mais celui qui donne les meilleurs résultats est le labyrinthe à boucles (fig. 38). Ces boucles sont nécessaires ou du moins très utiles, car lorsque les fourmis arrivent à flots dans un cul de sac trop étroit, elles s'y amassent de telle façon qu'un grand nombre se laissent choir à bas du labyrinthe et qu'il n'est pas question de les suivre individuellement. Avec la boucle au contraire elles suivent leur chemin en relativement bon ordre.

Je conviens alors d'une règle simple : je compterai les fourmis qui pénètrent dans chacune des trois boucles en établissant le pourcentage de celles qui, de retour à l'allée longitudinale, *la reprennent dans le bon sens*, c'est-à-dire dans le sens de la sortie au lieu de revenir sur leurs pas comme la direction du cul de sac les y invite traîtreusement. Un autre avantage du

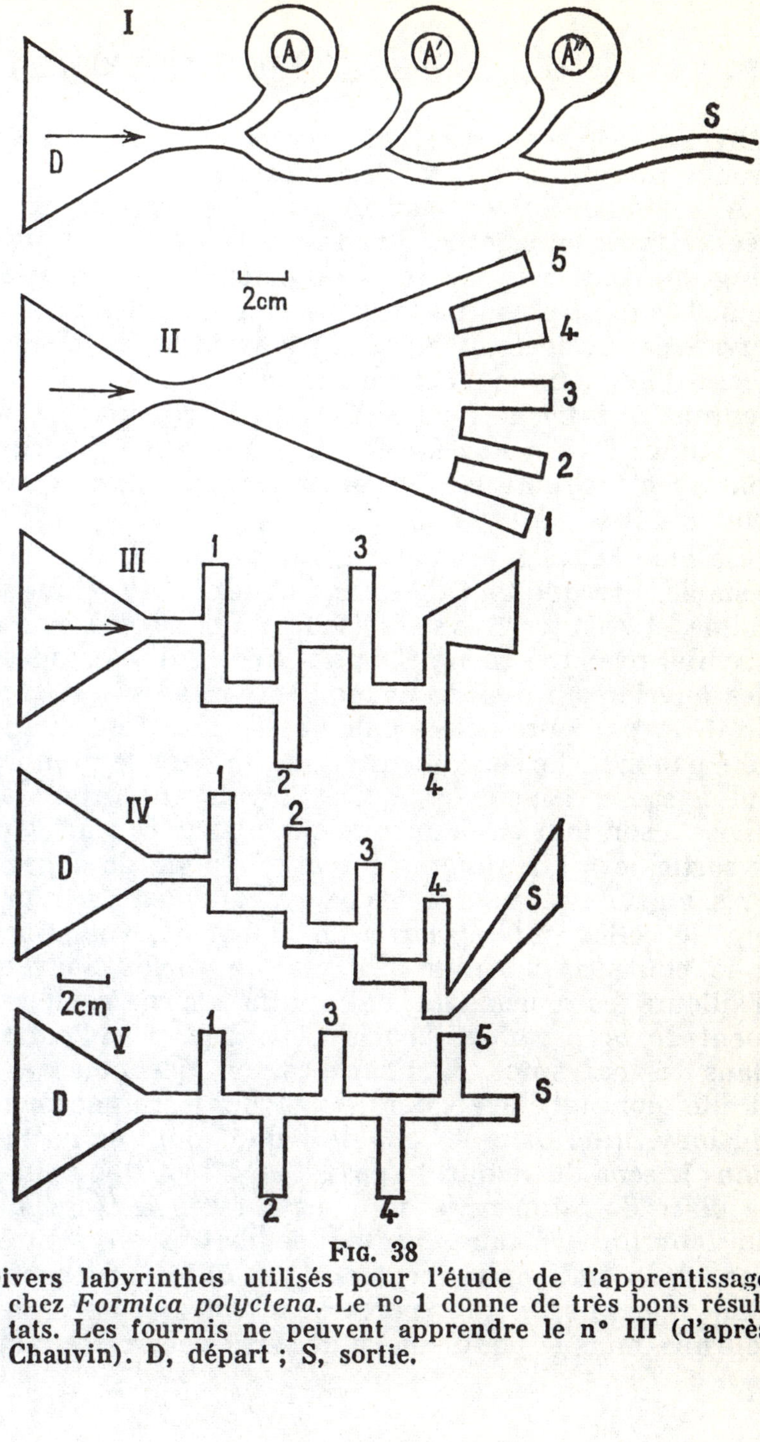


FIG. 38

**Divers labyrinthes utilisés pour l'étude de l'apprentissage chez *Formica polyctena*. Le n° 1 donne de très bons résultats. Les fourmis ne peuvent apprendre le n° III (d'après Chauvin). D, départ ; S, sortie.**

labyrinthe à boucles est que le même problème s'y trouve somme toute posé trois fois de suite.

A grand renfort de mazout voilà les ouvrières guidées vers le labyrinthe. J'ai fort à faire d'en choisir vingt ou trente au hasard et de noter tout ce qu'elles font. D'autant plus que le défilé incessant des brunes ouvrières sur le fond blanc du labyrinthe a quelque chose d'hypnotique. Mais en même temps je me sens heureux et intrigué : cette expérience-là, personne ne l'a jamais faite sous cette forme ; et dans ce cas, surtout avec les fourmis, il peut arriver n'importe quoi. Que va-t-il se passer ?

Eh bien ! elles apprennent quelque chose, c'est incontestable. Presque tout de suite, l'agitation du début se calme, et les ouvrières se divisent en deux cortèges : le premier prend le chemin le plus direct ; il se compose des ouvrières qui se trouvent par hasard sur le côté droit du parcours (si les culs de sac s'ouvrent sur le côté gauche). Le second cortège entre dans le premier cul-de-sac « boucle la boucle », puis en sortant se divise à son tour en deux portions : les unes vont vers la sortie, les autres régressent vers le point de départ. Puis, au fur et à mesure des heures, augmente le nombre de celles qui au sortir de la boucle, vont dans « le bon sens » c'est-à-dire vers la sortie. Souvent d'ailleurs les fourmis qui ont appris à sortir correctement de la première boucle n'essaient pas d'entrer dans les suivantes. La transposition des boucles à droite alors qu'elles étaient à gauche, le déplacement du labyrinthe dans le sens de l'aller alors qu'il était dans le sens du retour, la pose d'un labyrinthe neuf à la place de celui qui a déjà servi, enfin le transport du labyrinthe à une dizaine de mètres en contrebas, dans un environnement tout différent : voilà cinq manœuvres qui perturbent quelque peu les fourmis, mais le pourcentage de sorties correctes reste fort élevé et bien au-dessus des valeurs de départ. Cela nous permet déjà un nombre surprenant de conclusions :

— il n'y a pas ou guère de piste odorante déposée sur le labyrinthe, ainsi que le font beaucoup de fourmis (comme la fourmi des bois, *Dendrolasius*) ; sinon, la pose d'un labyrinthe neuf provoquerait une grosse perturbation.

— Les repères sensoriels, quels qu'ils puissent être, sont choisis sur le labyrinthe plutôt que dans le monde extérieur ; sinon, le transport du labyrinthe à dix mètres de distance désorienterait les fourmis.

— L'apprentissage peut se transférer, au moins dans une certaine mesure, de gauche à droite et du sens de l'aller dans celui du retour, contrairement à ce que croyait Schneirla.

Voilà de quoi être optimiste, mais à y regarder de plus près, on trouve quelques raisons d'en rabattre.

La « *photohorotaxie* ». D'abord, l'apprentissage n'est que d'ordre statistique. Les fourmis n'apprennent jamais, même au bout de huit jours, à éviter complètement les boucles ; presque toutes, au bout de ce laps de temps, ont pourtant eu l'occasion d'y passer plusieurs fois. J'ai songé alors au violent contraste que le labyrinthe blanc fait avec le sol brun de la forêt ; et à une réaction que Kalmus découvrit jadis, pour l'affubler du nom bizarre de « photohorotaxie »... Si on trace sur du papier blanc des bandes noires, tous les insectes pourvus d'yeux manifestent une tendance maniaque à suivre le bord de deux bandes en contraste violent. Et si nos fourmis elles aussi étaient soumises sur le labyrinthe à cette réaction automatique ? Voilà qui expliquerait leur impossibilité de se corriger et l'attirance vers les boucles de la file d'ouvrières qui chemine de ce côté-là... Il existe un moyen de le savoir, c'est de supprimer le contraste. A l'aide de colle de pâte, qui n'est pas répulsive pour les fourmis, j'encrasse le labyrinthe d'un mélange de terre et de brindilles, qui lui donne un aspect piteux. Mais le résultat est aveuglant : les trajets directs, qui méprisent les boucles, passent de 20 % à 80 %.

*Le progrès à reculons.* Voilà bien un exemple de ces retours en arrière dont je parlais tout à l'heure... Diable ! j'eusse mieux fait de me soucier d'abord de la photohorotaxie. Il est incontestable que tout l'apprentissage s'en trouve perturbé. Mais cela constitue-t-il un vice irrémédiable ? Je ne le pense pas ; d'abord parce qu'il se produit tout de même sur le labyrinthe une amélioration progressive, qu'il est difficile d'attribuer à autre chose qu'un apprentissage : seulement elle est moins marquée qu'elle ne le devrait. D'autres faits ne peuvent s'expliquer par la photohorotaxie : par exemple le labyrinthe à degrés (figure 38) est très facile pour les fourmis, et le labyrinthe à alternation au contraire est d'une difficulté insurmontable (notons en passant que les blattes au contraire l'apprennent très facilement).

Il y a aussi une expérience curieuse dont le résultat m'a sidéré et je serais tenté d'affirmer qu'elle nous démontre chez les sujets une compréhension quasi intégrale du problème : c'est l'expérience du raccourci. (fig. 39). *Toutes* les fourmis sans exception empruntent les passerelles dans le bon sens, c'est-à-dire de a vers b et *jamais* dans le sens contraire. On jurerait qu'elle connaissent la bonne direction, quoique la disposition du problème et leur machinerie interne les empêchent de la suivre. Si la photohorotaxie intervenait seule, on ne voit pas pourquoi la passerelle ne pourrait être empruntée dans les deux sens.

*Le rôle de la kinesthésie.* Quant aux sens que les fourmis utilisent pour se guider, il est apparent que

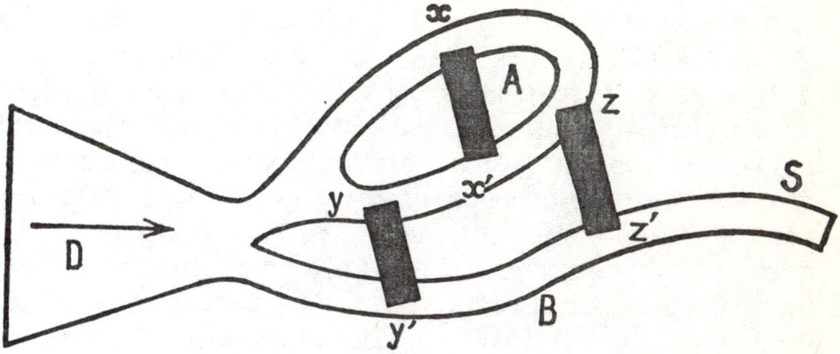


FIG. 39

L'expérience du « raccourci » avec *Formica polyctena.* Les fourmis entrées dans le labyrinthe D pénètrent en forte proportion dans la boucle A. En cet endroit, trois raccourcis (en noir), leur permettent de regagner B, puis la sortie S. Toutes les ouvrières vont de x en x', de y en y', de z en z', et aucune dans le sens opposé (d'après Chauvin). (Les raccourcis représentés en noir ici sont en réalité de la même couleur que le reste du labyrinthe.)

la vue doit être impliquée dans la photohorotaxie. Mais un autre sens, (un groupe de sens) est en jeu, c'est ce qu'on appelle la kinesthésie ou mémoire des mouvements et des attitudes corporelles. Car si on multiplie tout à coup les dimensions du labyrinthe par deux, il ne semble pas pour l'observateur qu'on y ait changé grand-chose d'essentiel. Cependant cette fois-ci, les fourmis qui avaient appris le labyrinthe de petite taille sont désorientées et font tout autant d'erreurs qu'au début. C'est l'expérience classique qui chez les vertébrés comme le rat par exemple permet de conclure à l'existence de la kinesthésie.

*Les « caractères d'équipe ».* Mais j'ai fait une autre expérience qui illustre curieusement les différences entre ouvrières, suivant les pistes considérées. C'est la transposition du labyrinthe d'une piste sur une autre : alors il doit être réappris en partant de zéro ;

il n'y a aucun échange d'information entre ouvrières de pistes différentes. Mais de plus, phénomène singulier, on voit de *grosses inégalités entre les capacités d'apprentissage suivant les pistes*. Il semble que, sur certaines, les ouvrières soient plus « dégourdies » que sur d'autres et apprennent plus vite et mieux. De plus, la mémoire change aussi suivant les pistes. Sur certaines, les ouvrières ne manifestent aucune baisse de leur performance au bout de quatre jours (c'est beaucoup pour un insecte). Alors que pour d'autres au bout de deux jours, l'apprentissage se détériore déjà...

Vous voyez comment quelques bouts de carton et un bidon de mazout peuvent nous amener à pénétrer plus profondément dans le psychisme des fourmis rousses. Mais j'ai imaginé d'autres moyens de les taquiner, les uns qui m'ont inspiré d'abord beaucoup d'enthousiasme, mais j'ai dû déchanter ; et les autres qui démontrent tout de même une capacité singulière à résoudre certains problèmes spéciaux.

*Combler un précipice*. Je pose sur une piste deux planchettes contiguës, puis je les écarte peu à peu. Les ouvrières pour passer, s'allongent tant qu'elles peuvent, mais l'écart est trop grand : c'est pourquoi elles se laissent tomber finalement au milieu pour remonter sur la paroi opposée. Sur une des planchettes j'ai alors déposé une pincée de brindilles : elles n'avaient qu'à les laisser tomber dans le précipice et à passer dessus. Hélas ! rien à faire, elles prennent les brindilles et les jettent de côté mais non dans le précipice. Il faut que je m'y résigne : bien qu'elles manipulent des brindilles toute la journée, combler un abîme *sur une piste* avec des brindilles n'est pas un moyen admis chez les fourmis.

*Faire un échafaudage pour décrocher une proie*. Tout le monde a entendu parler du singe qui entasse des caisses pour atteindre une banane placée hors de

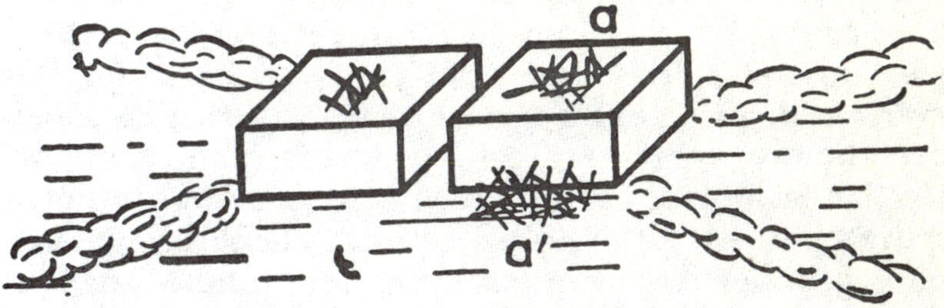


FIG. 40
**Un problème simple que les fourmis ne savent pas résoudre. Deux parallélépipèdes de bois laissent entre eux un hiatus. On fournit aux ouvrières un petit tas de brindilles (a) sur chaque bloc. Il leur suffirait de les jeter dans l'espace entre les blocs pour passer commodément. Mais elles se contentent de rejeter les brindilles en a' à côté des blocs. De part et d'autre : les tresses de coton de verre imbibé de mazout répulsif (d'après Chauvin).**

sa portée. J'ai imaginé une expérience qui pourrait nous montrer si les fourmis ont autant d'esprit que des singes. Je suspends au-dessus du dôme au bout d'un fil une succulente guêpe morte, en réglant sa hauteur de telle façon que les fourmis la manquent de très peu. Et j'ai vu se former une petite pyramide de brindilles au-dessous de la proie... Mais, à y regarder de plus près, j'ai dû convenir que les fourmis ne sont pas des singes. Lorsque la distance entre la proie et la surface du dôme n'excède que de très peu la longueur d'une grande ouvrière, il arrive que celle-ci puisse agripper la proie de ses pattes antérieures. Mais ses pattes postérieures accrochent souvent en même temps une brindille et la soulèvent quelque peu. Et si la manœuvre se répète plusieurs fois avec d'autres ouvrières, une petite éminence finit par se constituer, mais elle n'a rien d'intentionnel.

Lubbock a soutenu que lorsqu'on présente à des *Lasius* des nymphes disposées sur une plate-forme un peu trop haute pour qu'elles puissent y grimper, elles construisent autour un petit monticule qui leur facilite l'accès ; ce que Gœtsch aurait revu. Je ne mettrai pas en doute les observations de ces deux habiles myrmécologues ; mais je me demande si leur interprétation est correcte. C'est-à-dire si la solution apportée par la fourmi au problème est vraiment du même ordre que celle du chimpanzé qui entasse des caisses pour grimper dessus et atteindre des bananes suspendues hors de sa portée. J'en doute fort... Nous sommes chez les fourmis, ne l'oublions pas ; et si leurs actes ressemblent à ceux des animaux supérieurs, c'est alors qu'il convient de se méfier : les mécanismes sous-jacents risquent d'être tous différents...

*Boiser une galerie.* Mes fourmis arrivent à franchir un talus de sable de Fontainebleau par une galerie souterraine. Pourtant ce sable blanc, formé de silice presque pure, et qui coule comme de l'eau quand il est sec, pose aux mineuses des problèmes qui paraissent insurmontables. A moins justement qu'elles ne boi-

FIG. 41
Une manœuvre très habituelle et automatique des fourmis consiste à apporter des brindilles et des détritus divers sur les surfaces gluantes, qui deviennent ainsi praticables. Détail de la manœuvre chez la fourmi d'Argentine (d'après Ghidini-Pavan, 1957).

sent la galerie, comme des mineurs humains... J'en ai dégagé une pour constater qu'elle était bel et bien boisée, garnie de brindilles posées l'une sur l'autre dans le sens de la longueur. Voilà ce qui se passe. Lorsque le substrat s'écroule ou lorsqu'il est humide ou gluant, les fourmis ont une réaction immanquable : elles apportent des brindilles et les posent dessus. Mais lorsque les brindilles reposent sur le sable, elles creusent au-dessous et les enterrent progressivement. A une certaine profondeur, le sable est un peu plus humide et il subsiste entre les brindilles assez d'interstices pour que les ouvrières puissent y circuler aisément. D'où je conclus qu'elles boisent leurs galeries, *mais pas comme nos mineurs.*

*Franchir une muraille.* J'ai entouré des fourmilières d'une muraille fort haute et continue, soit en carton, soit en aluminium. J'ai été étonné d'obtenir sur trois fourmilières, trois réactions différentes. L'une a tout simplement déserté en passant par-dessus la muraille, pour aller s'établir à cinquante mètres de là. C'est une réaction assez rare, car si les fourmis peuvent parfaitement escalader de hautes murailles, elles n'aiment pourtant pas le faire. L'autre a creusé un trou à trente centimètres du sol dans la muraille de carton (sans doute dans une partie faible du carton) et a promptement regarni de brindilles le dôme que j'avais détruit. La troisième était entourée d'aluminium : les fourmis ont creusé au-dessous un tunnel fort long par lequel elles ont introduit des brindilles de longueur respectable. Au bout de peu de jours, le dôme que j'avais complètement enlevé, était reconstitué. Cette plasticité dans les réactions est d'autant plus curieuse qu'on voit apparaître des solutions inhabituelles. Dans la nature, il est extrêmement rare que les brindilles soient véhiculées par voie souterraine, et c'est à l'air libre qu'elles arrivent à la surface du dôme.

## CONCLUSION

*Qu'est-ce donc qu'une fourmilière ? Comparaison avec l'homme et ses œuvres.*

L'image que j'ai donnée jusqu'à présent de la fourmilière a dû paraître, je le crains, assez confuse à plus d'un lecteur... Je me rends bien compte que mon livre ressemble assez quant au déconsu, aux « Merveilles de la Nature » telles qu'on les prisait tant à l'époque de M. de Buffon et même un peu plus tard. Mais je ne pouvais faire autrement, ni présenter comme unifié un savoir très fragmentaire encore.

Toutefois une synthèse, si provisoire qu'elle puisse être, reste-t-elle impossible ? Pas tout à fait, à condition de la présenter comme hautement hypothétique. Certains vont trouver tout à l'heure que je frise de trop près la science-fiction : mais c'est souvent à elle que ressemblent les conclusions de la recherche de pointe. Et au diable les précoces vieillards dont une prudence affectée étouffe l'imagination (ou plutôt l'étoufferait s'ils en avaient !) Non, à condition de ne considérer les hypothèses que comme des outils provisoires, aussi vite adoptés que rejetés, le terme de science-fiction n'a rien d'infamant. J'ai lu d'ailleurs je ne sais plus où, l'histoire du directeur d'un institut de recherches qui imposait à ses collaborateurs la lecture fréquente d'ouvrages d'anticipation scientifique ; ce directeur était Américain, vous l'avez sans doute deviné. Son procédé peut paraître naïf, mais il le croyait propre à dégeler quelque peu les idées des chercheurs...

*Les fourmis « les plus intelligentes »*. J'ai souligné comme à plaisir tout au long de cet ouvrage l'incurable sottise des fourmis isolées. Dans toutes les études de comportement au laboratoire, d'orientation, de discrimination sensorielle, le spectacle qu'elles nous offrent est assez piteux ; elles font mille fois moins bien qu'un singe ou que le plus obtus des mammifères ; elles se comportent comme des machines bien rudimentaires et « inintelligentes ». On pouvait s'y attendre, vu la petitesse de leur cerveau, qui ne renferme qu'un petit nombre d'éléments nerveux, bien que ces éléments soient plus petits chez les insectes que chez les animaux supérieurs. Une idée vient tout de suite à l'esprit : travaillons donc avec les fourmis les plus grosses, elles doivent avoir plus d'esprit que les petites ? Mais il n'en est rien et le gros *Camponotus* se montre au laboratoire ni plus ni moins empêtré qu'une petite fourmi rousse.

D'ailleurs vous étonneriez bien un myrmécologue si vous lui disiez que les fourmis les plus intelligentes doivent être les plus grosses. Ne parlons même pas des variations de taille à l'intérieur d'une colonie ; elles sont gigantesques, mais nous avons vu qu'un soldat énorme peut ne disposer que d'un tout petit cerveau, inférieur même à celui d'une ouvrière moyenne. Mais en comparant les espèces, il est tout aussi faux qu'on puisse déceler un rapport entre la complication des comportements et la taille. Les énormes *Paltothyreus* d'Afrique n'ont rien de très remarquable du point de vue du comportement, pas plus que les gigantesques *Diponera* ou les titans *Myrmecia*, aussi stupides, semble-t-il, que féroces.

Incontestablement les performances les plus étonnantes s'accomplissent chez les *Atta* qui cultivent les champignons ; les fourmis rousses éleveuses de bétail et constructrices acharnées ; les esclavagistes qui peuvent rassembler des esclaves de plusieurs espèces différentes ; ou encore chez ces ingénieux ennemis de l'homme, *Solenopsis* ou *Iridomyrmex.* Or toutes ces fourmis sont de taille moyenne ou petite ; *Iridomyrmex* en particulier est minuscule. Mais un caractère très frappant leur est commun : le *nombre énorme* des individus dans chaque colonie (les champions restant toutefois les *Anomma* chasseresses, s'il est vrai, comme le dit Raignier, qu'elles peuvent dépasser vingt millions par colonie). De plus, non seulement toutes ces espèces sont très populeuses, mais elles ont toutes tendance à former des fédérations de nids ; et nous verrons page 280 l'importance de ce trait dans l'évolution du comportement.

Ainsi donc les fourmis, ou plutôt les fourmilières, les plus « intelligentes » seraient les plus nombreuses. Nous devinons alors le moyen qu'a pris la nature pour échapper au carcan de la petitesse chez les insectes. Impossible de développer le psychisme au delà d'un certain niveau si un nombre de connexions minimum n'est pas atteint : voilà ce que nous apprend la neurophysiologie. Et il est impossible d'augmenter le nombre des connexions sans augmenter la taille, car les éléments nerveux ne sauraient descendre audessous d'un certain format. *Tout change si les petits cerveaux peuvent s'additionner* ou se multiplier d'une manière ou d'une autre. Et cela n'est justement possible que dans les sociétés d'insectes. Dans ce cas le psychisme doit faire un bond considérable, car la masse cérébrale totale d'un million de fourrageuses doit atteindre facilement cent grammes ; c'est-à-dire un nombre de connexions possibles tout à fait raisonnable et bien supérieur à ce dont peut disposer un rat, par exemple.

*Mais pourquoi tant d'erreurs et d'extravagances ?* Personne ne nie évidemment que les travaux des fourmis figurent en tête de ce que les animaux réalisent de plus achevé ; aucun singe par exemple n'est capable de cultiver des champignons, d'élever du bétail, d'engranger des graines, de faire des esclaves, ni même de se griser abominablement comme le font les fourmis rousses aves la liqueur toxique des loméchuses. L'homme seul peut tout cela ; tous les observateurs l'ont remarqué depuis bien longtemps, peut-être dès le temps du roi Salomon ; et ils en ont été troublés. Certains n'ont pas hésité, même dans les temps modernes, à attribuer à « l'esprit de la fourmilière » des qualités de prévision, de réflexion, bref, lâchons le mot d' « intelligence » fort comparables à ce que nous observons dans le comportement humain.

Cependant un malaise persistait, et cette position, à mesure qu'augmentaient le nombre et la finesse des observations, se trouvait progressivement battue en brèche. Le porte-parole de l'opposition, nous le connaissons déjà ; il s'appelait Etienne Rabaud. Chenu, malicieux, avec sous sa mince moustache blanche un sourire de vieux diable, rien ne l'égalait pour clouer au pilori du ridicule le travail d'un collègue ; et les jeunes chercheurs, dont j'étais à cette époque lointaine, citaient en se tordant de rire les boutades de l'ingénieux vieillard. C'était d'ailleurs un excellent observateur plein de finesse et de pénétration. Et il vit bien l'incroyable absurdité qui caractérise apparemment le comportement des fourmis : par exemple, lorsqu'il s'agit de creuser un trou, une ouvrière déposera une pelletée de terre à côté de la cavité qu'elle vient de creuser ; puis elle s'en ira. Il pourra très bien alors en survenir une autre qui reprend la pelletée et la remet dans le trou. Il en est de même pour le transport des brindilles sur le dôme. J'ai observé pendant quelques jours individuellement une centaine de fourmis rousses porteuses de matériaux de construction, pour savoir ce qu'elles en feraient : il y a de quoi devenir enragé, devant l'énorme inutilité des allers et retours, des hésitations, du temps perdu ; je me suis surpris plusieurs fois au fond des bois à dire aux ouvrières dans mon exaspération : « Mais pose-la, ta brindille, idiote ! Elle sera aussi bien là qu'ailleurs ! »

Rabaud tira de tout cela une conclusion restée célèbre par son outrance même. D'après lui, les insectes sociaux ne sont socialisés qu'en apparence, et cela uniquement parce qu'une aveugle interattraction les pousse les uns vers les autres. Mais en réalité, ils vivent *comme s'ils étaient seuls,* sans se soucier le moins du monde de coordonner leur tâche avec celle de leurs congénères. Les sociétés d'insectes ne seraient donc qu'un *conglomérat de solitaires* ; les fourmis par exemple, ne sont pas plus sociales que les brins de limaille attirés par le même aimant.

*L'ordre qui naît du désordre.* On imagine volontiers les discussions passionnées que suscita une affirmation aussi paradoxale. Mais vers les années 30, les positions des affirmateurs et des négateurs ne brillaient ni les unes ni les autres par l'excès de solidité. Et, répandus sur tout cela, que de vieux vinaigres universitaires savamment aigris et distillés à bon escient, comme il arrive si souvent chez les hommes de science ! Mon Dieu, que « les temples calmes, aimés des sages » que célébrait Lucrèce, que ces temples sont calmes quand les savants n'y sont pas !

Le feu des controverses dissimulait à Rabaud un fait aveuglant c'est que le *dôme est construit et, finalement, fort vite,* et qu'il peut atteindre des dimensions considérables. C'est donc l'ordre et le rendement qui naissent de l'absurdité des efforts individuels. Comment cela est-il possible ?

Ce n'est que depuis peu que nous arrivons à le comprendre. Depuis les cybernéticiens et les travaux de von Neumann, très exactement. Beaucoup connaissent au moins de nom le fameux mathématicien allemand : l'un des premiers, il prouva aux hommes politiques que les hautes mathématiques peuvent servir à quelque chose, par exemple à organiser au mieux un effort de guerre, à disposer une flottille de transports de telle façon qu'elle offre en permanence aux sous-marins ennemis une cible minimum, etc... mais aussi et surtout à faire naître des machines à calculer de plus en plus puissantes et à imiter les êtres vivants à l'aide de la cybernétique.

Je ne puis traiter ici de cette science nouvelle, dont tout le monde a plus ou moins entendu parler. Elle tente d'étudier les innombrables « prototypes vivants », comme disent les Américains, que nous offre la nature : l'œil de la grenouille par exemple lorsqu'il suit une proie vivante et détermine la distance à laquelle elle pourra être happée ; le super-sonar des chauves-souris, dont la finesse laisse loin en arrière nos détecteurs grossiers. Mais ce que von Neumann cherchait surtout à comprendre, c'était le fonctionnement du plus prodigieux appareil vivant que notre technique puisse admirer sans pourtant le comprendre encore : le cerveau, le cerveau humain ! Et c'est là, si paradoxal que cela paraisse, que nous retrouvons nos fourmis.

A vrai dire, le but de von Neumann et d'autres cybernéticiens (Wiener, Mc Culloch, Ashby) n'était pas de fabriquer un cerveau — du moins pas tout de suite — mais de construire des automates capables par exemple, d'évaluer la direction d'une cible, d'arrêter une stratégie pour l'atteindre, de réagir utilement aux obstacles éventuels, bref de montrer un comportement qu'on pourrait provisoirement qualifier d'« intelligent ». Dans ce domaine, on parvint assez vite à des réalisations stupéfiantes. Mais ce qui nous intéresse ici, ce n'est pas tellement les réalisations que certaines remarques fort étranges que firent les constructeurs, chemin faisant.

*Le problème des pannes.* Par exemple, la réalisation de ces automates nécessite, on s'en doute, un très grand nombre d'éléments électroniques, condensateurs, transistors, relais de toutes les formes possibles ; et plus il y en a, plus ils ont de chances, hélas ! de tomber en panne. Comment se fait-il alors que dans le cerveau humain, où les éléments sont des milliers ou des milliards de fois plus nombreux, les pannes soient si rares et puissent pour la plupart se corriger automatiquement ? Les constituants élémentaires ou neurones affectent pourtant dans leur fonctionnement une fantaisie pour le moins égale à celle de nos constituants électroniques. Les neurophysiologistes savent en effet, depuis peu, apprécier l'activité des cellules nerveuses et des fibres en insérant à l'intérieur de minuscules électrodes ; des appareils ultra-sensibles arrivent à mesurer les courants qui correspondent à la naissance ou au passage des influx nerveux. Moyennant quoi, on pouvait s'attendre à ce qu'une excitation issue d'un organe sensoriel périphérique suive dans le cortex un trajet à peu près immuable pour aboutir toujours, par exemple, au même groupe de cellules ? Mais ce n'est pas du tout ce que l'on constate.

*Le « désordre » du cerveau.* Tout ce que le neurophysiologiste remarque, c'est un ensemble de décharges extrêmement irrégulières et qui se succèdent sans aucun ordre, se raréfiant ici, augmentant provisoirement ailleurs. L'excitation peut suivre pour ainsi dire n'importe quelle voie sans en paraître perturbée. C'est pourquoi d'ailleurs on peut pratiquer des ablations très étendues dans le cortex sans en empêcher le fonctionnement. Et c'est ce qui étonna si fort les anciens auteurs : l'excitation ne peut plus passer par là ? eh bien ; elle passera ailleurs tout aussi bien ; il y a là quelque chose de tout à fait différent de nos machines, ou plus précisément, des machines que nous construisions jadis. De même, dans la colonie de fourmis, qu'arrive-t-il si l'on écrase la moitié des ouvrières ? Rien ou presque : l'impassible machine-fourmilière en suscite aussitôt quelques milliers d'autres tirées de ses profondeurs et qui achèvent la besogne aussi bien — ou aussi mal — que celles qui les précèdent. D'où viennent donc cette souplesse et cette absence de pannes qui semblent bien liées, dans le cerveau comme dans la fourmilière, à un certain désordre ?

Eh bien ! justement au type de liaison des éléments entre eux. Si chacun contractait avec son voisin des rapports immuables tels que ceux d'un engrenage, nous obtiendrions sans doute l'ordre et la régularité, mais non pas la souplesse et l'absence de pannes ; souvenez-vous du grain de sable qui peut bloquer tout un mécanisme. Et il semble qu'en suivant ces principes on ne puisse aller très loin, ni dépasser les automates du type Vaucanson. Mais les électroniciens sont parvenus à créer des éléments dont la « logique interne », comme ils disent, simplifie considérablement la construction des « supermécanismes » ou même la rend seule possible.

« *Organe de majorité* », « *Sheffer stroke organ* ». Je vais essayer de l'expliquer en faisant de larges emprunts aux travaux d'un de mes élèves, Jean Meyer, qui est à la fois physicien et zoopsychologue ; ce qui veut dire que l'heureux mortel comprend, lui, quelque chose aux mathématiques et ne se laisse pas épouvanter comme moi par des équations longues d'une aune ; mais rassurez-vous, je ne vous les infligerai pas. Deux des « organes » les plus importants des automates modernes sont le *Sheffer stroke organ* (termes intraduisibles) et l'organe de majorité. Personne n'a besoin, au stade où nous sommes, de savoir ni de comprendre ce qui se trouve à l'intérieur de la « boîte noire » qui constitue l'organe ; il s'agit toujours d'une combinaison de fils, de transistors et de pièces élémentaires avec lesquelles il est facile d'obtenir de l' « organe » les réactions très simples qu'on lui demande. Qu'il nous suffise d'admettre que le *Sheffer stroke* laisse passer le courant sauf si deux impulsions inhibitrices arrivent au même moment par ses deux lignes d'entrée. Quant à l'organe de majorité il possède trois lignes d'entrée et une de sortie : il ne laisse rien passer tant que deux lignes d'entrée sur trois ne sont pas excitées (la majorité).

Voilà donc deux organes fort simples et qui pourraient jouer le rôle des mécanismes élémentaires du cerveau des fourmis. Supposons par exemple une ouvrière en train de transporter un cadavre au « cimetière », c'est-à-dire à l'endroit où les fourmis rassemblent les cadavres et tous les détritus de la colonie. Les trois lignes de l'organe de majorité pourraient être par exemple trois excitations sensorielles issues du cadavre, comme l'odeur (on a prouvé effectivement que l'odeur de la fourmi morte est le plus puissant stimulus qui détermine son transport par les ouvrières) l'aspect général et la rigidité. Il suffit que deux sur trois de ces excitations soient efficaces. Alors, « le courant passe » dans l'organe de majorité et il peut être transmis à travers un *Sheffer* stroke qui ne s'oppose pas à son passage, sauf si deux excitations parasites arrivent en même temps (par exemple de violents stimuli invitant la fourmi à faire autre chose, comme saisir une proie ou une brindille). Je dis bien deux et non pas une seule : vous voyez le biais par où la souplesse s'introduit dans le système. Dans ce dernier cas, la fourmi abandonne le cadavre. Mais elle pourra ne se déplacer qu'à courte distance, et revenir à lui quand les excitations parasites se seront évanouies ; combien de fois n'ai-je pas assisté à ces retours ; alors les stimuli du cadavre agissent à nouveau, et elle recommence à le porter.

Bah ! me direz-vous, tout cela est bien naïf et on pourrait le dire plus simplement sans faire intervenir toute cette cybernétique au rabais. Que non pas, mais il faut ici faire confiance aux calculs de Meyer. Je puis toutefois franchir un stade de plus sans que l'hydre mathématique menace de nous étouffer. Prenons le cas où les trois excitations qui arrivent à l'organe de majorité sont les mêmes, c'est-à-dire trois stimuli obligatoirement liés (dans le cas d'une proie vivante par exemple, son aspect visuel, son mouvement, son odeur ne peuvent se séparer l'un de l'autre). Alors la probabilité d'erreur ou de mauvais fonctionnement du système dans deux lignes à la fois (la majorité) est inférieure à 1/6e : ce qui signifie que la probabilité d'erreur ou de mauvais fonctionnement (même si une ligne d'entrée fonctionne mal) est moins grande à la sortie qu'à l'entrée ; *la majorité efface le membre qui vote mal.* L'organe de majorité est capable de distiller le vrai à partir du faux. Evidemment, dans le cas où les trois stimuli sont indépendants (ne sont pas liés entre eux) les chances d'un comportement désordonné sont au contraire plus grandes à la sortie qu'à l'entrée.

Or, naturellement, les trois lignes de l'organe de majorité peuvent parfaitement être représentées par trois fourmis en excitant une quatrième, par des battements d'antenne, l'échange de nourriture, etc... Et il n'est pas besoin que les trois excitations se produisent en même temps puisque les fourmis sont douées de mémoire. Autrement dit, les fourmis ne réagiront pas d'une manière coordonnée à un « bruit de fond » où tous les stimuli sont indépendants, mais distilleront d'une situation complexe les stimuli significatifs, même faibles. L'appareil à distiller peut être rendu plus puissant encore, car la première fourmi informée par ses trois congénères peut s'unir à deux autres pareillement informées pour en informer une autre ; et il y a un nombre accru de chances pour que les possibilités d'erreur à la sortie du second sous-système ainsi constitué soient encore moindres qu'à la sortie du premier. Par ailleurs, von Neumann écrit quelque part que la *probabilité d'un fonctionnement coordonné* de ces systèmes est d'autant plus grande que le *nombre d'individus* (de neurones ou de fourmis) *est plus grand.* Il y a beaucoup de chances pour qu'un groupe important de fourmis se constitue et exécute alors les mêmes actes. On peut imaginer aussi que la fin de la chaîne devenue progressivement très bien informée, informe à son tour le début de la chaîne ; et la distillation en cercle fermé serait encore plus efficace et plus rapide. Nous connaissons plusieurs exemples de ces chaînes fermées, par exemple au cours de la trophallaxie, où la fourmi qui vient de donner de la nourriture en sollicite presque aussitôt de celle même à laquelle elle en a distribué !

*La division du travail ou la coordination entre sous-systèmes.* Le tableau que je viens de tracer des mécanismes de base d'une société d'insectes est évidemment bien rudimentaire. Nous savons tous qu'il existe des sous-groupes spécialisés, des sous-systèmes comme parleraient les cybernéticiens. Par exemple, le groupe des nourrices dans la fourmilière, ou plus généralement les ouvrières du « service intérieur » distinctes de celle du « service extérieur ». Or chacun de ces sous-systèmes s'adapte visiblement à une situation donnée : par exemple, lorsqu'on barre la route d'une colonne de fourmis, elles sont parfaitement capables de prendre un détour, quoiqu'après de longs tâtonnements. Mais quelle est en l'occurrence le sens du mot « adaptation » ? Il doit désigner une série de changements de tactique successifs qui ne s'arrêtent, comme dit Ashby, que lorsque le système atteint un état « ultrastable » à l'intérieur de limites tolérables pour la physiologie des individus. Or, il est bien évident que ces systèmes, contrairement à ce qu'imaginait Rabaud, sont interconnectés de diverses façons. Par exemple, si les nourrices s'arrêtaient de distribuer des aliments à la reine et au couvain, toute la colonie, y compris les fourrageuses, péricliterait bien vite, par suite du vieillissement progressif des ouvrières. D'ailleurs il serait bien difficile aux nourrices de ne plus rien faire, car les fourrageuses apportent sans arrêt des victuailles qui passent de jabot à jabot et y créent « une pression interne de la nourriture » qui tend à le faire distribuer au dehors, pour parler d'une manière imagée.

Mais, et c'est là la racine de l'illusion de Rabaud, *ces sous-systèmes, s'ils sont connectés, ne le sont pas étroitement*. Leurs liaisons sont lâches — et parfois fort lâches, car des exemples patents d'incoordination y éclatent au grand jour. Les calculs d'Ashby permettent de comprendre pourquoi : il faut qu'il en soit ainsi, car des liaisons lâches, avec leur cortège de désordres, sont la condition *sine qua non* du fonctionnement des ensembles de sous-systèmes du type ultrastable. Il m'est impossible de retracer ici la savante dissertation d'Ashby ; mais un raisonnement assez simple peut suffire à la rigueur. Chaque sous-système a en effet des conditions d'équilibre fort différentes : la troupe des fourrageuses ne vit pas du tout comme celle des nourrices. Or, remarque Meyer « il est très clair alors que cette adaptation générale se fera d'autant plus vite que les adaptations particulières retentiront moins les unes sur les autres : ceci afin d'éviter que la réadaptation d'un sous-système dans une certaine situation ne provoque la sortie d'une variable essentielle d'un sous-système voisin hors des limites physiologiques, et ne nécessite alors la réadaptation de ce sous-système ». Représentons-nous une population de balances qui se trouvent de temps à autre en dehors de leur position d'équilibre ; si l'on veut qu'elles y reviennent le plus vite possible, le mieux est de les laisser osciller séparément. Si elles se trouvent, si peu que ce soit, reliées les unes aux autres, il y a un grand nombre de chances pour que l'équilibre de l'ensemble en soit retardé, surtout si les balances ne sont pas identiques. On ne peut régler une partie d'une montre sans modifier instantanément la marche de tout le reste ; dans le cas de la fourmilière on peut et même on doit régler chacune des parties indépendamment des autres.

*La fourmilière est-elle un grand cerveau ?* N'oublions pas que von Neumann, Mac Culloch et Ashby ne se souciaient guère de fourmis. Nous avons vù que c'est à propos des automates et du cerveau qu'ils se sont posé les questions et ont établi les calculs dont devait naître la cybernétique. C'est le moment de nous demander si la fourmilière n'est qu'un gros cerveau à connexions lâches. Non certes ! Il ne faut pas aller jusque là : mais on ne peut éviter de remarquer que la rencontre est bizarre. Nous comprenons maintenant qu'il n'y a pas d' « esprit de la ruche » ou d' « esprit de la fourmilière », mais rien d'autre qu'un hypercomplexe d'interactions sensorielles qui tissent à travers les fourmis un réseau serré quoiqu'en partie aléatoire d'interactions ; et c'est ce réseau lui-même dans son ensemble qui constitue la fourmilière. Comme dans le cerveau d'ailleurs ; qui donc l'a comparé à un énorme central téléphonique, où les téléphonistes ne sont nulle part ? Et dans tout cela où réside ce qu'on appelle l'intelligence ou la conscience ? Nous n'en savons rien ; tout ce que nous soupçonnons, c'est que la question doit être mal posée. Comme dans la fourmilière à propos de l' « esprit » qui l'anime.

Ajoutons d'ailleurs que les électroniciens ont réalisé des réseaux où les différents éléments sont reliés entre eux par des connexions aussi nombreuses que possible. Si les éléments sont très nombreux et les connexions à la fois nombreuses et aléatoires, l'*ensemble* du réseau jouit alors de certaines propriétés qui rappellent le cerveau (ou les fourmis) : par exemple l'excitation partie d'un point de la périphérie chemine vers un autre point en suivant des chemins qui ne sont pas forcément les mêmes. Et si l'on enlève au hasard une bonne partie du réseau, il n'arrive rien de bien spécial : l'excitation continue à passer en empruntant simplement d'autres voies. Rappelons qu'on peut dresser un rat à presser un levier lorsqu'il voit s'allumer un signal lumineux, ce qui fait obtenir une récompense. Naturellement, un pareil apprentissage implique le fonctionnement des centres visuels du cerveau. Eh bien ! d'un scalpel généreux, enlevons les neuf dixièmes de la zone visuelle du cerveau et enlevons-les *n'importe où* pourvu qu'il en reste un dixième, quel que soit son emplacement : le rat ne perdra ni le sens de la vue, ni la mémoire de son apprentissage...

Comme dans la fourmilière encore une fois. Au cours des techniques d'élevage des fourmis que Gösswald a mises au point, nous avons vu qu'on prélève à la pelle une vingtaine de litres au moins de matériaux du nid, de couvain et d'ouvrières. Et qu'arrive-t-il ? Strictement rien ; la fourmilière, si elle était suffisamment forte, continue à vivre comme si de rien n'était.

Voilà une belle hypocrisie, remarqueront certains lecteurs ! Vous vous défendez d'abord de comparer la fourmilière à un cerveau, et ensuite vous ne manquez pas une occasion de le faire ? Oui et non : cette attitude reflète mes propres incertitudes. Je sais bien qu'une fourmilière n'est pas un cerveau, mais il n'est pas exclu que les principes de l'organisation de base soient apparentés. Et que l'étude de la fourmilière nous apprenne quelque chose sur le cerveau, et vice-versa. Ce qui serait bien un des aboutissements les plus inattendus de la myrmécologie...

*Les fourmis évoluent-elles ?* Puisque nous en sommes aux questions brûlantes, n'hésitons pas à rendre notre cas plus damnable encore. Sur le plan des formes et des structures, je crois qu'on peut affirmer que depuis cinquante millions d'années au moins, il n'y a aucune trace de changement dans l'organisme des fourmis. Et chacun a tendance à répéter ce qu'on lit dans tous les livres au sujet de l'instinct chez les hyménoptères : cet instinct, qui malgré ses merveilleux accomplissements est si parfaitement rigide, si étroitement stéréotypé qu'on ne voit pas comment il pourrait changer...

Mais défions-nous de grâce des idées trop universellement reçues. Je ne sais pas si les fourmis évoluent sous nos yeux, et je ne vois pas jusqu'à présent comment j'arriverais à le savoir. Mais quant à la rigidité absolue du comportement, à l'impossibilité de changements, j'ai promené sur la biologie des fourmis un regard malicieux, pour en voir surgir certains faits que tout le monde connaît, bien qu'on ne leur attribue, à mon sens, pas assez d'importance...

Je crois bien que le comportement des fourmis laisse place à des formes troublantes d'imitation. Il y a par exemple le cas du *Lasius umbratus* dont j'ai déjà parlé ; cette fourmi souterraine, et qui a la lumière en horreur, n'hésite pourtant pas à suivre en plein jour au haut des arbres le *Lasius fuliginosus* lorsque celui-ci l'invite chez lui et lui fait élever son couvain. Rappelons aussi le phénomène si étonnant de l'esclavagisme multiple de *Formica wheeleri,* dont les esclaves *neorufibarbis* l'aident dans ses raids alors qu'à l'état naturel et libre *neorufibarbis* n'en fait jamais ; et dont d'autres esclaves d'autres espèces élèvent pendant ce temps son couvain et vaquent au service intérieur ; leur comportement n'a pas été suffisamment bien observé, mais peut-être contractent-elles aussi certaines habitudes de leurs maîtres.

Dans le domaine de l'adaptation instantanée à des situations jamais rencontrées, je pense à l'ennemie acharnée de l'homme, *Solenopsis saevissima.* Tout de même, la façon dont elle échappe aux insecticides et appâts empoisonnés a quelque chose d'étonnant. Il en serait de même chez *Iridomyrmex humilis,* qui se rit aussi souvent de nos moyens de lutte. Pavan raconte qu'on avait un jour disposé autour d'un arbre sur le sol, un anneau d'insecticide, en comptant bien qu'il dégoûterait les fourmis d'Argentine d'y entretenir leurs pucerons. Hélas ! on les y retrouva toutes aussi nombreuses quelques jours plus tard ; elles avaient tout simplement creusé un tunnel au-dessous du poison... Ce qui est bien difficile à expliquer.

Mais il y a autre chose que ces faits assez vagues, parce que personne, à mon sens, ne les a examinés d'assez près : je veux parler d'un phénomène qui n'a guère été observé que quatre ou cinq fois à ma connaissance, et encore bien insuffisamment : celui des fédérations de fourmis.

*Les fédérations de fourmis : que signifient-elles ?*

Reprenons la remarque que nous faisions au début, suivant laquelle les fourmilières les plus « intelligentes » ne sont pas celles qui se composent des plus grosses fourmis, mais des fourmis les plus nombreuses. Qu'arriverait-il si plusieurs fourmilières s'associaient entre elles pour former une supercolonie de plusieurs dizaines de millions d'individus ?

La réponse qu'on peut donner est à la fois simple et décevante. Ces supercolonies existent, mais elles paraissent rares ; de plus elles n'ont pas été étudiées à fond, les auteurs ne paraissant pas saisir l'importance du phénomène. Je ne connais pour ma part que quatre observations détaillées : une de Forel sur *Formica sanguinea* (1911) une beaucoup plus ancienne de Mac Cook (1877) fort longue mais des plus vagues ; une autre de Wassmann (1909) et deux surtout, les plus précises : de Stammer (1937) et de Raignier (1952) qui portent sur des fourmis rousses qui appartiennent vraisemblablement à l'espèce *polyctena.* Mais avant d'aller plus loin, écartons tout de suite une objection : les myrmécologues savent bien que le « polycalisme », c'est-à-dire la propriété de former des colonies-filles reliées à une colonie-mère, n'est pas rare du tout chez les fourmis : par exemple chez la fourmi d'Argentine ou chez *Solenopsis :* c'est même une des raisons pour lesquelles il est si difficile de les combattre. Alors pourquoi s'intéresser tellement aux supercolonies ? C'est à cause du facteur *nombre d'individus,* qui intervient à un degré étonnant dans les cas que je vais examiner maintenant. D'après les maigres données dont nous disposons, ce n'est que dans les espèces du genre *Formica* que sont atteints des chiffres réellement formidables (à vrai dire, je soupçonne des phénomènes tout à fait analogues dans les supercolonies de *Solenopsis* et *d'Atta,* mais ici le problème n'a été aucunement étudié).

Je regrette vivement que le travail de Mac Cook soit si imprécis, car sa fédération de fourmis paraît bien la championne de toutes celles observées jusqu'ici. Elle se trouvait dans les environs de Philadelphie et comptait de 1 300 à 1 800 nids. Si l'on évalue le nombre d'individus par colonie chez cette espèce (*F. exsectoïdes*) à 300 000 ce qui est modeste, cela correspond déjà à *450 millions* de fourmis groupées sur quelques hectares. La supercolonie de Wassmann qui appartenait à l'espèce *rufa* était de dimensions plus modestes ; on la trouva près de Derenbach au Luxembourg, où sur le flanc d'une colline, une cinquantaine de nids s'étageaient sur 200 mètres de long et 70 de large.

La colonie de Stammer était plus imposante : il la découvrit dans la forêt de Gulitz au Mecklembourg; elle comptait 58 nids principaux et 31 secondaires (2 900 000 fourmis environ), reliés par des pistes dont il établit la carte et dont la longueur totale avoisinait sept kilomètres et demi.

La supercolonie de Raignier se trouvait sur un plateau entre Namur et Dinant et couvrait trente hectares, encerclant une colline d'un réseau de dômes et de pistes ; elles comptait une centaine de nids (cinquante millions de fourmis).

Enfin, la grande colonie observée par Forel appartenait à une espèce différente (*F. sanguinea*) : elle comprenait une quarantaine de nids alignés sur plus de 150 mètres et tous en communication les uns avec les autres.

Je n'ai pas eu connaissance d'autres observations

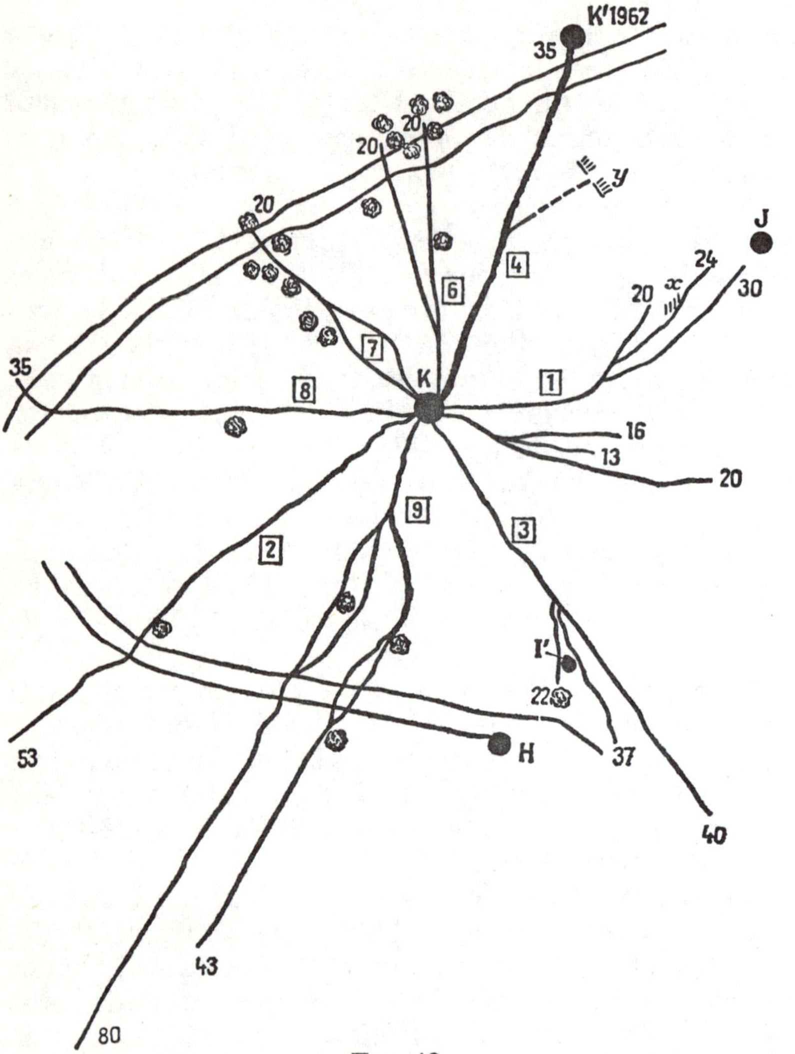


FIG. 42

**La fourmilière de *F. Polyctena* que j'ai étudiée quinze ans et qui a donné naissance à une dizaine de colonies-filles. Les numéros correspondent aux différentes pistes (encadrés) ou à la longueur des pistes en mètres quand ils sont à leur extrémité ; K', fourmilière-fille ; J et H, autres fourmilières qui ne descendent pas de K, x et y, gîtes provisoires. Les disques irréguliers représentent des pins.**

récentes sur les fédérations de fourmis, mais je me livre pour l'instant à une enquête plus détaillée.

*Les caractères communs aux fédérations de fourmis rousses.* Les observations des auteurs, quoique beaucoup trop maigres à mon goût, permettent néanmoins de dégager quelques points communs :

1) Caractère absolument essentiel, relevé par tous les observateurs, les fourmis ne manifestent aucune agressivité vis-à-vis des ouvrières des autres nids de la fédération, même si on les prélève à plusieurs centaines de mètres de distance. Et Dieu sait si cette absence d'agressivité paraît frappante à un myrmécologue !

2) Ces colonies, où les reines se renouvellent sans cesse, subsistent au même endroit pendant de nombreuses dizaines d'années ; on peut les cartographier aisément et notamment déterminer le parcours des principales pistes qui se maintiennent d'une année à l'autre ; cela est d'autant plus facile qu'elles sont débroussaillées et aplanies (Stammer).

3) Le territoire de la fédération est positivement interdit à l'homme, à moins de précautions spéciales. Il est tout à fait impossible de stationner et très pénible de se déplacer. Stammer parle des innombrables fourmis qui se laissaient choir des arbres dans ses habits, et Raignier en dit autant. Donc l'agressivité des membres de la fédération paraît très forte.

4) Le groupement n'est pas parfaitement homogène ; il y a des groupes de nids reliés par des pistes fort larges et nettes, et d'autres groupes entre les nids desquels les liaisons paraissent bien plus lâches.

5) Les différents nids ne sont pas non plus de la même taille, mais il en existe toujours au moins un « géant ». Raignier s'est montré fort impressionné par un nid énorme, le « nid en étoile », qui dépassait un mètre de haut pour un diamètre à la base de

trois ou quatre mètres et un périmètre de quinze mètres, où aboutissaient une quinzaine d'énormes pistes. Le plus curieux c'est que le nid géant que décrit Stammer au milieu de sa supercolonie est de dimensions approximativement égales : un mètre de haut et neuf mètres de pourtour. Voilà à peu près tout ce qu'on sait de ces immenses fédérations ; ajoutons-y tout de même *le bruit* qui frappe tous les observateurs : ce sont les millions de pattes griffues qui s'accrochent aux feuilles, et qui font penser à une forte pluie. Mais les questions se précipitent, qui n'ont pas même reçu un commencement de solution. Par exemple comment de pareilles multitudes de fourmis voraces arrivent-elles à se nourrir ? Ensuite, y a-t-il des échanges entre ces fourmilières et de quelle nature sont-ils ? On peut déjà en affirmer l'existence. Kneitz les a étudiés entre colonie-mère et colonie-fille de *Formica polyctena ;* et j'ai moi-même fait ingérer des radio-isotopes à diverses colonies de *polyctena ;* il est facile de constater alors que toujours d'autres colonies distantes d'une cinquantaine de mètres deviennent également radioactives, et même des colonies de *Formica rufa !* Mais qui nous décrira le sens de ces échanges, leur réciprocité éventuelle, qui nous en tracera la carte ? Songez qu'on a déjà découvert chez les fourmis l'équivalent de l'agriculture et de l'élevage ; pourquoi ne trouverions-nous pas dans les supercolonies *l'équivalent du commerce ?* Ce n'est pas impossible si l'on désigne par ce terme la *circulation réciproque des biens.* N'oublions pas que Kneitz a remarqué que tout s'échange : le couvain, les reines, la nourriture, les matériaux de construction.

De plus l'agressivité énorme des fourmis montre bien qu'elles sont au comble de l'excitation. Comment la fédération réagirait-elle alors à des interventions expérimentales comme la destruction des colonies où à leur exclusion à l'aide d'une barrière répulsive ? Car c'est lorsque le réseau d'intercommunications sensorielles crépite de toutes parts que des solutions originales (quoique du type fourmi et non du type humain) peuvent émerger devant l'observateur.

Je me demande très sérieusement si les fourmis qui sont déjà allées si loin dans la voie des comportements complexes progressent davantage encore à l'intérieur de leurs fédérations. Mais hélas ! je n'ai que des probabilités à vous offrir et pas de certitudes ! C'est sur cette déception que tempère l'espoir que je veux terminer cette vie des fourmis.

Les Sources, août 1968.

## TABLE DES MATIÈRES

*Cet ouvrage a été reproduit*
*par procédé photomécanique par la*
*SOCIÉTÉ NOUVELLE FIRMIN-DIDOT*
*Mesnil-sur-l'Estrée*
*pour le compte des Éditions du Rocher*
*en avril 1994*

Éditions du Rocher
28, rue Comte-Félix-Gastaldi
Monaco

*Imprimé en France*
**Dépôt légal : avril 1994**
**CNE section commerce et industrie Monaco 19023**
**N° d'impression : 26862**